Hic et Nunc Confucius
지금, 여기의 유학

지금, 여기의 유학

유학

김성기 · 최영진 외 10인 | 개정 증보판

Hic et Nunc Confucius

성균관대학교
출판부

왜, 지금 유학인가

지금 여기의 유학

지금 우리에게 유학은 없다. 유학은 박물관 진열대에, 저기 성균관 담 넘어 호주제 폐지 반대를 외치는 유림들 속에, 역사책 한 귀퉁이에 있을 뿐이다. 우리는 서구의 근대가 가져다 준 기술문명과 민주주의라는 정치제도와 자본주의적 소비문화 속에서 살고 있다. 판소리보다 팝송이 친근하며, 주희보다 칸트라는 이름에 보다 익숙하다. 바로 전세기, 500여 년 동안 우리 사회를 이끌어온 유학사상과 유교문화는 이제 기억 속에만 존재한다.

하지만 우리는 태어나서부터 무덤에 갈 때까지 유교적 전통에서 자유롭지 못하다. 돌·결혼·회갑·장례·제사 등 일생 동안 겪는 통과의례는 바로 유교적 관습에 뿌리를 두고 있기 때문이다. "부모와 자식 사이에 사랑이 있어야 하며, 부부 사이에 구별이 있어야 하며, 어른과 아이 사이에 순서가 있어야 하며……"라고 하는 오륜五倫—다섯 가지 사람이 지켜야 할 도리—은 싫든 좋든 우리의 의식을 지배한다. 정보화 시대에 가장 이상적인 문자라고 칭송받는 한글은 조선시대 유학자들이 성리학을 기반으로 창제한 것이며, 지갑을 열면 바로 퇴계 · 율곡 등 유학자들의 얼굴이 보인다. 뿐만 아니라 『논어』, 『맹자』 등 유교경전은 영원한 베스트셀러이다. 서점에는 이미 수십 종의 번역서가 나와 있으며 지금 이 시간에도 새롭게 번역되고 있다. 또한 학계의 일각에서는 서구학문의 수입상에서 벗어나 유학사상에서부터 새로운 체계를 모색하는 작업이 한창 진행 중이다. 그리하여 『유교사회학』, 『유교민주주의』, 『유학심리학』 등의 저서가 발간되고 유학사상과 타학문과의 만남이 시도된다.

유학에 대한 관심은 학자들에게게만 한정되지 않는다. 최근 LG경제연구원은 유교를 중심으로 '동양사상과 접목된 경영혁신 방식'을 활용한 기업들의 성공 사례를 보고하였다. 공자를 주제로 한 무용이 창작되는가 하면, 『논어』, 『맹자』 등 유교 경전을 만화로 재구성한 책이 베스트셀러가 된 지 이미 오래이다. 한때, 유교를 봉건도덕으로 매도하던 중국에서도 최근 공자 열풍이 불고 있다. 이제 유학을 중심으로 한 동아시아의 전통 사상과 문화는 인문과학/철학의 틀을 벗어나 사회과학 · 예술 · 애니메이션 · 디자인 · 산업의 컨텐츠로 부상하고 있다.

아시아적 가치?

우리는 1997년 겨울을 기억한다. IMF · 무디스Moody's · 헤지펀드hazy fund…… 등 갑자기 쏟아져 들어오는 낯선 낱말들 앞에서 당황해 했고, 마치 점령군 같은 위세로 김포공항에 들어서는 미국 관리들을 처참한 심정으로 바라보아야만 했다. "국파산하재國破山河在, 나라가 망했는데 산하는 그대로 있구나." 우리는 건물 한 채, 거리 한 곳 파괴되지 않았는데도 나라가 패망할 수 있다는 사실에 아연하며 구제금융을 신청한 날을 제2의 국치일國恥日로, 그 관리체제를 신탁통치로 인정했다. IMF 총재는 식민지 시대의 총독처럼 군림했고, 외국 신용평가기관들은 우리나라의 신용을 쓰레기junk로 평가하면서 거부할 수 없는 힘으로 압박해 들어왔다. 그들 앞에서 우리는 거인국의 소인처럼 무력했다. 그리고 경제위기의 근본요인이 서구의 시장경제에 대한 '아시아적 가치의 패배'라고 조소하는 외신을 접하면서, 동아시아 경제성장의 원동력으로 칭송되던 아시아적 가치가 졸지에 크로니즘(Cronyism, 패거리주의)·정경유착·뇌물·정실인사 등 추악한 덕목들로 추락하는 것을 지켜 볼 수밖에 없었다.

이들이 말하는 아시아적 가치란 바로 유교적 가치였다. 현상윤이 "유교는 상공 계급을 천시하여 사인士人 계급은 직접 산업에 종사하기를 꺼리고 대가족주의 하에서 인민으로 하여금 놀고 먹기를 좋아하도록 만들어 산업에 대한 열의와 능력을 저하시켰다"라고 비판하였듯이 유교는 경제발전에 장애가 된다는 것이 일반적 견해였다. 그런데 한때 산업화가 불가능한 지역으로 분류되었던 한국, 대만, 싱가포르 등 동아시아의 국가들이 비약적인 경제성장을 이룩하자 칸Herman Khan, 버거Peter Berger 등 서양의 경제학자들 사이에서 이 지역의 경제발전에 유교윤리가 긍정적으로 작용했다는 견해들이 나오기 시작했다. 동아시아의 독특한 경제현상을 낳은 구조와 제도의 배후에는 유교윤리가 있다는 것이다. 그런데 그 유교적 규범들이 경제 위기의 주범이 되었다는 것이다.

어느 중문학자의 '공자 두들기기'가 화제를 몰고 온 적이 있다. 천박한 상업주의와 유교의 본질에 대한 몰이해가 상승작용을 일으켜 아직도 가끔 화제에 오르는 이 책은 신분적 질서, 혈연적 폐쇄성 등 우리 사회의 부정적 요소들은 유교에 그 뿌리를 두고 있다고 주장한다(김경일, 『공자가 죽어야 나라가 산다』, 바다출판사, 1999). 비유하자면 유교문화권에 속해 있던 일본과 중국은 이미 유교라는 옷을 벗어 던졌는데, 우리만 유교라는 겨울옷을 아직도 입고 있다는 것이다. 그 반대편에는, 우리가 입고 있는 유교는 '철 지난 옷'이 아니라 현재와 미래사회에 있어서 유용한 기능적 역할을 할 수 있는 '철 만난 옷'이라는 주장이 있다.

역사는 반복되는 것인가. 이와 같은 대립은 우리 역사에 있어서—좀더 범위를 넓힌다면 근대 유교의 역사에 있어서—매우 낯익은 구도다. 약 1세기 전 조선이 일제에게 패망하자 그 책임이 조선 500년 동안 지배이념이었던 유교에게 돌려졌다. 많은 사람이 유교는 타도되어야 하며, 그 대안으로 서구의 과학기술과 제도는 물론 종교와 가치관까지도 받아들여야 한다고 주장했다. 이와 같은 주장은 1884년 갑신정변을 일으킨 김옥균, 박영효 등 문명개화론자들에게서 이미 보이고 있다. 이 당시 척사위정론이 힘을 잃어가면서 지식인 사회의 관심사는 동도서기론東道西器論을 취할 것인가, 아니면 문명개화론을 취할 것인가 하는 문제에 있었다. 문명개화론자들은 서양문화를 새로운 '보편문화'로 받아들이고 기독교를 포함한 서양문화의 전면적 수용을 통해 개화를 이루어야 한다고 생각했다(한국역사연구회, 『한국사상사의 과학적 이해를 위해』, 청년사). 동도서기론과 문명개화론의 대립과 유사한 구도는, 중국에서 중체서용론자中體西用論者들과 진독수陳獨秀, 오우吳虞, 호적胡適 등 '신청년新靑年'을 중심으로 한 학자들 사이에서 이미 전개된 바 있었다. 그러나 반대로 망국의 원인은 유교를 올바르게 실현하지 못한 데 있으므로 유교를 재건하고 발흥시켜야 한다고 주장하는 일군의 학자들이 있었다. 장지연張志淵은「유교변儒敎辨」에서 조선이 유교국가였음에도 불구하고 쇠망하게 된 까닭은 "진유眞儒를 쓰지 않은 연고"라고 지적하였다. 서병두徐炳斗의「유교발흥론儒敎勃興論」과 박은식의「유교구신론儒敎求新論」등도 같은 맥락에서 논지를 전개하고 있다.

'유교망국론'과 '유교발흥론'의 대립이라는 낯익은 구도의 재현은 유교가 여전히 우리 사회를 분석하는 데 유용한 기제임을 확인시켜준다. 그러나 일제시대 이후 1980년대까지 유교에 대한 평가는 지극히 부정적인 것이었다. 현상윤이『조선유학사』의「조선유학朝鮮儒學의 조선사상사朝鮮思想史에 급及한 영향影響」에서 '모화사상', '가족주의' 등이 유교의 죄라고 비판한 것이 부정적 견해의 대표적인 실례다. 박정희 시절 개발독재체제를 정당화하는 이데올로기로 반공과 더불어 '충효'가 강조되었던 사례는 유교를 더욱 부정적으로 인식하도록 만들었다. 최근 물질적 풍요와 개인주의적 가치관이 사회 전반을 지배하면서 유학은 무관심의 사각지대로 밀려났다. 그런데 왜 지금 유학인가?

탈근대의 기획과 유학사상

신아틀란티스섬The New Atlantis, 베이컨이 그려낸 철학적 환상의 섬에는 솔로몬의 집이라는 이름의 거대한 연구소가 있다. 폭풍우를 만나 표류한 선원이 그 섬에 당도하여 연구소의 사명에 대하여 질문하자 연구원은 다음과 같이 대답한다. "우리 연구소의 목적은 사물의 원인과 보이지 않는 운동을 밝혀내는 것이며, 모든 가능한 일을 성취하기까지 인간제국人間帝

國의 국경을 넓히는 것입니다." 이 글에는 근대 서구인의 소망이 그려져 있다. 그것은 사물의 법칙을 발견하여 지배력을 강화함으로써 인간의 제국을 무한히 확장해 나가는 일이다. 자연에 대한 지식, 곧 과학은 자연에 대한 지배력을 갖게 한다는 점에서 '아는 것이 힘'이 된다.

환상의 섬, 아틀란티스에서 베이컨이 소망했던 이상은 현실화되었다. 우리는 과학기술과 자본주의가 결합된 산업문명을 발전시켜 인류 역사상 가장 풍요로운 소비의 시대를 살고 있는 것이다. 그러나 근대의 기획에는 이미 모순의 씨앗이 잉태되어 있었다. 파편화된 개인, 생태계의 파괴, 야만적인 폭력 등이 그것이다. 그리하여 지금 우리는 기존의 개념과 판단기준을 근본적으로 수정하지 않으면 안 되는 시점에 와 있다. 근대성을 지향해 온 인류문명은 그 한계성이 노정되면서 새로운 전환 국면에 접어들고 있는 것이다. 이것은 한갓 문명사가들의 추상적인 이론이 아니라, 사유방식의 혁명적인 변화가 없다면 끝내 파멸로 치달을 수밖에 없다는 절박한 자각에 토대를 둔 것이다.

이에 따라 지금까지 보편적 가치로 추구해 오던 근대 서구의 과학기술적 문명관과 그 기초가 되는 기계론적 자연관, 과학적 합리성, 산업사회의 개발과 성장이데올로기 등에 대한 재규정이 불가피해졌다. 인류는 전근대사회에서 근대사회로 역사를 발전시켜 왔듯이 이제 '근대에서 탈근대로'라는 역사적 전환기에 처하게 된 것이다. 최근 포스트모더니즘의 대두는 이와 같은 문명사적인 전환에 수반되는 현상으로서, 여기에는 근대 서구의 이성중심주의적인 사고방식과 가치관에 대한 비판이 기저를 이루고 있다. 그러므로 탈근대화는 필연적으로 탈서구화와 연계되면서 '문화다원주의'로 전개될 수밖에 없다는 것이 일반적 견해다. 포스트모더니즘 계열의 철학자들이 근대 서양의 이성중심주의가 지닌 '전체주의적 정치학'을 거부하고 개별자의 다양성을 인정하는 '차이의 정치학'을 지향한다든지, '유일하고 절대적인 단 하나의 세계관' 대신에 복수형의 '다양한 세계관 만들기'를 시도하는 것에서도 이와 같은 움직임을 엿볼 수 있다.

이러한 움직임은 세계는 '다름'의 전시장이라는 인식에서 기인한다. 자연과 인간이 다르고, 남녀가 다르고 인종과 피부색이 다르며 언어·관습·문화가 다르다. 그러나 지금 인류사회에서는 그 다름이 차별과 억압과 적대의 원인이 되고 있다. 특히 종교적 이질성은 정치적 이데올로기의 차이보다 더 극단적이고 폭력적인 형태로 표출된다. 카쉬미르 지역에서의 힌두교도와 회교도 사이의 전쟁, 인도네시아에서 벌어지고 있는 회교도와 기독교도 사이의 살육전이 그것이다. 그 폭력성은 같은 초월적 하느님을 신앙하며 같은 선지자들의 자손인 기독교도와 회교도 사이에서 오히려 극렬하게 나타난다. 이들 종교 사이의 작은 이질성이 서로를 용납할 수 없는 증오심을 야기시켜 잔인한 전쟁이 끊이지 않고 있는 것이다. 미국의 이라크 침공도 같은 맥락에서 분석될 수 있다. 여기에는 경제적·정치적 요인 이외에, 자기와 다름을 인정하지 않으려는 미국의 일방주의·패권주의가 기저를 이루고 있다. 기독교에 토대를 둔 일방주의는 인류의 평화를 위협하는 폭력적 사고임에 틀림없다.

이와 같은 시각에서 볼 때, 탈근대사회는 인간중심적 사고에서 자연과 조화를 추구하는 생태학적 사고로, 서구사상 중심에서 여러 개의 중심으로, 폐쇄적인 문화와 삶의 양식에서 개성과 다양성을 존중하는 열린사회로 전개되어야 한다. 그러나 문제는 "탈근대 사회의 모델을 어디에서 찾을 수 있는가"라는 데에 있다. 여기에서 유학사상을 중심으로 한 동아시아의 전통사상과 문화가 그 모델 가운데 하나로 부상하고 있다. 이것은 근대 초기, 그리스의 고대 문화에서 중세를 극복할 수 있는 논리를 모색했던 사실과 대응될 수 있다. 정치학자들이 서구의 자유주의적 민주주의와 자본주의의 한계를 넘어설 수 있는 새로운 사회이론을 모색하여 유교적 민주주의 · 유교적 자본주의를 정립시키려고 시도하는 것이 하나의 예이다.

또한 동양사상—특히 유교사상—에 바탕을 두고 새로운 사회과학을 구성하려는 시도가 학계의 일각에서 전개되고 있는 점도 눈길을 끈다. 이들은 서양의 합리주의가 더 이상 인류정신의 모티브가 될 수 없다는 점을 지적하고 유불도儒佛道 등 동아시아의 사상적 전통에서 새로운 삶의 방식을 찾아야 한다고 주장한다(『동양사회사상』 제1집, 예문서원, 1998). 그리고 근대 서구의 사회관이 개인과 사회를 근원적으로 분리된 존재로 간주한다고 비판하고, 동아시아의 전통적인 통일체적 세계관에서 사회명목론과 사회실재론의 대립을 해소할 수 있는 가능성을 찾는 한편 합리성 · 자유 · 불평등 같은 중요한 개념들을 새롭게 규정한다.

우리가 유학사상에 주목하는 가장 큰 이유는 현대 과학문명이 초래한 생태계의 위기 때문이다. 생태계의 위기는 자연조작 기술이 향상됨에 따라, 인간이 자신의 증폭된 욕구를 충족시키기 위하여 자원을 일방적으로 착취함으로써 마침내 생태계의 방어적 기능인 자정능력이 무력해진 데에서 기인한다. 그 결과 기존 생태계 질서가 교란되고 다수의 생물종이 멸종되었는데, 이것은 머지않아 인류에게 엄청난 재앙을 불러일으킬 것이다. 과학사의 연구 결과에 의하면, 현대 과학기술 문명의 모태가 된 서구의 기계론적 세계관은 '힘으로써의 지식'을 강조한 베이컨의 근대적 패러다임, 자연의 비신격화와 동일한 맥락에서 정신과 물질을 분리시킨 데카르트의 이원론, 그리고 인간 중심적인 성서聖書의 자연관이 근저를 이루고 있다. 이에 비하여, 유학은 유기체적·도덕적 자연관을 토대로 인간과 자연의 근본적 동일성을 주장한다. 또한 욕구에 대한 절제를 통하여 지속 가능한 소비사회를 구축할 수 있도록 인도한다. 따라서 우리는 유학사상에서 풍부한 생태학적 사유를 공급받을 수 있다.

유교, 어제와 내일

우리는 지금 약 100년 전부터 시작된 '조선근대화 프로젝트'가 일단락되는 시기에 와 있다. 약 1세기 전, 당시 선진적 지식인들이었던 문명개화론자들은 서양문화를 새로운 '보편문화'로 받아들임과 동시에, 서양의 과학기술과 제도는 물론 기독교를 포함한 서양문화의 전면적 수용을 통해 미개한 조선을 개화해야 한다고 주장했다. 지난 1세기는 바로 미개한 조선을 근대사회로 개화시키기 위한 프로젝트의 실행과정이었다고 해도 지나치지 않을 것이다. 이와 같은 고도압축성장의 결과 우리는 세계가 주목할 만한 경제성장을 이루었다. 그리고 해방 이후 50여 년 동안 줄기찬 민주화 투쟁으로 1993년 군부통치를 종식시켰다. 경제성장과 민주화라는 두 가지 근대화 프로젝트를 이루어낸 것이다.

그리고 이에 대한 자부심은 지금까지 추구해 온 서구 중심적 태도를 '우리의 것'으로 관심의 방향을 선회시키는 계기가 된다. 1990년대 중반 '동아시아론'이 지식인 사회에 부상하게 된 것은 이와 같은 이유 때문이다. 그러나 1997년 겨울에 밀어닥친 IMF사태는 동아시아 발전모델의 한계를 노정시키면서 이른바 '아시아적 가치'를 화두話頭로 떠올렸다. 그리고 아시아적 가치의 실체인 유교가 사회적인 이슈로 떠올랐다. 그 와중에서 유교는 경제위기는 물론 우리 사회를 병들게 하는 바이러스로 혹평되었으며, 이에 대한 반론으로 유교에서 살 길을 찾아야 한다는 '유교대안론'이 제기되기도 하였다. 조선근대화 프로젝트가 시작된 이후 발전의 걸림돌로 부정되거나, 이 땅의 지식인이 그 생사조차 알려고 하지 않던 유교가 화두로 복원된 것이다.

우리에게 유교는 분명 긍정과 부정의 이중성을 갖고 있다. 경제발전의 동인인 동시에 경제위기의 주범이며, 권위주의라는 비민주적 봉건윤리인 동시에 민권·정의 등 현대 민주주의와 양립 가능한 정치학일 뿐만 아니라 자유민주주의의 폐단을 보완할 수 있는 대안이기도 하다. 유교는 전통사회에서는 물론 지금도 여성을 억압하는 질곡인 동시에 양성동반자적 윤리의 이론적 기초를 제공해 주기도 한다.

이와 같은 이중적 평가에도 불구하고, 지금 우리는 양립이 불가능할 뿐만 아니라 적대적이기도 했던 민주주의·자본주의·페미니즘과 유교의 접목을 시도하고 있다. 이를 통하여, 우리는 새로운 패러다임을 창출해내야 한다. 인류가 전근대사회에서 근대사회로 역사를 발전시켰듯이, 이제 근대에서 탈근대로 전환하는 시점에 와 있기 때문이다. 유학사상과 유교문화는 인류가 탈근대 사회를 기획하는 데 풍부한 상상력과 방향을 제공해 줄 것이다.

차례

제1부

지금, 현재의 유교儒敎

Hic et Nunc Confucius

유교, 민주주의, 자본주의

　우리 사회의 중심 사상은 이미 유교가 아니다. 국가·정치·경제체제는 모두 서양이나 일본에서 수입된 것이며, 이들을 작동시키는 기본 이념인 자유주의, 시장주의, 민주주의 등도 모두 외래사상이다. 그러나 우리나라는 수많은 개발도상국 가운데 민주주의와 자본주의를 비교적 성공적으로 수용한 나라로 평가받는다. 반면에 우리는 현재 서구사상이나 제도의 수용에서 수많은 시행착오를 겪고 있을 뿐 아니라 전통의 계승과 발전에 있어서도 본래성에서 일탈한 부조리한 측면을 드러내고 있다. 이 과정에서 서양의 제도가 본래의 이념대로 실현되지 못한 이유를 전통사상, 특히 유교와 결부시키는 경우가 많다. 피상적으로 전통적 권위주의는 민주주의의 평등 이념과 상치되며, 정실주의는 자본주의의 자유경쟁의 원리와 상치된다는 것이다.

　유교를 비롯한 전통사상과 서구이론과의 연계성을 중심으로 야기된 담론은 유교가 또 다른 옷으로 갈아입을 수 있는 좋은 계기가 될 수 있다.

최근의 '아시아적 가치론'과 관련하여 유교와 민주주의·자본주의·페미니즘 등에 대한 논의가 봇물을 이룬 느낌이다. 사실 유교는 본래 '홀로'의 철학이 아니라 묵가·도가·법가를 비롯한 제자백가와 천·인, 예·법 등의 범주에 대한 '쟁명爭鳴'으로부터 정립된 것이다. 내부적으로는 한대의 금고문今古文논쟁, 송명대의 주륙朱陸논쟁과 주자학·양명학의 논쟁이 있었고, 불교가 유입된 이후로는 불교, 도교와의 대립과 통일과정을 거치면서 신유학의 이론체계를 형성하였으며, 근현대 서구학문이 유입되고 나서는 동서문화논쟁 등을 거치면서 이론과 실제에 있어서 보완과 발전을 거듭하였다.

유교가 세계적으로 관심을 끌게 된 것은 동아시아 유교문화권의 비약적 경제발전에 기인한다. 물론 1997년에 닥친 동아시아문화권의 금융위기는 아시아적 가치에 대한 회의를 가져오기도 했지만, 그것을 극복하는 과정에서 다시 저력을 과시하였다. 특히 우리나라와 대만은 경제발전을 토대로 민주화에 성공한 것으로 평가된다. 그러나 한국의 민주주의와 자본주의는 피상적 측면에서는 정착이 된 것처럼 보이지만 서양과는 다른 특유한 논리로 인해 어려움을 겪고 있는 것이 사실이다. 특히 우리 사회는 관습이나 법률, 윤리 전반에 걸쳐 상당히 혼란스러운 상황에 직면해 있다. 이것은 해방 후 우리 사회에 도입된 서양의 이념과 제도의 적용에 적지 않은 문제가 내포되어 있음을 반증한다. 물론 각 분야에서 이에 대한 반성과 비판이 전혀 없었던 것은 아니다. 그러나 이미 상당 부분 현실화되고 유효성이 검증된 부분까지 부정할 수는 없을 것이다. 문제는 앞으로 그것이 전통과 현실적 토양에 과연 얼마나 바람직하게 적용되고 실행될 수 있는가 하는 것이다. 이러한 작업을 위해서는 먼저 오늘의 실제에 바탕하면서도 전통의 왜곡된 측면이 아닌 이념의 본래성에 대한 검토가 필요하다. 먼저 현실 문화와 제도에 대한 유교 본래의 입장을 엿볼 수 있는 자료를 검토하기로 한다.

가족과 사회, 예와 법, 덕치와 법치

섭공葉公이 공자에게 말하였다. "우리 마을에 직궁直躬이라는 자가 있는데, 그 아버지가 양을 훔쳤을 때 그것을 증언하였습니다." 공자가 말하였다. "우리 마을에서의 정직은 이와 다릅니다. 아비가 자식을 위해 숨겨주고, 자식이 아버지를 숨겨줍니다. 정직은 그 가운데 있는 것입니다." (『논어』, 자로) 유교에서는 사회적 덕목으로서의 '정직'이 미덕일지라도 가족규범과 모순되는 경우 그것은 결코 수용될 수 없다. 직궁의 설화에 대해 법가의 이론적 완성자인 한비자는 초나라 영윤(재상)이 아비는 물론 직궁을 처벌한 일을 당연시하였다(『한비자』, 「오두」). 또한 "군주에게는 정직한 신하이지만 부모에겐 난폭한 자식이다"라 하여 부자와 군신 관계를 모순관계로 파악하였다. 『여씨춘추』에도 직궁의 설화가 실려 있는데 내용에 다소 차이가 있다. 공자의 비판적인 말이 인용된 것은 『논어』와 마찬가지이지만, 직궁이 관청에 아비를 고발하고 처벌을 받게 되자 자신이 대신하여 처벌받길 원하며 말하기를, "나라에는 신의를, 부모에게는 효도를 한 것"이라 항변했으며, 초나라 왕이 그 소식을 듣고 처벌하지 않았다고 한다. 법가적 입장에서는 유가는 사회변천에 따른 가족규범과 사회규범의 구별에 주목하지 못한 것이 되고, 예악은 기본적으로 가족규범에 근거를 둔 것이기에 새로운 체제 현실에 부합되지 않는다는 것이다. 직궁의 설화가 제자서에 두루 보이는 것을 보면, 당시 가족과 사회의 관계와 그 규범의 갈등 문제가 지식인들 사이에서 논의되고 있었으며 유가와 법가가 상호 대립하고 있었음을 알 수 있다.

노나라 사람 가운데 전쟁에 세 번 출전하여 모두 패한 군인이 있었다. 공자가 그 이유를 알아보니 집에 연로한 아비가 있는데 그가 죽으면 봉양할 사람이 없었기 때문이었다. 이에 공자는 그를 천거하여 승진시켰다. 이에 대해 한비자는 공자의 그러한 대응 때문에 직궁의 아비를 처벌한 초나라와 달리 노나라는 쉽게 패망하게 되었고 "부모에게는 효자이나 군주에겐 배신背臣이다"라고 주장하였다. 바로 "유가가 문(文: 예악)으로 법을 어지럽히는" 대표적 사례라고 본 것이다. 공자는 가능한 한 법률과 형벌의 적용을 전제로 하는 소송을 적게 하는 것이 최선이라고 본다. 따라서 자신의 정명론正名論에 대해 우활함을 지적하는 제자를 질책하면서 예·악을 형벌보다 우선할 것을 강조하고, 형벌이 들어맞지 않으면 백성들이 손발을 둘 곳이 없다고 보았으며, 군자의 네 가지 악행 가운데 교화를 시도해 보지도 않고 처벌하는 것을 첫 번째로 들고 있다. 이것은 당시 각국에서 현실적으로 법치가 행해지고, 공자도 일정한 범위에서 이러한 현실을 긍정하고 있었음을 반증한다. 사실 모든 부조리를 덕으로 대처할 수는 없으며 명백한 부조리에 대한 응징은 부득이하다. 이것이 이른바 '이직보원以直報怨'이다.

공자가 노나라 정공定公을 수행하여 제나라와의 강화조약을 위한 회담에 참가했을 때의 일이다. 제나라가 일부러 오랑캐 무리를 동원하여 연회장의 분위기를 험악하게 이끌어가자, 이에 공자가 나서서 "오랑캐의 음악은 두 나라의 좋은 만남에 어울리지 않으며, 광대들의 연극은 필부로서 제후를 희롱하는 것이니 수족을 자르는 형벌에 처하는 것이 마땅하다"고 하여 관철시켰다고 전한다(『사기』, 공자세가 정공 10年). 이것은 유교의 예악이론에 바탕을 둔 형벌사상이며 법의식이라고 할 수 있다. 여기서 공자가 제기한 문제의식은 객관화된 법이 아니라 중화中華와 오랑캐, 필부와 제후라는 차별의식이 전제되었기 때문이다.

맹자의 제자 도응桃應이 "순임금의 아버지가 살인죄를 범한 경우 순임금 자신은 어떻게 처신하는 것이 좋은가?" 하고 물었다. 이에 대해 맹자는 사법관의 법집행을 당연시하고, 군주인 순임금이 그것을 저지할 수 없음을 긍정하고 있다. 다만 자식으로서의 순은 그것을 차마 받아들일 수 없기 때문에 군주의 지위를 버리고 아버지와 함께 멀리 도망하여 종신토록 군주의 지위를 버린 것에 대해 아쉬워하지 않았을 것이라고 본다(『맹자』,「진심 상」). 맹자가 비록 객관적 사회규범으로서의 사법관의 법집행을 긍정하고 있지만, 직궁의 설화에 보이는 공자의 입장과 본질적 차이는 없다. 부자관계를 사회관계보다 우선하는 입장이기 때문이다. 맹자는 성선설로부터 추론하여 '왕도王道', '인정仁政'의 정치사상을 제기하는데, 이것은 물론 공자의 덕치 관념을 계승 발전시킨 것이다. 그러나 당시 각국이 패도覇道에 근거하여 이른바 부국강병에 혈안이 된 현실은 인간에 대한 신뢰나 도덕성의 확보와는 거리가 먼 것이었다. 이에 맹자는 덕이 없는 군주는 교체하거나 베어도 무방하다는 '역위易位'와 '방벌放伐' 사상을 제시하여 현실적 한계를 보완하고자 하였다. 또한 치국의 이념에 있어서도 비록 유덕자가 제자리에 있는 것을 전제하는 것이지만, 정령과 형벌의 필요성을 인정하고 있다. 맹자에 의하면, 측은지심을 비롯한 사단四端에 어긋나는 자는 사람이 아니다. 따라서 길을 막고 재화를 빼앗고 거리낌없이 살인한다면 가차없이 벨 수 있다고 한다. 그러나 일정한 경제적 토대를 갖지 못한 백성을 교화하기에 앞서 무조건 형벌부터 가하는 것은 '백성을 그물질하는 짓'이라 비판하고, "훌륭한 정치는 교화로써 민심을 얻는 것만 못하다"고 본다. 아무리 훌륭한 법과 제도를 통하여 정치 사회적 안정을 얻는다 하더라도 그것은 일시적 수단일 뿐이며, 자발적 교화를 통하여 근본적인 안정에 이르는 것에 미치지 못한다는 것이다. 따라서 맹자는 공자와 마찬가지로 단순히 법과 같은 객관적 사회규범에만 의존할 수 없으며 언제나 자발성과 도덕성에 근거한 규범을 먼저 고려할 것을 주장하고 있다.

공자는 노나라 재상 서리로서 조정에 나간 지 7일만에 대부 소정묘少正卯를 처벌하였다. 문인들이 명성이 높은 그를 죽인 것은 잘못이라고 진언하자, 공자는 사람을 죽여 마땅한 다섯 가지 악행을 나열하고 그가 이 가운데 두 가지에 해당되므로 그를 처벌함은 마땅하며, 그것은 탕왕湯王, 문왕文王, 주공周公, 태공太公, 관중, 자산子産 등이 범법자를 처벌한 역사적 사례에도 부합된다고 설명하고 있다(『순자』, 「유좌」). 다섯 가지 조목이란 첫째 사리에 통하면서도 마음이 험한 사람, 둘째 편벽한 행동을 하면서도 완고한 사람, 거짓말을 하면서도 말재주가 있는 사람, 추악한 것을 새기면서도 박식한 사람, 옳지 않은 것을 따르면서도 겉만 번드르르한 사람이다. 이것은 모두 가족 윤리의 문제가 아니라 정치 사회적 규범에 어긋나는 일이다. 다섯 가지 조목에 도적질은 포함되지 않는다. 여기서 특히 태공, 관중, 자산 등은 법가의 선구자로 알려질 정도로 개혁적인 정치 성향을 가진 사람들이다. 순자의 예와 법의 관계를 암시하는 자료이다.

공자가 노나라의 사구司寇 벼슬에 있으면서 부자간의 소송을 처리할 때 일이다. 공자는 이들을 함께 석 달 동안이나 감금한 채 방치하였는데, 마침내 아버지 쪽에서 소송을 취하하겠다고 요청하기에 이르렀고, 이에 공자는 부자를 함께 석방하였다. 이에 당시 권세가였던 계손씨季孫氏가 그 소식을 듣고 말하기를, "공자가 일찍이 나에게는 나라를 다스릴 때는 효

를 앞세워야 한다고 말했는데, 그 말대로라면 마땅히 자식을 처벌해야 마
땅한데도 석방하였다"고 불만을 표시하였다. 이 말을 들은 제자 염구冉求
가 공자에게 아뢰자, 공자는 다음과 같이 말하였다. "위에서 정치를 잘못
하고서 밑에 있는 이들을 죽인다면 이것이 될 일인가? 백성을 교화하지
않고서 소송을 들은 대로 처벌한다면 무고한 사람을 죽이는 일이다. 전군
이 대패했다고 해서 병사들을 모두 베어 죽일 수 없는 일이요, 법령이 제
대로 시행되지 않는다고 해서 모두 형벌에 처할 수 없는 것이다. 그 허물
은 백성에게 있는 것이 아니기 때문이다(『순자』, 「유좌」)." 이것은 앞서의
예와 달리 부자간의 문제로 교화의 대상이 된다. 사회적인 악행은 경우에
따라서 교화보다 처벌이 위주가 될 수 있지만, 가족관계에 있어서는 사랑
과 교화를 전제로 하지 않는 법 집행은 있을 수 없다는 것이다. 역시 순자
의 입장이 반영된 일화이다.

　순자의 예는 인간과 인간, 인간과 사회, 인간과 자연의 관계를 모두 포
괄하는 규범 내지 제도라는 의미로 사용된다. 순자에게서 무엇보다 주목
할 만한 점은 예와 법을 치국의 두 가지 기본 원칙으로 보는 것이다. 비록
작용적 측면으로 볼 때 인간의 성악性惡에 대한 처방에서 비롯된 것이지
만, 양자가 별다른 구별이 없는 것처럼 보인다. 이것은 기본적으로 공자
와 맹자에 있어서 예와 법이 확연히 대립되는 것과는 차이가 있다. 이처
럼 유교에서 예와 대비되는 법관념이 처음으로 일반화된 것은 순자에 의
해서이다. 그러나 상대적으로 예가 법의 기준이 되고 있다는 점에서 묵가
나 법가의 견해와는 근본적으로 다르다. 법 자체에만 의존하기보다는 법
의 근거와 정당성을 의식하면서도 인간의 주체성을 잃지 않는 것이 중요
하다고 본다. 순자에 의하면, 법은 다스림의 시작이며 군자는 법의 원천
이다. 따라서 군자가 있으면 법이 비록 간단하더라도 충분히 천하를 다스

릴 수 있지만, 군자가 없으면 법이 비록 갖추어져 있다고 하더라도 선후를 가리지 못하고 응변應變을 하지 못하여 혼란하게 된다. 이 점에서 당시의 법가는 비판 대상이 된다. 따라서 "좋은 법을 가진 나라가 혼란스러운 경우는 있어도 군자가 있는데도 혼란스러웠다는 나라는 아직 들어보지 못했다"고 한다. 여기서 '군자'는 예·법을 제정하고 동시에 그것을 시행하는 주체를 말한다. 따라서 순자는 법보다는 예를, 예보다는 그 현실적 인간 주체를 근원적으로 상정했으며 아울러 삼자를 통일적으로 파악했던 것이다.

유교와 민주주의, 자본주의

오늘날 일반적으로 사용되는 '유교'라는 개념은 애매모호하게 사용되는 경우가 많다. 특히 전통사상 전반을 포괄하는 것으로 이해되어 경직된 상하관념과 정실주의의 근원으로 인식되는 경우에 그러하다. 물론 이러한 관념이 현실적으로 일정한 범위에서 잔존하는 것은 사실이지만, 이제까지의 유교와 관련된 담론에서 견해가 엇갈리는 것처럼 반드시 긍정적이거나 부정적인 어느 한 측면만을 내포한 것은 아닐 것이다. 다만 오늘날 우리 사회의 경직된 상하관념이나 정실주의의 근원이 모두 유교에서 비롯되었다는 관점에 대해선 다시 한번 생각해 볼 필요가 있을 것이다. 그리고 가족주의가 유교와 밀접한 관계에 있는 것은 사실이지만, 그간의 역사적 조건에서의 전개와 굴절과정을 배제하고 그것의 역기능적 실제만을 거론하는 것은 본래적 정신을 왜곡시킬 우려가 있다. 오늘날 전통사상을 거론할 때 불교와 도교의 영향을 간과할 수 없으며, 나아가서는 유교·불교·도교가 본래 우리의 것이 아니었던 것처럼 이미 2세기 동안의 수용과정을 거친 서양 종교의 영향도 고려해야 할 것이다.

유교는 전통적으로, "양생養生과 상사喪事에 유감이 없는 것이 왕도의 출발이다"(『맹자』, 「양혜왕 상」)라는 말이 시사하듯이 형식적으로는 관혼상제의 예법이 주요 내용이다. 그런데 오늘날의 현실은 어떠한가? 아직 유교가 살아 있다고 한다면 그것은 어디에 살아 있단 말인가? 사실 정치 경제적 측면은 물론이거니와 특히 관혼상제의 측면에서도 유교가 주류라고 하기는 어렵다. 관례가 유명무실해진 것은 물론이거니와 일반적 선입관과 달리 실제의 혼례·상례·제례 또한 유교적 의식이 주도하기보다는 오히려 불교, 혹은 서양 종교를 비롯한 근현대에 도입된 외래 문화의 영향이 큰 듯하다. 물론 유교의 관혼상제 예법이 합리성과 실용성을 추구하는 현대에 적용되지 못한 이유도 클 것이다. 그러나 이 경우에도 그 본래의 정신을 되돌아보지 않고 부정한다면 그야말로 본말이 전도된 것이라 하지 않을 수 없다. 사실 현실적으로 잔존하는 유교적 예법 가운데에는 형식적으로 고쳐야 할 부분이 있을 것이다. 또한 유교와 현실적 예가 합리적으로 결합된 측면이 있다면, 이러한 현실을 부정적 관점으로만 바라볼 필요는 없다. 형식적으로 이미 변용된 현실을 본래의 유교적 관혼상제로 되돌린다는 것은 어려운 일이다. 지금 무엇보다 고려해야 할 점은 우리가 공감할 수 있는 본질에 비추어 과연 이러한 변용이 타당하고 합리적인 것인가 하는 것이다.

공자를 개조로 하는 유교는 선진시대 제자백가諸子百家 중 하나이다. 분봉제分封制 및 종법제宗法制로 대표되는 권위주의적 체제가 붕괴된 춘추전국이라는 시대적인 상황과 그에 따르는 지식인들의 문제의식은 오늘날 우리가 직면하고 있는 것과 흡사한 면이 많다. 각각의 시대상황이라는 양자의 질적 차이를 전제로 하더라도 급격한 변동기, 예컨대 인간과 자연, 전통과 현대의 갈등이 두드러진다는 점에서 공통적이다. 특히 내외적으로 분열된 상황을 극복하고 통일체제를 추구한다는 점에서 한국의 현실 상황에 비추어 볼 때 참고할 점이 많다. 다른 점이 있다면 당시에는 백가쟁명의 다양한 방안이 제시된 것에 비해 오늘날의 문제 해결방식은 상대적으로 획일적이라는 것이다.

한비자의 지적대로 당시 유가는 묵가와 함께 세상의 '유명한 학문[顯學]'이었지만, 용어가 시사하는 만큼 대중적인 기반은 갖지 못하였다. 당시 지식인들 가운데는 유가도 적지 않았지만 도가나 법가적 경향이 상대적으로 우세했으며, 일반 민중은 묵가墨家를 선호하였다. 따라서 유교의 개조인 공자를 비롯해서 맹자孟子와 순자荀子는 모두 자신의 현실인식과 그에 대한 방안을 실현해 보고자 했지만 끝내 뜻을 이루지 못하였다. 백가쟁명의 상황은 진나라라는 법가적 통일왕조의 성립으로 일단락되고, 유교사상은 한대漢代 이후 나름대로의 전개과정을 거치게 되었다. 예컨대 동중서董仲舒로부터 시작되는 한漢 · 당唐의 유학, 송대의 정주학程朱學, 명대의 양명학陽明學, 청대의 고증학과 실학적 유교 등으로 옷을 갈아입으면서 현실에 적응하였다. 한마디로 유교는 당대의 주류 이념과 논쟁을 통하여 이론보완의 역사를 가졌다.

우리나라의 경우 여말선초에 성리학이 도입된 이후 이른바 '예송禮訟'이나 '사단 · 칠정', '인심 · 도심', '인물성동이人物性同異' 등에 관하여 유교 내부적으로 심화된 논쟁은 있었지만, 중국에 비해 다른 이념과의 사상 논쟁은 상대적으로 적었다. 여기에 장기간의 일제 강점을 거치면서 서구사상이나 제도를 능동적으로 수용하거나 그것을 전통과 융합시킬 기회도 상실하였다. 이 점에서는 해방후 지금까지 별로 달라진 것이 없다.

따라서 현재 진행중인 담론의 과정에서 유교를 부정적으로 보든 긍정적으로 보든 그 자체는 역사적 흐름에서 오히려 고무적 현상이라고 할 수 있다. 비록 유교의 이론이나 실제의 어느 한 측면을 대상으로 한다고 하더라도 이론적 보완을 위한 의미있는 계기가 될 것임은 분명하기 때문이다. 역사적으로 보면, 왜곡된 관념에 입각하여 전통사상 전반을 부정하거나 문화의 특수성을 내세워 지나치게 폐쇄적 입장을 취하는 것은 바람직한 일이 아니다. 동서의 구분과 각각의 특수성보다는 글로벌한 현실에 맞추어 인간과 사회에 관한 보편적 가치를 추구하는 일이 오늘날 더 이상 회피할 수 없는 상황에 이르렀기 때문이다. 그렇다면 오늘날의 주류 이념은 무엇인가? 주지하다시피 정치적으로는 민주주의요, 경제적으로는 자본주의이다. 물론 종교적으로 보면 전통적인 불교와 서양 종교의 영향력을 배제할 수 없다.

민주주의란 국민 다수의 의사가 정치를 결정하는 것을 이상으로 삼는 사상, 또는 그것을 보장하는 정치제도, 정치운영방식을 말한다. 민주주의의 원형은 서양 고대 그리스 도시국가의 정치에서 찾아볼 수 있는데, 거기에서는 자유민에 의한 정치참여가 광범위하게 허용되었다. 그러나 민주주의적 사상·제도가 정치세계에서 결정적으로 중요한 위치를 차지하게 된 것은, 시민계급이 전제적 절대군주정치를 타도하고 근대국가를 형성한 17~18세기 시민혁명 이후의 일이다. 이 시기에 국민주권주의, 기본적 인권존중, 법의 지배, 민주적 정치제도 확립 등 민주주의적 사상 및 제도의 원형이 형성되었다. 이러한 민주주의의 사고방식을 체계화한 사람은 홉스, 로크, 루소 등이며, 이들의 사상은 영국, 미국, 프랑스 등의 각종 헌법과 선언에 반영되었다. 또한 이 시기에는 절대군주의 억압에서 해방되는 것을 희구하여, 근대 시민계급이 어느 무엇에도 구속되지 않고 자신의 행복과 안전을 확보하기 위해 자유롭게 판단하고 행동할 수 있는 존재가 되어야 한다고 주장하는 자유주의 사상이 정립되었다. 이것은 근대민주주의 사상사 전체를 일관하는 기본적 원리라고 할 수 있다. 오늘날의 자유주의는 정치적 민주주의뿐만 아니라 사회적 평등의 실현을 추구하는 사회적 민주주의도 포함하고 있어서 반드시 사회주의와 대립되는 개념이라고 볼 수는 없다. 이 두 사상은 인간의 자유와 평등의 실현을 지향하는 사상으로서 상보적일 수 있는 것으로 이해된다.

한국의 경우, 민주주의는 개화사상이 논의되던 조선시대 말부터 유입되기 시작하였다. 그때부터 민주주의는 민족항일기를 거치는 동안 장기간의 침잠 과정을 거쳐 해방 이후 본격적으로 도입되었지만, 민주시민적 의식이나 전통문화가 단절된 상황에서의 민주주의 제도의 도입은 오히려 정치적 혼란만 야기시켰다. 예컨대 1950년대 이승만 정권은 민주주의를 명분으로 내세웠지만 오히려 자유를 제약하였고, 민족적 민주주의 혹은 한국적 민주주의를 표방하였던 유신체제는 군부와 관료 기업가에 의한 지도체제 구축으로 강력한 권위주의적 색채를 띨 수밖에 없었다. 이후 한국의 민주주의는 제도나 기능이 극도로 약화되어 일종의 국가주의적 성격으로 탈바꿈하기도 하였다. 대통령의 선출은 통일주체국민회의에서 이루어지는 일종의 요식행위로 결정되었고, 시민적 자유조차도 국가안보를 이유로 제약되었다. 1980년대에 들어와 다시 한번 지배세력 사이에서 정치권력 구조가 재조정됨으로써 민주주의 제도는 위축되었다. 그러나 이러한 변동을 거치면서 민주주의에 대한 국민의 의식이나 가치관은 놀라울 정도로 변모되어, 이제는 민주주의가 국민들 속에서 구체적 삶의 방법으로서 정착되어 가고 있다.

자본주의의 사전적 의미는 생산수단을 소유한 자본가가 이윤획득을 목적으로 노동자로부터 노동력을 사서 상품생산을 수행하는 경제체제이다. 즉 기업이 재화와 서비스의 생산과 유통의 주체가 되는 것이다. 이 경제 체제를 긍정하고 옹호하거나 추진하는 사상이나 주장은 보통 '자유주의' 라고 일컫지만, 정작 자본주의를 옹호하는 입장에서는 자본주의라는 말 을 기피해 '자유경제'라고 부르는 경우가 많다. 자본주의라는 경제체제 는 의도적으로 만든 것이 아니다. 프랑스대혁명의 '자유', '평등', '박애' 라는 슬로건은 근대의 막을 열어주었지만, 자본주의는 영리와 아사餓死의 '자유'를 만들어낸 반면 '평등'과 '박애'는 실현시키지 못하였다. 막스 베버는 『프로테스탄티즘의 윤리와 자본주의의 정신』에서 자본주의는 '의도하지 않은 결과'로 만들어진 것이라 설명한다. 그러나 근대 개인의 자유는 경제활동에서 생산력의 향상을 가져왔고, 그것을 영리의 자유로 수용하는 자본주의는 일찍이 없었던 생산기술의 확대를 공장제 공업의 형태로 실현함으로써 물적 생산의 확대에 따라 생활의 변혁을 가져왔다. 그 과정에서 격렬한 노사간의 대립, 공황, 실업, 제국주의 전쟁이 있었지 만, 경제체제로서의 자본주의는 서방 자유주의 국가 내부에서 제2차 세계 대전 이후 오히려 이데올로기로 강화되었다. 이것은 무엇보다 자본주의 가 갖고 있는 구조적 유연성이 크게 작용했기 때문이라고 볼 수 있다.

한국의 자본주의의 발전형태는 일본의 식민지지배에 의해 자본제화를 강요받았다는 점에서 식민지종속형으로 분류된다. 일제의 요구에 따라 시민혁명과 같은 변혁과정 없이 봉건적 사회구조를 고수한 채 일부 매판 자본과 일본 자금을 주축으로 하여 자본주의적 발전의 길에 들어서게 되 었고, 해방 후에는 미군정통치 및 경제원조와 6·25를 거치면서 대미 일 변도의 경제구조가 형성되었다. 일제의 탄압에 따른 민족자본의 부재는 해방 후 일부 매판상인자본을 한국자본주의의 담당자로 끌어들이게 하였고, 이들은 국가권력과 결합하여 독점을 형성하고, 이후 정부의 성장정책과 맞물려 더욱 확대 재생산되었다. 또한 해방 직후 농지개혁과 귀속재산불하의 실패, 자생적 민족공업 육성책 부재 등으로 인해 민족자본이 축적될 기회를 상실함으로써 이후 외국자본을 통해 경제성장을 꾀할 수밖에 없었다. 여기에서 관료자본주의적 성격이 나타나게 된다. 또한 산업자본 단계의 경쟁과정을 노정하지 않은 채 정상政商과 국가권력, 그리고 외국자본과의 결합관계에서 경제 외적인 독점을 실현시켜 왔기 때문에 궁극적으로는 사회적 생산력의 발전을 저해하고 독점을 터무니없이 조장하는 결과를 낳았다. 그리고 한국자본주의가 국가독점 단계에 이르고 있고, 민간자본에 있어서 독점의 완성이 금융자본의 형성에까지 미치고 있음에도, 농업부문에서는 전근대적 소농민경영 형태를 벗어나지 못하고 있는 등 국민경제의 이중성이 심각한 상태에 놓이게 되었다. 이상의 한국자본주의의 여러 모습은 과거 이민족의 지배체제와 그 이후 계속된 권력자들의 실정失政으로 각종 사회 경제적 모순이 심화되어 온 결과이며, 오늘날 한국경제의 괄목할 만한 외형적 성장에도 불구하고 여전히 극복해야 할 과제로 남아 있다.

요컨대 우리에게 지금의 민주주의와 자본주의는 서양과 전혀 다른 문화적 토대에서 출발함으로써 여러 가지 문제점이 노정되고 있으며, 따라서 이러한 문제를 해결하기 위해서는 전통문화와의 연계성을 검토하지 않을 수 없다.

아시아적 가치론의 허와 실

동아시아 유교문화권의 경제발전을 유교와 결부시켜 설명하려는 것은 기본적으로 서양학자들의 발상이다. 물론 '유교자본주의' 라는 용어를 고안해 낸 것은 일본이지만, 그것은 영국의 신교자본주의와 대비되는 용어로서 일본식 자본주의를 가리키는 것이기 때문에 오늘날 사용하는 개념과 상당한 차이가 있다. 1970년대부터 1980년대에 이르는 동안 동아시아의 기적적 경제성장에 대한 연구가 서양에서 진행되면서 '유교자본주의론' 은 '유교르네상스론' 으로까지 발전된다. 한마디로 현실적 경제발전을 서양과는 다른 동아시아의 고유한 가치인 유교와 결부시키는 것이다. 그런데 역사적으로 서양학자들이 사용하는 '아시아적 가치' 라는 개념은 지극히 양면적이다. 그들은 이 개념을 제국주의 시기에 아시아의 경제적 후진성과 정체성, 2차대전 후의 급속한 경제성장의 근거로 제시하기도 하고, 나아가서는 1990년대의 아시아의 금융위기와 그것을 극복하는 과정을 설명할 때에도 사용한다. 아시아적 가치론은 1990년대 초반 이래 싱가포르와 말레이시아를 중심으로 본격적인 화두로 등장하였다. 이것은 한국을 비롯한 동아시아 신흥공업국의 경제적 성공에 대한 자부심이 바탕이 된 것으로, 싱가포르의 전 수상 리콴유는 서구식 자유주의와 개인주의에 대한 대응으로 아시아적 가치를 슬로건으로 내세웠다. 물론 아시아적 가치가 반드시 유교와 결부되는 것은 아니지만 동아시아의 전통문화와 서구문화의 관계라는 점에서 본다면 그 주류는 역시 유교라고 할 수 있다.

현재까지 진행되고 있는 유교의 현대화에 관련된 담론의 주류는 이른 바 '유교자본주의' 나 '유교민주주의', '유교공동체주의' 라는 용어가 시사하는 것처럼 정치·경제와 관련된 것들이다. 이것은 담론에 참여한 많은 학자들이 지적하듯이, 유교 자체나 우리의 자생적 논의가 아니라 국내외 정치 경제적 상황과 그로부터 야기된 현실과 이론의 괴리감이 또 다른 이론 모색과 대안을 도모하지 않을 수 없도록 만들었다는 데 근본적 이유가 있다. 이러한 흐름은 학문의 현대화 혹은 실용화라는 점에서 당연하고 바람직한 것이지만, 반면 바로 그러한 전제로 인하여 '유교'의 본질적 이념 자체가 모호하게 이해될 우려도 있다. 실제로 일부 연구에서는 유교의 형이상학적 측면을 배제해야만 유교의 현대화가 가능하다고 주장한다. 물론 일정한 전제 아래 실천성을 강조하는 그러한 가정이 필요하고 가능하다고 하더라도, 그것은 이미 유교의 본질과는 상당한 차이를 지닌 것이 될 것이다.

유교에 있어서는 본질적으로 정치, 윤리, 교육이 별개의 문제가 아니라 자연과 인간에 대한 통일적 이해라는 점에서 하나의 체계이다. 또한 유교는 크게 선진시대의 실천유교와 송명대의 이론유교로 구별되면서 각각의 현실에 부응하여 일정한 역할을 하였다. 이론유교라 하더라도 그 이념 자체가 현실과 괴리된 것은 아니었다. 피상적으로 보면 성리학의 이기론은 형이상학적 체계이지만, 그것은 당시 불교와 도교에 대한 이론적 극복과 이민족에 대한 주체의식을 강조하기 위한 논리체계였다. 경우에 따라서는 두 가지 측면을 구별해서 논의하는 것이 필요하다. 따라서 현재 유교와 관련된 담론 과정에서 현대 사회과학과의 연계성을 성급하게 단언할 필요는 없을 것 같다. 그런데 일부 연구의 귀결점으로서 유교적인 것으로 언급되는 내용을 보면, 그것이 과연 유교의 본질인지 아니면 전통 혹은 서양사상에 대한 새로운 이해인지 분간하기 어려운 경우도 있다. 그러한 경우에는 '유교적'이란 용어가 어색해 보인다. 차라리 자신의 현실에 이미 내재화된 의식 일반을 전제로 한 민주주의 혹은 자본주의, 공동체주의라고 보는 편이 나을지 모른다.

어떠한 이념이든 필연적으로 구체적 현실에 기반하고 있다는 점에서 일정한 한계가 뒤따르기 마련이다. 따라서 유교의 본래 이념이 현대 사회과학과의 연계성에서 반드시 정합성을 갖고 있다거나 우월하다고 볼 수 없을 것이다. 사실 거의 모든 학문분야에서 합리성과 현실적 실용성을 위주로 하는 서구학문 체계에 익숙한 우리로서는 자본주의나 민주주의 이론 자체에 회의하는 경우는 거의 없다. 문제는 그러한 이론들이 실제에 있어서 서구는 물론이거니와 우리의 현실에도 적합하지 않은 부분이 드러난다는 점이며, 그것에 대한 수많은 대안 가운데 하나로 유교를 거론하는 것이다. 그런데 유교에 대해서 긍정적 요소를 드러내어 평가하는 경우도 있는 반면에, 오늘날의 부조리한 실제에 근거하여 유교의 본래 이론 자체에 대한 근본적 회의를 보이는 경우도 적지 않다. 한마디로 농경사회를 기반으로 한 유교 이론이 현대 산업사회에 적합치 않다는 것이다. 그렇다면 자본주의나 민주주의라는 이념은 본래 오늘날과 같은 산업사회에서 비롯되었단 말인가? 서구의 모든 이론과 마찬가지로 유교 또한 당대의 현실에 적응하면서 이론적으로 보완과 발전을 거듭하였다. 물론 서구의 이념이 현실적 적용에 있어서 한계를 드러내는 것과 마찬가지로 유교 또한 역사적 조건이 다른 현실에 무조건 부합될 수는 없을 것이다. 그러므로 '유교'라는 용어를 사용할 때 서구의 이념을 비판할 때와 마찬가지로, '이념'과 '실제'를 구분하는 것은 지극히 당연한 일이다.

전통과 현대라는 관계에서 볼 때, 우리의 전통은 어느 시점을 가지고 말하는지 생각해 볼 필요가 있다. 전통을 부정적으로 파악하는 관점에서는, 부조리한 현실은 모두 전통에 기초해 있고 과거는 모두 전통이라고 생각하는 경우가 있다. 그렇다면 일제치하의 모든 것도 우리의 전통에 포함시켜야 한단 말인가? 심지어 굴절되고 왜곡된 모습에 기초해서 참담하고도 자조적인 푸념이 뒤섞여 민족의 현실은 물론 미래에 대해서까지 자긍심을 갖지 못하는 경우도 있다. 그렇다면 현실적으로 길들여진 이념이나 제도에 기초해서 무조건 전통과의 단절을 주장하기에 앞서 전통에 대한 참다운 관념을 정립하는 것이 중요한 일이다.

해방 후부터 지금까지 각 분야에서 과연 주체적 자각에 기초한 발전 방향을, 미래를 위한 이론을 제시하면서 전개해 왔는지에 대해서는 회의적이다. 36년이라는 한 세대가 넘는 기간 동안 일제 치하에서 치욕을 겪은 우리로서는 다른 나라와는 달리 해방만으로 민족의 전통과 주체성을 회복하기 어려웠다. 오히려 해방 직후의 절박한 현실은 우리에게 친일파를 비롯한 왜곡된 지도층과 그들이 주도하는 제도와 관념이 잔존할 수 있는 배경이 되었다. 필자는 이것이 아직까지도 우리 사회에 있어서 일관된 원칙에 기초해서 문제를 근원적으로 해결하기보다는 현실적 사태수습에 치중하는 의식이 가장 중요한 원인이라고 생각한다. 그간의 정치 경제적 현실을 되돌아볼 때, '좋은 것과 옳은 것', '나쁜 것과 그른 것'을 구별하는 가치와 사실의 문제를 혼동하는 경우가 많았다. 예컨대 경직된 상하관념, 폐쇄적 정실주의, 이웃을 믿지 못하는 피해의식, 과정이나 절차보다는 결과 위주로 '빨리'를 최선으로 여기는 의식 등등은 비록 부득이한 현실의 반영이라고 할 수 있을지라도, 후쿠야마의 지적대로 우리 사회가 '저신뢰 사회'임을 부인하기 어렵다(프랜시스 후쿠야마, 『트러스트』). 다만 이러한 부조리한 현실을 모두 전통사상과 연계시키는 것은 잘못이다.

우리 현실은 일제치하부터 지금까지는 전통의 단절이 제대로 회복되지 못한 시기라고 보아야 한다. 특히 해방 후 이어진 민족상잔은 떳떳하게 민족의 정통성을 말하기 어렵게 만들었을 뿐만 아니라 급박한 정치 경제적 현실은 이른바 '개발독재'와 같은 왜곡된 체제를 낳을 정도로, 유구한 전통을 주체적으로 논의하고 회복하기에는 그 기간이 너무나 짧았다고 할 수 있다. 물론 전통이 바람직한 측면만 있는 것은 아니다. 다만 지금의 전통에 대한 논의는 왜곡된 현실과 그것이 기초하고 있는 과거에 대한 냉철한 비판이 병행되어야 한다는 것이다. 오늘날 각 분과학문에서 해방 후 유입된 서구이론에 대해 비판과 반성을 하는 것처럼 전통사상을 논의함에 있어서도 일부 형식적 측면만을 내세워 그것의 전반을 부정한다면 현실을 또 한번 왜곡하는 일이 될 것이다.

서양의 자본주의 발달이 극단적인 이기주의나 천민자본주의로 빠지지 않을 수 있었던 것은 청교도적 금욕주의가 저변에 깔려 있어서 상호 보완되었기 때문이다. 서양에서는 상호 모순되는 듯한 '밀림의 사자와 토끼가 먹이를 다투는' 식의 무한경쟁의 자본주의와 종교적 금욕주의가 현실적으로 조화를 이루며 오늘날에도 기본적인 사회관념을 형성하고 있다. 한편 동아시아권의 비약적인 자본주의 경제성장의 이면에 유교적 가치관이 자리하고 있기 때문에, 막스 베버가 우려한 천민자본주의에 빠지지 않을 수 있었다고 보는 것이 유교자본주의라는 시각이다. 또한 적어도 아시아의 경제 위기 상황이 도래하기 전까지는 심지어 유교자본주의가 자본주의적 병폐에 대한 미래의 대안이라는 평가도 있었으니, 베버의 우려는 한낱 기우로 끝난 것이라고 평가되기도 하였다.

동아시아의 경제성장과 자본주의 발달이나 경제 위기 상황을 유교를 비롯한 전통적 가치에 연계시키는 관점은 동아시아의 자생적 관점이라기보다는 서구적인 분석의 틀이었다고 해도 좋을 것이다. 다만 막스 베버의 관점이 유럽 중심이었다면 오늘날은 미국 중심의 이른바 신자유주의라는 점이 다를 뿐이다. 그런데 간과할 수 없는 점은 그들의 이른바 '공정한 경쟁원리'로서의 시장의 논리는 현실적으로 약자나 소외된 계층에게는 착취를 참고 견디라는 말에 불과할 수 있다는 것이다.

유교의 현실적 대안: 지도자의 소양과 덕목

유교가 현대 민주주의와 자본주의에 대해 어떠한 의미를 지닐 수 있는가? 필자는 유교가 우리에게도 이미 익숙하고 현실화된 서양의 제도와 이념 자체를 전면적으로 대체할 수 없지만, 일정한 범위에서 상호보완적 역할을 할 수 있다고 본다.

우리가 겪은 외환위기의 원인이 금융기관, 재벌과 정부의 '도덕적 해이moral hazard'에 있다고 보는 견해가 많다. 이 용어는 본래 금융자유화가 앞서 있는 미국에서 금융기관이나 예금자가 자신의 이익을 극대화하기 위해서 비윤리적 수단임을 알면서도 그것에 의존하는 것을 가리키는 것으로 알려져 있지만, 문자적 의미로 볼 때 우리의 정치 경제적 현실의 부조리를 지적하는 데 합당한 용어처럼 느껴진다. 이와 관련된 예로서 금융기관의 부실대출심사, 기업의 불투명 경영, 관료들의 복지부동, 대형국책 사업의 부실화, 공기업의 방만한 경영과 과도한 비용 지급, 기업주의 고의부도 및 재산은닉 등은 일반인에게도 낯설지 않은 부조리이다. 사실 업무 처리에 있어서 무조건 '빨리' 하고 결과가 번듯하면 능력을 인정받는 왜곡된 현실에 비춰보면 그들만을 탓할 일도 아니다. 이것은 해방 후 과거에 대한 반성보다는 당면한 정치 경제적 측면에서 우선 선진국의 제도를 무비판적으로 수용한 데 근본 원인이 있다고 생각하기 때문이다.

오늘날의 부조리 해결을 위해서 우리 사회에 가장 시급한 것이 '도덕성 회복'이라는 점은 공감할 것이다. 여론조사에 의하면 오늘날 가장 신뢰하기 어려운 집단이 정치지도자 계층이라고 할 정도로 정치인들의 타락은 의심의 여지가 없는 것처럼 보인다. 더욱 놀라운 것은 법을 만드는 국회의 구성원인 국회의원 가운데 상당수가 선거법 등 실정법을 위반하고 있다는 사실이다. 여기에는 이른바 '보스정치'라는 용어가 시사하는 것처럼 정당이 민주적이지 못하고 변칙적으로 정치자금을 형성하는 등의 조악한 정치 수준과 관련된 수많은 부수적 이유를 들 수 있겠지만, 근본적으로는 왜곡된 과거를 제대로 청산하지 못한 데 연유한다. 이것은 단지 각 분야 지도자 계층의 타락에 대한 비판으로 끝날 문제가 아니다. 일반인들도 자연스럽게 그러한 정치 문화에 길들여지고 심지어는 그것을 당연시하는 풍조가 더욱 큰 부조리다. 여기서 시민의식 또한 중요한 문제로 부각되지 않을 수 없다. 정치뿐 아니라 사회·교육·문화 등 다른 분야에 있어서도 문제의 본질은 마찬가지다.

그렇다면 '도덕성 회복'이란 무엇이고 어떻게 가능한가. 우선 그 말의 의미를 되새겨 본다면, '회복'이란 말은 과거의 일정한 기준을 전제로 하는 것이다. 그러나 일제치하로부터 지금까지를 되돌아볼 때 과연 바람직한 기준이 있었는지, 또한 당면한 문제해결을 위해서 선진의 제도를 수용하면서 그것이 기반하고 있는 의식까지도 비판적으로 수용하였는지에 대해 회의적이지 않을 수 없다. 그렇다면 회복해야 할 '도덕성'이 과연 무엇인지 애매하다고 하지 않을 수 없다. 오늘날의 '도덕성'이란 용어 또한 이른바 '민주주의와 시장경제'에 결부되어 주로 그와 연관된 법률이나 제도의 운용에 있어서의 합리성을 의미하는 것으로 이해된다. 그러나 막스 베버의 지적처럼, 이른바 '자본주의정신'이라 일컬어지는 합리적 사고, 천직 관념, 헌신적 노동 등을 배제하고 단지 법률이나 제도만으로 자본주의가 제대로 운용되어 소기의 목적을 달성할 수는 없을 것이다. 사실 경제적 자유주의를 주창했던 아담 스미스 또한 시장경제 체제가 기능을 제대로 발휘하기 위해서는 경제질서에 상응하는 법체계와 아울러 윤리규범이 정립되어야 함을 역설하였다. 그렇다면 오늘날 우리가 채택하고 있는 정치·경제적 제도에 대한 근거를 되돌아보지 않을 수 없다.

현재 진행되는 유교를 비롯한 전통사상에 대한 논의에 과연 어떠한 논리가 적용되고 있는지 살펴볼 일이다. 중요한 점은 과연 그간의 동아시아권의 경제성장과 오늘날 경제위기를 불러일으킨 근본적인 원인이 유교 혹은 전통적 가치와 어떻게 관련이 있는가 하는 것이다. 한동안 서구 경제학자들이 일본의 경제성장 요인을 분석하면서 유교적인 가족주의적 관념을 연공서열제 등과 연계시킨 경우가 있었다. 분규없는 노사관계는 서양인의 관점에서는 놀랄 만한 일이었기 때문이다. 또한 자타가 공인하는 경제대국의 위치에 고무된 일본의 후쿠야마의 '권위주의적 시장경제'라는 용어가 시사하듯이, 정부의 일정한 시장간섭이나 통제가 바람직한 것으로 미화되기도 하였다. 이 점은 과거 비약적인 경제성장을 이룩한 우리나라에도 적용 가능한 설명이다.

지금 우리의 열악한 경제현실을 반영하여 여전히 아시아적 가치에 대한 회의와 반성이 끊이지 않는다. 사실 아시아 경제위기의 가장 근본적인 원인을 혈연이나 지연 등 관념에 얽매여 공정한 경쟁원리를 왜곡한 데서 비롯한 것으로 보는 견해가 주류이다. 그러기에 이른바 '구조조정'은 공정한 경쟁원리를 도입한다는 명분을 제일로 치고 있다. 물론 혈연이나 학연·지연 등의 관념은 우리 사회에 뿌리깊은 것임을 인정하지 않을 수 없고, 이는 '관치금융'이나 '정경유착'이라는 용어를 통해서도 확인할 수 있다. 그러나 이러한 관념이 모두 유교적인 혹은 전통적 가치에서 비롯된 것이라고 어떻게 단언할 수 있는가? 해방 후 지금까지의 과정을 통해 보면, 유교를 비롯한 전통사상에 대한 비판적 수용보다는 서구 민주주의와 자본주의를 무비판적으로 수용하는 데 적잖은 문제가 있다고 하지 않을 수 없다. 물론 현실의 정치가 부조리하다고 해서 민주주의를 전면 거부할 수 없는 것과 마찬가지로 전통사상 가운데 현실적으로 부조리가 드러난다고 해서 그것을 전면 거부할 수도 없는 일이다. 거부하기 이전에 왜 현실적으로 전통사상이나 서구문화에 불합리한 측면이 드러나는가에 대한 반성을 선행해야 한다. 요컨대 당면한 현실문제 해결을 위해서는 제도 자체뿐 아니라 그것이 기초하고 있고 또한 상호 보완적인 근원적 의식, 즉 도덕성이 확보되어야 한다. 앞서 지적한 지도자 계층의 자질 향상이나 시민의식의 상승이 단순히 선거가 되풀이됨으로써 가능하리라 보지 않는다.

유교는 인간의 도덕성에 기초하여 자발성의 근거를 확보하는 동시에 대상과 조화로운 관계를 추구한다. 따라서 정치 윤리적으로 일시적 굴절은 피할 수 없다고 하더라도 오늘날에도 여전히 현실적 생명력을 확보할 수 있다. 유교의 정치적 이념은 지도자의 자질을 제일 조건으로 친다. 덕이 있는 사람이 위정자이고, 위정자는 덕이 있어야 한다는 말이다. 따라서 공자는 "정치란 솔선하는 것", "정치란 바로잡는다는 뜻이니 그대가 바름으로써 솔선수범한다면 누가 바르지 않겠는가"라 하고, "지도자가 먼저 욕심을 버리면 백성들은 상을 준다고 해도 도둑질하지 않을 것이다"라 하였다. 이렇게 사회적 부조리에 직면해서 형벌로써 통제하기보다는 지도자의 도덕적 수양에 기초해서 백성을 교화시키는 것이 덕치사상이다. 일반인에 대한 군주의 권위는 인정되지만 그것은 무조건적이거나 초월적인 근거가 별도로 있어서가 아니라 그 지위에 걸맞는 자질을 갖춤으로써 가능해진다. 이것은 지도자의 경제적 군사적인 식견이나 문제해결 능력보다는 백성의 신뢰에 기초하여 그 지위에 걸맞는 덕이 있어야 한다는 공자의 정명론으로 이론화되며, 맹자와 순자에 이르러 보다 구체적으로 전개된다.

맹자는 정치에는 군주보다는 상대적으로 백성이 더 중요하다는 민본사상과 인의와 같은 도덕성이 없는 군주를 추방하거나 베어도 그것은 신하로서 군주를 시해한 것이 아니라 필부를 벌준 것에 불과하다는 혁명론을 제시하였다. 그리고 순자는 지도자의 도덕성뿐만이 아니라 사회적 규범과 제도의 보완을 통해 정명론을 사회 전반에 적용하는 동시에 "백성은 물이며 군주는 배"라는 비유로써 백성은 군주를 받들기도 하지만 뒤엎을 수도 있음을 강조하였다. 유교의 이러한 이론을 감안해 본다면, 오늘날 부조리에 대한 대안으로 제시되는 '도덕성의 회복'이 지도자 자신만의 각성으로는 불가능하며 시민의식과 연계되지 않을 수 없음을 알 수 있다.

그동안 과연 정치지도자들을 도덕적 자질에 근거하여 선출하였는지, 선출된 인물이 거기에 합당하였는지 우리는 자문해 보지 않을 수 없다. 이렇게 보면 해방 후 지금까지 우리의 정치현실은 유교적 정치 이념과는 상당한 거리가 있으며, 이 또한 전통과의 단절의 한 예라고 할 수 있다. 차라리 유교적 전통이 없는 서구에서 자신들의 지도자를 선출함에 있어서 가혹하리만큼 철저한 검증을 거치고 있는 현실은 시사하는 바 크다. 요컨대 각 분야의 지도자들이 먼저 자신을 되돌아보고 솔선수범하는 자세와 그에 대한 감시와 견제를 늦추지 않는 시민의식의 고양을 전제하지 않고서는 아무리 개혁을 되풀이한다고 해도 부조리한 현실을 개선하기는 어렵다. 또한 변법變法이라는 제도개혁을 통해 전제왕권의 확립을 도

모한 진나라에서 시행된 법가 이론이 통일 후 불과 15년만에 소멸한 사실
에서도 확인할 수 있는 것처럼 법이나 제도만으로 정치 사회적 안정을 도
모한다는 것은 어려운 일이다.

| 생각해 볼 문제 |

• 민주주의의 본질과 유교는 어떠한 점에서 상호 연계될 수 있는가?

• 자본주의의 본질과 유교는 어떠한 점에서 상호 연계될 수 있는가?

• 법치와 덕치는 어떻게 연계될 수 있는가?

| 原文 익히기 |

『論語』

• 子曰, 爲政以德, 譬如北辰居其所, 而衆星共之.

• 季康子問政於孔子. 孔子對曰, 政者, 正也. 子帥以正, 孰敢不正.

• 子曰, 其身正, 不令而行. 其身不正, 雖令不從.

• 或曰, 以德報怨 何如. 子曰, 何以報德, 以直報怨 以德報德.

• 子適衛, 冉有僕. 子曰, 庶矣哉. 冉有曰, 旣庶矣, 又何加焉. 曰, 富之.
曰, 旣富矣, 又何加焉. 曰, 敎之.

『孟子』

• 卒然問曰, 天下惡乎定. 吾對曰, 定于一. 孰能一之. 對曰, 不嗜殺人者
能一之.

• 孟子曰, 盡信書, 則不如無書. 吾於武成取二三策而已矣. 仁人無敵於

天下. 以至仁伐至不仁, 而何其血之流杵也.

- 孟子曰, 以力假仁者霸, 霸必有大國. 以德行仁者王, 王不待大. 湯以七十里 文王以百里.

- 無恒産而有恒心者, 惟士爲能. 若民, 則無恒産, 因無恒心. 苟無恒心, 放辟邪侈, 無不爲已. 及陷於罪, 然後從而刑之, 是罔民也. 焉有仁人在位罔民而可爲也.

- 有大人之事, 有小人之事. 且一人之身, 而百工之所爲備, 如必自爲而後用之, 是率天下而路也. 故曰, 或勞心, 或勞力, 勞心者治人, 勞力者治於人, 治於人者食人, 治人者食於人, 天下之通義也.

- 齊宣王問卿. 孟子曰, 王何卿之問也. 王曰, 卿不同乎. 曰, 不同, 有貴戚之卿, 有異姓之卿. 王曰, 請問貴戚之卿. 曰, 君有大過則諫, 反覆之而不聽, 則易位. 王勃然變乎色. 曰, 王勿異也. 王問臣, 臣不敢不以正對. 王色定, 然後請問異姓之卿. 曰, 君有過則諫, 反覆之而不聽, 則去.

『荀子』

- 道者, 非天之道, 非地之道, 人之所以道也.

- 天行有常, 不爲堯存, 不爲桀亡. 應之以治則吉, 應之以亂則凶.

- 水火有氣而無生, 草木有生而無知, 禽獸有知而無義, 人有氣有生有知亦且有義, 故最爲天下貴也. 力不若牛, 走不若馬, 而牛馬爲用, 何也. 曰, 人能群, 彼不能群也.

- 禮起於何也. 曰, 人生而有欲, 欲而不得, 則不能無求, 求而無度量分界, 則不能不爭. 爭則亂, 亂則窮, 先王惡其亂也, 故制禮義以分之, 以養人之欲, 給人之求, 使欲必不窮乎物, 物必不屈於欲, 兩者相持而長, 是禮之所起也.

- 以德兼人者王, 以力兼人者弱, 以富兼人者貧, 古今一也.
- 有良法而亂者, 有之矣. 有君子而亂者, 自古及今, 未嘗聞也.

종교로서의 유교, 그 역할과 전망

유교는 죽은 종교인가?

다종교 시대인 현대사회에서 유교의 종교적 역할은 과연 무엇인가? 도무지 할 말이 있을 것 같지 않은 유교의 입장에서 과연 어떻게 자신의 역할에 대하여 이야기할 수 있을 것인가? 종교의 기본적 기능인 '사회의 소금'으로서의 기능은커녕 아무런 자기 정체성을 확보하지 못한 채 그저 사라져가는 유교의 입장에서 말이다. 하기야 유교가 죽었다는 말은 어제 오늘이 일이 아니다. 1980년대 민주화운동으로 존경받던 김성식 교수가 사망했을 때 어느 일간지는 "마지막 선비……"라는 제호를 뽑지 않았던가! 유독 우리나라만 그런 것도 아니다. 당시에 대만에서 활동 중이던 신유가新儒家의 대표자인 양수명梁漱溟 교수가 세상을 떠났을 때에도 그들은 "최후의 유가儒家……"라고 제목을 달았다. 그리고 지금도 드물기는 하지만 최후의 선비는 죽어가고 있다. 그러나 최후의 목사는 없고, 최후의 스님도 없으며, 최후의 가톨릭 신부도 없다. 그렇다면 왜 유독 유교만 '최후'라는 수식어를 달고 우리들 앞에 등장하고 있는 것일까? 그것은 아마도 자기 역할을 망각한 유교에 대한 질책일지도 모른다.

오늘날 동아시아의 전통문화 중 중요한 부분을 차지하고 있는 유교사상은 다시금 '자아정체성 회복'에 대한 요구와 '현대적 의미'에 대한 끊임없는 질문에 대한 답변을 요구받고 있다. 입이 열 개라도 할 말이 없는 유교는 미약하지만 나름대로 성실한 답변을 제시해야 할 의무를 가지고 있다. 따지고 보면 현대에는 유교만 죽어가는 것은 아닌 듯하다. 정도의 차이는 있지만 모든 종교가 점차 죽어가고 있는 상황이 아닐까 싶다. 기독교도 불교도 민족종교도 때로는 스스로 무덤을 파기도 하고 때로는 남에 의해 강제로 죽어가기도 한다. 우리는 이처럼 종교가 죽어가는 시대에 살고 있다. 우리의 논의도 바로 여기에서 시작해야 한다. 즉 종교가 죽어가는 시대, 이것이 당면한 시대적 문제인 것이다. 그렇다면 종교 지도자와 신도, 성직자와 일반인, 교회와 사회 등 성聖과 속俗이 뒤죽박죽되어 아예 분간조차 불가능한 시대에 교단도, 하느님도, 성속聖俗의 이분법도 없이 세속의 성자聖者를 꿈꾸는 유교야말로 가장 현대적 의미의 '보이지 않는 종교'로서의 의미를 갖고 있는 것은 아닐까?

이 글의 기본관점은 현대적 상황에서 유교의 의미를 '보이지 않는 종교'로서의 역할이라는 측면에서 재해석해 보려는 것이다. 서양의 기독교와 마찬가지로 쇠퇴하고 심지어 죽어버린 듯한 유교가 우리들에게 과연 어떠한 기능을 할 수 있을지, 그리고 미래에 어떠한 종교적 역할을 수행할 가능성이 있는지 생각해 보고자 한다.

다종교적 상황과 유교

현대사회의 종교적 상황을 가장 함축적으로 나타내주는 상징어는 '종교다원주의' 와 '세속화' 라고 할 수 있다. 이러한 시대적 배경 아래에서 '종교간의 대화' 가 강조되기도 한다. 피터 버거P. L. Berger에 따르면, 종교간의 대화는 각 종교가 살아남기 위해서 어쩔 수 없이 수행해야 하는 당위로까지 간주되고 있다. 종교간의 대화는 더 이상 회피하거나 꺼린다고 피할 수 있는 것이 아닌, 현대사회의 하나의 새로운 종교현상으로 평가된다.

캔트웰 스미드W. C. Smith는 그의 저서 *The Faith of Other Man*(1962)에서 종교 다원주의의 종교사적 의의에 대해 다음과 같이 말하고 있다. "우리가 깊이 통찰해 본다면 인류의 종교사는 과거 정치사나 경제사가 그랬듯이 금세기에 기념비적인 전환을 하고 있다. 불교도, 힌두교도, 그리고 기타 다른 종교 신도들의 활기차고 자신만만한 종교적 정향定向이 대두되고 있다는 사실은, 저들 특정 전통의 역사 속에서뿐만 아니라 인간 종교성이라고 하는 전체 역사 속에 새로운 국면이 나타나고 있음을 증명하는 것이다. 그리스도교는 이러한 전체의 일부에 불과하며, 또한 그 참여 폭이 점차 확대되어가는 일부인 것이다." 종교 다원주의에 대한 이러한 새로운 인식은 "유일한 하나의 길이란 없다(there is no one and only way)" 는 단순하고도 심원한 통찰의 구체적 예이다.

형이상학적 이론으로서의 다원주의(多元主義, pluralism)는 모든 존재를 궁극적으로 환원시킬 때, 여러 개의 독립적인 존재 혹은 요소로 나눌 수 있다는 데에 그 요지가 있다. 말하자면 궁극적인 실재가 다수라는 것을 뜻한다. 종교의 영역에서 이러한 다원주의는 어떤 종교에도 다른 모든 종교들에 대해 그 가치의 우위를 판단할 수 있는 논리적이거나 형이상학적 근거가 없다는 것으로 설명된다. 따라서 종교 다원주의가 지향하는 종교 간의 진정한 대화와 만남의 필요성은 상당한 설득력을 갖는다. 그러나 여기에는 몇 가지 근본적인 문제에 대한 검토가 필요한 것으로 보인다. 사실 종교간 대화의 필요성은 인정하지만, 대화의 성공에는 회의적 느낌을 가질 수밖에 없는데, 그 까닭은 기독교적 시각의 신론神論과 기독론基督論 등에서 기인하는 것으로 생각된다.

폴 니터P. Knitter는 타종교에 대한 기존의 기독교적 입장들을 다음과 같이 유형화시켰다. 첫째는 보수적인 복음주의의 모델로, 참된 종교는 오직 하나—기독교—라는 논리이다. 둘째는 개신교 주류의 모델로, 구원은 그리스도뿐이라는 논리이다. 셋째는 가톨릭의 모델로, 길은 많으나 규범은 하나라는 논리이다. 넷째는 신神 중심적 모델로, 중심에 이르는 많은 길들이 있다는 논리 등이다. 그는 종교의 다원적 상황이 전통적 기독론에 대한 새로운 이해의 필요성을 야기시켰다고 본다. 즉 예수를 그리스도로 믿는 것을 보편적이며 절대적 신앙으로 여기는 태도가 종교의 다원상황에서 종교 간의 대화를 불가능하게 만드는 주요한 요인이라는 것이다. 따라서 그는 제4의 모델, 즉 신 중심적 모델을 지지하고 있다.

존 힉J. Hick도 종교 다원주의에 대비되는 것으로 배타주의exclusivism와 포용주의inclusivism를 들고 있다. 그가 말하는 배타주의는 특정 종교의 배타적 권리주장을 정당화하는 것이다. 또 궁극적으로 어떠한 특정 종교로 수렴을 지향하는 것이 포용주의 입장이다. 그도 이러한 입장에서 배타주의와 포용주의의 독단을 벗어나 그리스도 중심에서 신 중심으로 전환할 것을 주장한다. 그러나 필자는 존 힉, 그리고 니터 등의 신 중심적 모델마저도 그 대화의 기본 입장이 기독교 전통의 신 중심적 상징체계를 완전히 벗어나지 못했다는 점에서, 진정한 대화의 걸림돌이 될 가능성이 높다고 평가한다.

이 '신 중심적' 견해에 대해 몇 가지 문제점을 지적해 보자. 우선 신 중심적이라고 할 때, 신의 개념을 상정하지 않은 종교가 있다는 것이 문제가 된다. 이들의 신 중심적 모델은 유일신론적 전통에 속한 유태교, 기독교, 이슬람교, 그리고 유신론적 힌두교의 경우까지는 통용될 수 있으나, 불교나 도교 그리고 유교의 경우와 같이 초월적 인격신의 관념을 가지지 않은 종교전통에는 설득력이 부족하다. 결국 그리스도교 입장에서는 부분적으로는 양보할 수 있어도 기독교 전통의 신 중심 상징체계는 벗어나지 못한다는 한계가 있다. 이는 1,500여 년 전 기독론 논쟁의 틀조차 완전히 깨지 못하면서 타종교와 대화를 해보자는 셈이다. 더욱이 신 개념 자체는 두말할 나위가 없을 것이다.

따라서 신 중심 모델의 대화 자세는 재검토될 필요가 있다. 그리스도 중심적 사고가 종교간의 대화에 장애물이 된다면, 신 중심주의의 대화 자세는 신이 떠난 시대에 다시 신을 우리 사고의 중심에 자리매김하려는 어리석음을 범하는 것은 아닐까? 더 나아가서 그들의 신론은 다분히 실체론적 형이상학의 한계를 벗어나지 못함으로써 근대 후기Post-Modern의 과정적 세계관에 적절한 신학적 대응을 하기에는 역부족이라는 지적도 피할 수 없을 것이다.

초월의 상실 시대, 현대

1960년대 후반 구체적으로 대두된 종교 다원주의의 배경에 '종교의 세속화世俗化’가 있다. 즉 종교 다원주의는 현대의 세속화 과정에서 주어진 거부할 수 없는 역사적 요청의 산물이다.

현대사회의 특징 가운데 하나는 모든 종교의 신성성神聖性을 상대화시킨다는 것이다. 하비 콕스H. Cox는 세속화에 대해 “첫째는 인간의 이성과 언어를 지배해 오던 종교로부터, 둘째는 형이상학으로부터 인간을 해방하는 것”이라 규정하고, 또 “세속화는 세계에 대한 종교적 또는 유사 종교적 이해로부터 세계를 풀어놓는 것이며, 모든 폐쇄된 세계관을 헤쳐버리는 것이며, 모든 초자연적 신화와 거룩한 상징들을 깨뜨려 버리는 것이다”라고 정의한다. 종교사회학에서도 세속화의 다양한 견해를 유형화시켜보려 하는데, 이러한 입장에서 게르하르쯔Gerharz는 세속화를 세 가지 이론적 유형으로 정리하고 있다. 첫째는 종교 근거의 상실이고, 둘째는 종교적 표현의 변화이며, 셋째는 종교적인 사회통제의 상실이다.

우리는 세속화의 논의과정을 보면서 다음의 몇 가지 사항을 간과할 수 없다. 첫째, 본회퍼Bonhoeffer Dietrich와 로빈슨J. A. T. Robinson 등에서 보이듯이 유신론의 종말이 선언되고 있다는 점, 둘째 기독교적 초월 개념의 붕괴와 신학적 혁명이 요구되고 있다는 점 등이 그것이다. 그들은 공통적으로 기독교의 신 개념은 물론, 그리스도와 예배, 기도와 윤리 등 기독교 전반에 걸친 새로운 해석, 즉 ‘신학적 혁명’을 요구하고 있다. 로빈슨도 ‘유신론의 종말’을 선고함으로써 새로운 신 개념을 제시했다. 로빈슨이 반대한 전통적 개념의 ‘신’은 이 세계 ‘밖에’, ‘위에’ 그리고 그것을 ‘넘어서’ 그의 피조물과 ‘나란히 하여’ 그리고 그것에 ‘대립하여’ 스스로 계시는 ‘최고의 존재’로 규정된다. 여기에서 로빈슨은 “기독교는 초자연주의적이어야 하는가?”라는 질문을 던지면서 ‘위에 계신 하나님’ 그리고 ‘밖에 계신 하나님’ 등의 전통적 신 개념이 무의미하다는 것을 주장하였다. 또 그는 본회퍼가 반대한 전통적 신, 즉 '작업가설로서의 신', '종교적 신', '만병통치약으로서의 신' 등은 죽어야 한다고 역설한다. 로빈슨은 초월이 멀리 떨어진 곳이 아니라 바로 여기에 있고, 이 초월의 인식은 '사람과 사람 사이에서만' 느낄 수 있다고 말한다. 바꾸어 말하면 이웃에 대한 봉사와 사랑의 행동을 통해 진정한 초월을 느낄 수 있고, 우리의 '삶속'에서 '진정한 초월'의 심연深淵을 추구해야 한다는 것이다.

이상의 고찰에서 알 수 있듯이, '세속화'야말로 현대종교적 다원론이 탄생하게 된 거부할 수 없는 종교사적 배경이라 할 수 있다. 이처럼 현대의 종교적 변용은 기존의 종교와 방향을 달리하는 형태가 될 것임을 예고하고 있다. 기존의 종교가 지닌 '초월'의 의미가 점점 쇠퇴하거나 설득력을 잃는 '초월의 상실'의 시대에 직면하게 된 것이다. 그렇다면 종교 간의 대화에 임하는 우리의 초점은 무엇이어야 하는가? 결국 유교의 입장은 기독교의 포스트모던적 상황—초월적 신 개념의 해체를 요구하는 기독교 이후의 상황—에 관심을 기울일 수밖에 없다.

초월의 귀납적 접근

'초월의 상실' 시대에 초월의 의미와 종교의 의미를 논하려는 우리는 그 논의의 핵심을 전환할 필요가 있다. 왜냐하면 서구에서 수천 년 동안 종교적·철학적 우위를 점유하는 데에 전가傳家의 보도寶刀 역할을 해왔던 서구적 '초월'이 애당초 근본 출발부터 오류임이 자명해진 지금, '초월'에 대한 논의도 전혀 다른 차원의 출발점을 모색해야 하기 때문이다.

초월의 새로운 접근은 먼저 위의 논의에서 얻은 교훈에 바탕을 두어야 한다. 우선 초월의 영역에 대한 존재론적 논쟁이 무의미함을 깨달아야 한다. 서구에서는 초월에 대한 논의의 기본이 초월적·존재론적 실재의 절대성을 바탕으로 하는 것이지만, 초월의 붕괴과정은 이제까지 그들의 초월의 절대성이 역사적 상대성에서 벗어나지 않는다는 것을 인식하게 해주었다. 따라서 새로운 초월의 의미전환에는 먼저 '초월적 존재 자체'의 논쟁에서 벗어나야 한다. 또한 헤겔Hegel의 『종교철학강의』에서와 같이 유일신의 유무 등에 따라 등급을 매기는 사고에서도 벗어나야 한다. 그는 이러한 기준에서 기독교, 힌두교, 불교佛教, 유교儒教, 무교無教 순으로 등급을 매기지 않았던가? 오늘의 종교상황은 '초월자의 유무'에 의해 절대성과 우월성을 인정받으려는 어떠한 노력도 큰 의미가 없어진 시대가 되었다. 그렇다면 기독교의 삼위일체三位一體, 계시啓示, 신神의 현재顯在 등과 마찬가지로 여래如來, 열반涅槃, 진여眞如, 태극太極, 도道, 기氣 등이 '초월적 존재 자체'로서의 영역을 증명 보완하려는 어떠한 노력도 큰 의미가 없다는 데에 동의할 수밖에 없다.

한편 심재룡 교수는 "형이상학적 존재론보다는 완전한 인간됨의 길을 찾는 구도자적 입장의 인간학적 동양철학—굳이 서양철학의 영역분류에 비추어 이야기하자면, 존재론(存在論, Ontology)에 초점을 맞춘 동양철학보다 구세론(救世論, Soteriology)에 초점을 맞춘 동양철학—이 진정한 의미로 입세入世와 출세出世에 자유로운 이른바 초월적 인간상을 정립하려고 노력하는 것을 믿는다"고 하였다. 이는 동양의 초월적 의미가 초월적 존재 그 자체보다 끊임없는 자기 초월의 길을 열어 놓는 데 있음을 설파한 것이다. 물론 자기 초월의 경지는 귀납적 모형에 해당되고 이는 가장 현대적 의미의 '초월'로 다시 우리에게 다가와 있다는 주장을 하고 싶다.

결론적으로 현대의 종교적 상황이 요구하는 새로운 종교 형태의 모형은 유교와 그 방향을 같이 하고 있다고 볼 수 있다. 유교는 비록 기성 종교와 비교하면 신과 초월, 교단의 조직 등 모든 면에서 열세이거나 비교조차 불가능하지만, 역설적으로 이 때문에 가장 탐색 가능한 종교적 의미를 함축하고 있는지도 모른다. 유교는 벌써 기성 종교에서 권위의 확보를 위해, 교단의 조직 강화를 위해, 그리고 무엇보다 신도들의 믿음의 근원을 확보하기 위해 설정된 신과 이분법적 초월의 무의미함을 깨달은 다음 세속화된 세상에 가장 합당한 새로운 초월의 의미를 정초定礎하는 데 상당한 성공을 거둔 종교로 볼 수 있다.

새로운 종교, 유교

서구의 전통적 의미의 초월영역이 그 의의를 잃고 새로운 초월의 의미가 모색되어야 한다면 이에 대한 유교의 입장은 어떠한 것일까? 필자는 이러한 서구적 의미의 '초월 상실의 시대'에 유교의 체계야말로 가장 뛰어난 의미를 함축하고 있다고 생각한다. 여기에서는 유교에서의 '초월'의 의미를 세 가지 차원에서 검토해 보기로 한다.

초월의 출발점, 천지天地

유교에서 서구의 이분법적 사유와는 다른 후기 현대적 의미의 초월의 내용은 아무래도 '천지天地' 패러다임에서 찾아야 할 것 같다. 서구의 종교가 유일신이나 적어도 '신神─인간人間─자연自然' 이란 수직적 구조를 갖는 신인 관계의 틀을 갖는다면, 유교는 애당초 '천天' 과 '상제上帝' 의 패러다임에서 '천지' 의 패러다임으로의 전환을 성공시킨 사유체계라는 점에 유의해야 한다는 것이다. 상제와 천을 궁극적 실재로 삼던 사유에서 천지를 중심으로 하는 사유체계의 전환은 그만큼 엄청난 의미를 지니고 있는 것이다.

유교에서 천지 패러다임으로의 변천과정을 살펴보자. 선진 유학사상은 대체로 ① 공자 이전 시기의 형성기 ② 공자의 집대성기 ③ 공자 이후 전국말기까지의 선진유학 완성기 등 세 단계 발전과정을 거치면서 완성된다. 선진 유가의 형성기라고 할 수 있는 첫 단계는, 갑골甲骨, 복사卜辭, 금문金文, 『시경詩經』, 『서경書經』 등을 통하여 유교사상의 여러 개념들이 설정되는 단계이다. 두 번째 단계는, 공자에 의해 유교사상이 확립되던 시기로, 대개 『논어』 등을 통하여 기존의 유교적 사유들이 집대성되는 기간이다. 세 번째 단계는, 공자 이후 고대 유교사상이 완성되는 발전기로, 『중용中庸』과 『역전易傳』 등의 사유체계가 성립되는 시기이다.

우선 선진 유교의 형성기는 공자 이전의 단계로, 그 특징은 신과 인간과 천지는 하나가 아니라는 이분법적 세계관이 견지되고 있었다. 동아시아문화가 형성되던 초기 고대국가를 하夏·은殷·주周 삼국이라고 할 때, 은나라의 최고신을 '제帝'라고 하며, 주나라의 최고신을 '천天'이라고 하였다. 제와 천 관념은 중국철학에서 가장 중요한 개념으로 갑골문 혹은 『시경』, 『서경』 등의 문헌에 자주 등장하는데, 이들은 모두 은·주 시대 사람들에게는 지고무상至高無上의 신이었으며, 의지적 인격적 존재로 길흉화복의 주재자로서의 권위를 지니고 있었다. 은나라의 도읍지에서 발굴된 갑골문의 기록을 분석해 보면, '제'는 그 권위가 막강한 인격신人格神으로서, 통괄하는 범위는 ① 바람·구름·우뢰·비 ② 농경과 수확 ③ 도시건설 ④ 전쟁 ⑤ 인간의 길흉 ⑥ 군왕의 길흉 등이었다.

은나라가 망하고 뒤를 이은 서주西周 시기의 사료로서는 그 역사적 가치가 고증된 『서경』과 『시경』의 내용을 들 수 있다. 이 두 자료에 나타난 주나라 천 관념의 대부분은 여전히 인격천 사상을 표현하고 있다. 이러한 인격천은 즉 원시신앙 중의 신이며 인간의 최고 주재자 노릇을 하고 있다는 점이다.

그러나 서주 말기부터 춘추시대를 거치면서 백성들이 숱한 변란의 고통을 당하게 되고 천에 대한 신앙도 점점 엷어진다. 천에 대한 이러한 회의적 모습은 『시경』 등에 잘 나타난다. 이러한 시들은 대개 서주 후기에서 동주東周에 걸친 시기에 지어진 것들이다. 서주 때 통치이념으로 사회 통합의 기능을 담당했던 천에 대한 신앙이 서주 후기 주왕周王들이 덕德을 잃음으로써 백성들의 불만이 고조되고 심지어 천명사상天命思想까지 불신하고 회의하는 태도로 이어진다. 따라서 당시에 지어진 시를 보면, 백성들이 하늘의 불의不義와 불인不仁에 대해 원망하거나 책망하고 있다. 이는 곧 전통적으로 믿음의 대상이었던 천이 이미 평가절하되고 있음을 잘 나타내주는 것이다.

천에 대한 회의와 불신, 그리고 전환의 기미는 춘추시대의 사상적 전환기를 거치면서 공자에게 계승된다. 공자에게 있어서 천天, 즉 자연은 이전 사상의 계승과 단절이라는 두 가지 측면에서 찾아볼 수 있다. 『논어』에서 천이나 자연의 주재자적 초월적 지위는 이미 내용적으로 상당히 희박해진다. 어쨌든 공자는 전통적 종교관에서의 초월적인 존재에 대한 언급을 삼갔던 것이 분명하다. 공자의 이러한 태도는 은연중에 이러한 관념들에서 벗어나려는 의도로 평가된다. 서복관徐復觀은 이러한 공자의 태도를 과거 종교관보다 더 진일보한 태도로 보았다. 또한 신과 초월적 영역에 대한 그의 합리적 태도를 "은연중에 방향의 전환을 모색한 것"으로 보고, 학문교화 범위 밖으로 배척한 것이라고 하였다. 이러한 예는 공자의 관심이 귀신이나 신을 섬기는 일이 아니라 인간으로서 마땅히 힘쓰고 닦아야 할 인간사가 우선임을 말해 준다. 공자는 『논어』에서 "하늘이 무슨 말을 하더냐? 사계절이 운행되고 만물이 자라나거늘. 하늘이 무슨 말을 하더냐?"라고 말하고 있다. 공자의 이 한 마디는 새로운 천 관념의 출현을 예고하고 있다. 즉 전통의 '상제'와 '천', 그리고 '신'의 패러다임에서 '천지' 패러다임으로의 전환을 예고해 주고 있는 것이다. 이후에 유교에서는 천이나 상제 패러다임에 의존하는 것이 아니고 가장 합당한 상제와 천 사상의 속화俗化 과정을 거쳐 새로운 출발점의 자리매김을 시도하고 있다. 그것이 바로 '천지' 패러다임으로의 전환인 것이다.

공자의 뒤를 이어 『역전』과 『중용』이 성립되는 전국시대戰國時代에서 한초漢初에 이르면 유가에서는 '천'이라는 용어가 '천지'라는 용어로 사용되는 예가 많아진다. 『역전』에서 가장 두드러진 변화로 '천天'이 '지地'의 상대적 개념으로 쓰였다는 것을 지적할 수 있다. 즉 천이 주재적主宰的·인격적人格的 신神을 의미하는 것이 아니라 천지·우주를 나타내는 것으로 전환이 이루어진다는 것이다. 「계사전繫辭傳」을 비롯한 십익十翼의 곳곳에서는 천과 지, 그리고 건乾과 곤坤은 역易의 주요한 두 범주임을 강조하고 있다. "역이 함축하고 있는 원리는 천지와 동일하다", "역의 원리는 천지와 서로 유사하다", "역의 상징은 천지보다 더 큰 것이 없다", "건곤이 배열되니 역의 자리가 그 안에 서 있다", "천지가 자리를 이루니 역이 그 속에 있다" 등의 표현은 모두 천지의 의미가 새로운 자리를 차지하고 있다는 것을 보여준다.

『중용』에서도 이전의 '천' 패러다임은 '천지' 패러다임으로 바뀌고, 대체로 '천도天道' 혹은 '천지지도天地之道', 천天·지地 등의 개념으로 나타나고 있다. 이것은 이전의 이분법적인 천제天帝·상제 개념이 우주자연의 이법理法을 의미하는 본체론적 전환을 의미한다. 결론적으로 선진 유가의 『중용』과 『역전』에 이르면, 천은 이전의 인격적·주재자적 의미의 신 개념을 떠나 지地와 상대적 개념으로 자리잡으면서 우주를 해석하는 두 가지 주요한 범주로 등장하게 된다. 우리는 여기에서 천지가 탈이분법적인 사유로 진전됨을 알 수 있는데, 이때 비로소 서구에서 탈성화脫聖化의 주요 원인이 되었던 인격신적 의미를 넘어서면서 천지자연의 개념으로 자리잡게 되는 것이다. 드디어 신과 인간과 자연이 하나가 될 수 있는 계기가 마련된 것이다.

시간과 공간의 재인식

『역전』이나 『중용』에서 표현하고자 하는 천지의 속성도 그 출발점을 자연의 변화에 두고 있음을 생각할 때, 『역전』은 천지변화의 도에서 그 원리를 도출하고 있다. 천지변화의 현상을 주의 깊게 관찰하고 살펴서 그 변화의 원리를 종합한 것이 바로 『주역』이다. 그 변화의 가장 중요한 이론의 틀은 물극필반物極必反의 원리로 요약할 수 있다. 해는 가장 높이 떴다가는 기울고, 달은 만월이 되었다가는 기울어진다. 즉 영허소식盈虛消息과 종즉유시終則有始 등의 변화를 그 기본원리로 하는 것이다. 「계사전」에서 "역은 자주 바뀐다. 변동하여 일정한 곳에 머물지 않으며 모든 곳에 두루 미쳐 상하上下가 무상無常하고 강유剛柔가 서로 바뀌니 불변의 법칙일 수 없으며, 오직 시간의 흐름에 따라 바뀐다"라고 한 것도 그 예이다. 이 물극필반의 원리가 가장 함축적으로 나타난 것이 바로 "역의 원리는 궁극에 달하면 변하고, 변하면 통하게 되고, 통하면 오래 지속하게 된다"라는 표현이다. 이처럼 천지의 변화가 주역의 도임을 선언한다. 즉 "한 번은 음이 성하고, 한 번은 양이 성한 것을 가리켜 도道라고 한다"고 하였다.

한편 『중용』에서의 천지 역시 그 출발에 있어서는 물리적 자연과 별다른 차이점을 가지고 있지 않다. 천지의 도는 넓고[博]·두텁고[厚]·높고[高]·밝고[明]·유원하고[悠]·지속되는[久] 것으로 인식되고 있다. 『중용』에 나타난 하늘의 속성은 높고 훤히 밝다[高明]는 것이며, 땅[地]의 속성은 넓고 두텁다[博厚]는 것이다. 또한 이 세상의 만물은 유구하다[悠久]는 것이다. 그러나 "넓고 두텁고 높고 밝고 오래되고 유원한 것" 등의 사실 자체만으로는 근대 이후 서양의 기계론적 자연관과 하등의 차이가 있을 수 없다.

　그렇다면 천지의 변화에서 발견해낸 새로운 초월의 신호는 무엇일까? 자연의 변화에서 어떤 설득력이 있는 초월의 신호를 찾아내는가 하는 문제는 매우 중요하다. 왜냐하면 이것은 유가의 천지라는 자연의 개념이 어떻게 서구의 근대적 자연관과 달리 무목적성, 무의미성의 허무주의로 떨어지지 않는지 그 이유를 해명할 수 있는 관건이 되고, 이 문제야말로 실은 동양과 서양의 자연과 인간의 관계를 바라보는 기본 시각의 분기점이 되기 때문이다. 『역전』과 『중용』의 지혜와 통찰, 자연을 바라보는 혜안은 자연을 단순히 변화 혹은 무질서로 파악하거나, 기계적·물리적으로 환원시켜버리는 단순한 차원에 머물지 않는다는 데 있다. 그렇다면 도대체 어디에 자연의 진정한 생명력이 있는 것일까?

　그것은 바로 천지간에 가득 찬 '생명현상'이다. 『중용』에서는 "만물을 낳고 낳고 또 낳아 생명력을 꽃피우는 것이 헤아릴 수 없이 신묘하다"고 표현한다. 『역전』에는 "낳고 낳고 또 낳는 생명현상이 가득한 우주천지의 원리를 표현한 것이 역易이다"라고 표현되어 있다. 그것은 바로 모든 만물에 생명력을 부여하고 그 생명들이 각기 자기의 모습으로 존재하도록 하는 생명력의 창조에 있다는 것이고, 이것이야말로 천지가 천지인 까닭이다. 이처럼 유교의 지혜는 인격적 · 주재적 신이 주도하는 패러다임을 넘어 자연에서 새로운 초월의 의미를 발견해 낸 것이다.

천지를 사유의 패러다임으로 받아들였다는 것은 무엇을 의미하는가? 그것은 제 · 천 등에 의해 가려지고 부차적이고 주변적인 것으로 전락한 만물에게 다시 생명의 신비로움을 회복시키고 복원시키는 것을 의미한다. 유가는 제 · 천이 춘추시대를 맞아 그 의미를 상실해 갈 때, 과감하고도 신중하게 천지만물에서 발견하는 새로운 초월의 신호를 복원시키는 것이다. 그리고 그것이 바로 만물이 갖는 '생명의 신비로움'이라 할 수 있다. 이것은 제와 천의 복원을 통한 연역적 초월 모색의 길이 아니라, 제와 천의 포기를 통해 만물의 복권을 꿈꾸는 귀납적 초월의 길이 될 것이다. 변화가 갖는 매순간의 의미와 상황을 중시하는 철학으로 전환하게 되며, '지금 바로 여기'라는 상황과 유동성을 철학의 가장 중요한 사유범주로 삼게 될 것이다. 그것은 초월과 현실, 초월과 내재, 종교학에서 말하는 성속聖俗 이분법의 유동 가능성을 의미하는 것이 될 것이다. 성聖과 속俗의 고착성을 깨뜨린다는 것은 고정된 가치의 모든 것을 거부하는 것이 될 수 있다. 강剛과 건健, 양陽이 의미를 갖는 것은 그때그때의 상황을 중시하는[時中] 철학이 된다. 이것이 육효六爻의 각 효가 갖는 의미일 것이다. 각 효는 때를 중시하고 관계를 중시하는 성속의 유동성을 전제로 하고, 이는 곧 공간과 시간의 변화를 중시한다는 의미이다.

'존재' 초월에서 '자아' 초월로

유교는 자아수양을 통한 인륜질서와 자연질서의 조화를 이룸으로써 자아를 발견하고 천지와 더불어 하나가 되는 것을 최종 목표로 삼는다. 이것이 유교 수양론의 중요한 특색이다. 그런데 이 수양론修養論의 특색은 일상을 모두 초월의 영역으로 삼고, 매시 매순간을 초월의 영역에 도달하려는 수양의 장으로 보고 있다는 점이다. 여기에서 고도의 철학적 경지를 이룩한 퇴계退溪의 일상을 예로 들어보자.

퇴계는 수양의 출발점을 일상에서 찾아야 하고 지키기 쉬운 법칙에서부터 시작해야 함을 강조하고 있다. 구체적으로 행동이나 몸가짐을 바르게 지키는 것이 수양으로 연결된다는 것이다. 이러한 일상을 중시하는 정신은 조선조 500년 동안 일상생활의 정신적 지주가 되었던 『소학小學』의 교육정신에서도 쉽게 찾아볼 수 있다. 『소학』은 조선조 500년 동안 일상생활의 정신적 지주가 되었던 점으로 미루어 보아 그 중요성을 새삼 되새겨볼 필요가 있다.

『소학』에서는 '일용지사日用之事'가 바로 "몸을 닦고 집안을 가지런히 하며, 나라를 다스리고 천하를 편안히 하는 근본이 된다"고 하여 수기치인修己治人을 교육의 근본으로 삼았다. 『소학』은 마당 쓸고 물 뿌리는 것[灑掃]·대답과 예를 갖추어 응대하는 것[應對]·나아가고 들어갈 때 예를 다하는 것[進退]과 애친愛親·경장敬長·친우親友의 도리 등을 가르치는 교재로서 실천을 중시하는 도학에서는 초학初學의 입문서이자 필독서로 대단히 중요하게 여기는 전적이다. 『소학』이 가르치는 일용인륜의 도덕규범 속에는 시대와 장소를 초월하여 보편적으로 적용될 수 있는 원리들이 들어 있다.

또한 조선조 『소학』의 교육이론은 인간의 착한 본성을 회복하는 복성復性 운동을 통하여 지고至高의 인격을 갖춘 성현이나 제왕을 인도하는 데에 그 목표를 두었다. 『소학』은 곧 삶 자체를 종교적 경지로 이끄는 길잡이로서 어린이에서 선비, 퇴계와 같은 학자 등 모두에게 일상의 지표였던 것이다. 이처럼 유교에서의 초월은 그 출발점을 일상생활의 종교적 성찰에 두고 있다. 즉 일상생활의 성찰과 수양을 통하여 천지자연과의 합일을 추구하였던 것이다. 또한 유교에서는 그 성찰과 수양의 가능성을 인간의 마음에 두고 있다. 이처럼 마음속에 가치 자각의 능력이 내재되어 있다고 보고 마음을 성찰과 수양의 출발점으로 삼은 것이다.

여기에서 퇴계가 이 수양법의 성찰을 얼마나 중요하게 생각하였는지에 대해 살펴보자. 그는 자기행동과 정서 경험의 반복적 반성을 통하여 아침 일찍 일어날 때부터 시작하여 밤에 잠들 때까지 하루에도 여러 차례 빈번하게 수행해야 함을 강조하였는데, 이를 통해 유교의 수양 자세가 어떠하였는지 짐작할 수 있다. 그는 『성학십도聖學十圖』에서 다음과 같이 말하고 있다.

닭이 울어 잠을 깨면 이런 저런 생각이 점차 일어난다. 어찌 그 동안 조용히 마음을 정돈하지 않겠는가? 혹은 과거의 허물을 반성하기도 하고, 혹은 새로 깨달은 바를 생각하여 차례로 조리를 세워서 분명하게 이해하라. 근본이 세워지면 새벽에 일어나서 세수하고 빗질하고 의관을 갖추고, 단정히 앉아 안색을 가다듬은 다음 이 마음 이끌기를 돋는 해처럼 밝게 하라. 엄숙 정제하고 마음을 허명정일虛明靜一하게 하라. 이에 책을 펼쳐서 성현을 대하면 공자가 앉아 계시고 안자와 증자가 뒤에 계신 듯하다. …… 마음을 고요히 하고, 정신을 모으고 잡념을 버려라. 움직임과 고요함이 순환하더라도 마음만은 이를 보아야 한다. 정靜인 때에는 보존하고 동動일 때에는 살피지만, 마음이 두 갈래 세 갈래가 되어서는 안 된다. 독서하는 여가에는 틈틈이 쉬면서 정신을 가다듬어 성정性情을 길러야 한다. 날이 저물고 사람이 권태로워지면 혼미한 기운이 쌓이기 쉬우니 장중하게 가지런히 가다듬어 정신을 맑게 떨쳐야 한다. 밤늦어 잠자리에 들 때에는 손을 가지런히 하고 발을 모은다. 생각을 하지 말고 심신이 잠들게 하라.

이처럼 퇴계는 하루의 일과에서 빈번하게 성찰할 마음과 행동의 성질을 적고 있다. 즉 일상생활에서 하나하나의 행동거지와 태도 및 습관은 곧 유가에서 초월의 길로 가는 방편이 되고 있는 것이다. 유학에서는 일용생활에서 진퇴쇄소응대進退灑掃應對를 중시하지만 본체의 체인體認이라는 경지까지 도달할 수 있는 방법적 의미를 가진다. 그리고 인간 수양의 가장 궁극적 이상은 우주만물의 순환질서와 하나가 되는 천인합일의 경지라 할 수 있다. 『주역』이나 『중용』에서의 하늘의 마음은 이처럼 천지의 운행원리로 대표된다. 인간은 바로 이와 같은 자연과 우주의 원리에 합일하는 수양을 통해 결국은 천인합일의 경지를 이룩하려고 하는 것이다. 즉, 공자가 70세에 "마음이 하고자 하는 바를 따르나 법도를 넘지 않는다"고 한 자유의 경지일 것이다. 그렇다면 이제 유교가 지향하는 교육과 수양론의 궁극적 이상은 『중용』에 보이는 다음의 한 구절로 결론지을 수 있을 듯하다.

오직 천하의 지극한 정성스러움만이 자기의 타고난 성性을 다할 수 있게 된다. 자기의 성을 다할 수 있으면 남의 성을 다할 수 있고, 남의 성을 다할 수 있으면 만물의 성을 다할 수 있으며, 만물의 성을 다할 수 있으면 이로써 천지의 화육化育을 도울 수 있다. 천지의 화육을 도울 수 있으면 이로써 천지와 더불어 하나가 될 수 있다.

이것이 바로 유교의 초월이 귀납적 형태를 띠고 『소학』과 일상에서 시작하지만 결코 자신의 완성에서 멈추는 것이 아니라, 자기의 완성인 성기

成己와 남과 만물의 완성인 성물成物의 경지를 동시에 그 이상으로 삼고 있음을 잘 보여주는 것이다. 이때는 천지와 인간은 둘이 아니고 함께 천지의 화육에 동참하는 하나이다. 이때 천天과 지地와 인人은 똑같이 고유한 생명력을 가진 고귀한 존재라는 점에서 '가지런한' 관계이고, 또 서로서로 고유한 생명력을 활짝 꽃피우게 하는 우주의 '생생生生' 작업에 동참하게 된다는 점에서 만물과 동렬에 서게 된다. 그리고 이것이야말로 초월이 상실된 시대에 찾을 수 있는 유교의 진정한 초월의 의미이며 메시지이다.

이처럼 유교는 일상에서부터 시작하여 궁극적으로는 자연에서 초월의 신호를 발견하고, 자연을 포함한 우주만물과 하나가 되는 경지에 이를 수 있다는 것으로 요약된다. 즉, 유교는 초월을 모색하되 그 과정은 '귀납적 초월'의 모형에 해당된다. 결국 유교는 '성속 이분법'의 구분을 훌쩍 뛰어넘는 새로운 형태의 종교적 의미를 고민했던 것이다.

보이지 않는 종교, 유교

오늘날 종교적 상황은 '세속화'와 '종교 다원주의', 그리고 '신神의 부재'와 '초월의 상실' 등으로 요약할 수 있다. 한편 유교는 교단의 조직과 활동, 유일신, 초월적인 교리체계 등 어느 하나 타종교와 비교하여 번듯하게 내세울 것이 없다. 그렇다면 유교는 어떠한 측면에서 자기의 정체성을 회복할 수 있을 것인가? 여기에서 필자는 유교의 사유구조가 보이지는 않지만, 서구의 기독교처럼 우리에게 살아 있다는 것을 확인하고자 하였다. 그러나 실생활에서의 확인보다는 존재론적, 인식론적 접근을 꾀하였다. 즉 해석의 틀로 '보이지 않는 종교'로서의 성격을 드러내고자 했다. 그리고 초월의 상실 시대에 피터 버거가 제시한 '초월의 귀납적 모색'이라는 대안을 현대적 종교 상황에서 가장 설득력 있는 설명의 틀로 수용하여 유교적 사유의 특징을 살펴보았다. 이러한 측면에서 유교는 현대사회에서 가장 합당한 '보이지 않는 종교'로서의 의미를 함축하고 있는 것으로서 새로운 '초월'의 대안이 될지도 모른다.

유교에서 초월의 정초 가능성은 우선 제, 천, 신 관념의 새로운 정초 여부를 검토하는 데에서 탐색을 시작하였다. 오늘날 초월의 붕괴과정을 보면서 인격적 신과 초월적 주재자로서의 신 관념은 이 시대에 새로운 출발점으로 수용하기에 한계가 있을 것으로 판단되기 때문이다. 유교적 사유는 춘추전국시대를 맞아 가치관의 붕괴를 겪으면서 세속화 혹은 탈미신화, 탈종교화의 현명한 출발점을 정초한 것으로 보인다.

한편 다종교 상황에서 유교의 의미는 다른 측면에서도 찾아볼 수 있다. 필자는 유교와 기독교 사이에서 점증되는 대화의 필요성과 그 의미에 대해 주목하고자 한다. 그동안 기독교와 불교, 기독교와 인도종교와의 대화에 비해 소홀히 다루어져 왔던 유교와 기독교 사이의 대화는 유교가 유불선儒佛仙을 근간으로 하는 우리 조상들의 정신세계에서 차지하는 비중과 의의를 무시할 수 없다는 점에서, 한편 역사적으로 한국에서 가장 처음 기독교를 수용한 사람들도 유교인儒敎人이었다는 점에서 그 어떠한 종교 간의 대화보다도 절실한 문제이다. 또한 그 둘의 창조적인 만남이야말로 동아시아 전통과 서양전통과의 만남의 정수精髓를 보여주는 것이라고 할 수 있다. 그리고 한국의 기독교인들이 우리의 전통과 철저히 단절된 채 '식민지 기독교인'의 모습에서 벗어나지 못했다는 지적에 귀기울인다면 더더욱 그렇다.

종교 다원사회에서 유교에 대한 주목의 필요성은 다른 각도에서도 논의되고 있다. 종교의 다원성은 비등한 세력을 지닌 두 종교가 한 사회 내에 공존한다는 사실 그 자체로도 이미 사회적 갈등을 일으킬 가능성을 안고 있음을 암시하고 있다. 세계 종교분쟁이 그 뚜렷한 실례이다. 따라서 한국사회에서 거의 대등한 세력으로 자리 잡고 있는 불교와 기독교 양대 종교가 사회적 갈등의 소지를 안고 있음은 분명하다. 그럼에도 불구하고 한국에서 두 종교 사이에 심각한 갈등이 존재하지 않는 이유에 대해 길희성 교수는, 첫째 우리 사회가 동일한 언어를 사용하는 단일민족으로 구성되어 있다는 점, 둘째 유교라는 종교적 전통이 우리 사회에서 차지하고 있는 위치와 역할에 대해 유의할 필요가 있다고 주장한다.

최근 한 조사에 의하면, 기독교인의 90% 이상과 성직자의 80% 이상이 삶의 방식과 일상의 예의범절은 유교적이라는 데 동의하였다는 것도 유교의 '보이지 않는 종교'로서의 역할을 증명하는 예가 될 것이다. 이밖에 여러 가지 조사자료를 볼 때, 종교 다원사회에서 기독교, 불교, 힌두교 등에 비해서 관심의 뒷전에 밀려나 있던 유교에 대해 좀더 적극적으로 자기 역할과 시대적 의의에 대한 입장을 표명해야 할 당위성을 확인할 수 있다. 좀더 적극적으로 말한다면, 세속의 모든 이들을 군자, 목사, 신부, 스님으로 만들기를 꿈꾸는 유교는 어쩌면 세속화 시대에 가장 적합한 '보이지 않는 종교'가 될지 모르겠다. 이 점에서 유교의 후현대적·종교적 의미는 무한히 열려 있다고 본다. 따라서 유교에 대한 평가는 다른 측면에서 이루어져야 할 필요가 있다. 그렇다면 유교는 청소년 모두를 혹은 한국인 모두를 보이지 않는 유교인으로 삼고, 모든 종교인의 밑바탕이 되는 가치가 되어 그들 모두에게 의미 있는 종교의 체계가 되도록 깊이 생각할 필요가 있다는 결론에 도달할 수 있다. 이것이 바로 필자가 생각하는 세속화 시대에서의 유교의 종교적 의미라고 말할 수 있다.

| 생각해 볼 문제 |

• 유교는 종교인가? 만약 종교라고 한다면, 유교의 어떠한 요소가 종교적 성격을 띠고 있는지에 대해 발표하고, 유교의 특징에 대해 토론해 보자.
• 유교의 역사적 변천과정을 살펴보고, 시대별로 유교의 성격이 어떻게 변화되었는지 생각해 보자.
• 현대사회에서 종교로서의 유교의 역할이 강조된다고 할 때, 과연 어떠한 부분에서 사회적 기능을 할 수 있을 것인지에 대해 자신의 생각을 발표해 보자.

| 原文 익히기 |

『周易』

• 易窮則變, 變則通, 通則久.
• 一陰一陽之謂道.
• 天地之大德曰生.
• 生生之謂易.

『論語』

• 子不語怪力亂神.
• 季路 問事鬼神, 子曰 未能事人, 焉能事鬼. 敢問死, 曰 未知生, 焉知死.

- 樊遲問知, 子曰 務民之義, 敬鬼神而遠之, 可謂知矣.
- 子曰 天何言哉, 四時行焉, 百物生焉, 天何言哉.

『中庸』

- 博厚配地, 高明配天, 悠久無疆.
- 天地之道, 博也厚也高也明也悠也久也.
- 惟天下至誠, 爲能盡其性, 能盡其性, 則能盡人之性, 能盡人之性, 則能盡物之性, 能盡物之性, 則可以贊天地之化育, 可以贊天地之化育, 則可以與天地參矣.

유가의 의사소통과 상호배려의 윤리

　20세기의 한국 사회는 전통적 사회에서 식민지 지배, 권위주의적 정치 체제에 의해 주도된 근대화, 이에 대한 민주화의 요구를 거쳐 21세기를 맞는 지금 정보화 시대를 숨가쁘게 거치면서 심대한 변화를 경험하고 있다. 비교적 동질적이던 전통적 사회는 많은 개인들이나 집단들이 당연한 것으로 믿어온, 누대를 걸쳐온 관습을 따랐던 안정되고 소박한 사회였다. 식민지 시대를 거치고 분단을 거쳐 제3공화국에 의해 주도된 70년대 가속화된 산업화 과정은 그 성과에 있어 성공적이란 평가를 받기도 했으나 이는 매우 특이한 발전과정을 노정하게 된다. 서구의 근대화론자들은 경제적 산업화가 개인주의와 민주주의의 발달을 동시에 가져온다고 주장하였는데 이와는 달리 한국의 산업화는 권위주의적으로 조직화된 국가와 관료체제가 개인이나 사회집단의 자유로운 표현을 억압하고 이들을 위계질서적으로 동원함으로써 이루어졌던 것이다. 즉, 산업화는 민주주의에 역행하는 정책에 의해 성공한 듯 보였다. 하지만 1980년 이후 권위주의적 체제가 해체되기 시작하고 민주화의 과정이 심화되면서 억압되었던 개인과 사회집단들의 목소리가 점차 정치적 전면에 등장하게 되었다. 권위주의적 통치는 영향력이 줄어들게 되었고 시민사회의 활성화와 개인과 다양한 집단·세대·계층의 목소리가 사회에 나타나게 되었다.

이는 또 이제까지의 행동의 준거틀이 사라지고 있다는 것을 의미한다. 전통사회처럼 모두가 일률적으로 받아들일 수 있는 관습의 존재도, 권위주의 시대처럼 명령을 부여하는 권위주의적 정부도 모두 사라지게 된 것이다. 그렇다면 새로운 시대의 행위와 가치의 기준은 무엇일까? 자유주의 철학에서는 그것이 개인의 합리적 욕망으로 묘사되기도 하고, 현실 정치에서는 집단의 이기적인 힘으로 생각되기도 한다. 한편에서는 좋았던 과거의 권위적 지도자에 대한 향수도 간간이 배어 나온다. 이런 사상적 혼돈은 급속한 변화 속에서 일어나는 가치관의 혼란 상태를 여실히 보여준다.

급속한 근대화와 이에 따른 개인과 사회의 문제는 비슷한 경험을 한 아시아 국가들에게 공통적인 도전이었다. 그 가운데서 싱가포르는 사회적 가치의 우월성을 개인의 자유보다 위에 두는 규율을 확립함으로써 성공한 독특한 사례이다. 이 근대화 과정을 주도했던 전 수상 리콴유는 개인의 가치는 사회적 공공선을 위해서는 제한될 수 있다는 신념을 피력한다. 그는 싱가포르의 경제적 성과와 효율성, 깨끗한 정부와 정연한 공공질서의 성취는 그들이 유학 전통을 가지고 있기 때문이라고 주장한다. 그는 유학 전통에서 정부의 공정한 정책과 국민으로부터의 신뢰, 그리고 사회적 선善의 개인적 자유에 대한 우월성 등을 읽는다. 또 서구적 개인주의 가치에 대해 비판하기를 잊지 않는다. 자유주의적 국민들이 가지고 있는 개인에 대한 절대적인 가치는 바람직한 사회를 이룩하는 데 큰 장애가 될 것이라고 생각한다. 자연과학과 기술은 서구로부터 받아들이지만, 인간관계와 사회의 철학은 반드시 그럴 필요가 없다는 것이다.

이는 같은 유학적 전통을 가지고, 산업화를 성취해 온 우리들에게 매우 흥미있는 문제들을 제기한다. 그것은 새로운 사회의 전망을 반드시 서구 국가의 주도적인 정치철학인 자유주의에서 가져오지 않을 수 있고, 스스로의 전통에서 큰 발견을 하여 성공할 수 있는 하나의 사례를 보여주기 때문이다. 그러나 한국 사회의 민주화 경험은 리콴유가 제시하는 권위주의적 유학의 해석을 적용하기에는 부적절하게 보이는 것이 사실이다.

한국의 역사적 경험 중에 전통적이고 권위적인 덕목에서 산업화의 동력을 찾으려 했던 시도는 박정희 대통령의 전통문화 부활정책에서 발견할 수 있다. 그는 국민윤리 교육을 통해 유학적인 충효사상을 국민의 규범으로 여기고 국가관과 개인·가정·국가의 위계적 일원성을 강조하였다. 이는 민주주의보다는 국가에 대한 충성을 개인에게 요구한 것이었다. 그러나 80년 이후 민주화 과정을 통해 한국인들은 이런 권위주의적으로 해석된 전통들을 부적절한 상징으로 생각하는 듯하다. 권위주의적인 정부의 퇴진, 사회의 다양화와 시민사회의 팽창, 다원화의 과정을 겪고 있는 한국인들에게 더 이상 권위주의적 전통의 모습은 매력적으로 투사되어 오지 않는 것이다.

한국정신문화연구원에서 2000년도에 한국의 386세대를 대상으로 전통사상의 여러 요소에 대한 호감도를 조사한 자료 『386세대의 가치관과 21세기 한국』은 이런 한국인의 태도를 잘 보여주고 있다. 유학의 권위주의적 요소라고 할 장남 우대 원리와 군사부일체에 대한 지지율은 각각 15.7%, 32.9%에 불과했던 것이다. 그러나 우리가 주목해야 할 것은 386세대가 권위주의적 전통에 대해서는 비판적이지만 전통의 모든 부문에 대해 그런 것은 아니라는 것이다. 예를 들어 유학적 전통에서 민본사상 97.6%, 중용 94.5%, 부모에 대한 효도 93.5%의 항목이 높은 지지율을 보인 것은 권위주의적 전통에 대한 거부와 비교하여 극적인 대비를 이룬다.

이 조사를 근거로 이 글의 방향을 조심스럽게 정하자면 우리에게 필요한 것은 권위적인 유학 전통이 아니라 보다 민주적이고 개방된 관점에서 해석된 유교일 것이다. 이 글은 사회에 대한 기존의 권위적 관점의 유교적 해석에 비판적이다. 그리고 적극적 관심 아래 다양한 구성원들이 정치사회적 참여를 통해 공동체의 조화를 지향해 나가는 유학의 전통이 존재하며, 이 관점으로 유학의 재해석을 지향할 것이다.

우리가 전통에 대하여 가질 수 있는 태도 중의 하나는 전통을 과장되게 해석하면서 그 가능성을 낙관하는 것이고, 또 하나는 전통을 우리의 현재와는 관련 없는 과거의 대상으로서만 취급하는 것이다. 이 글이 전통에 대해서 갖는 태도는 전통이란 하나의 실체가 아니라 현대의 관심과 대화 속에서 드러나는 관계의 총합체라는 것이다. 유학의 경우 그것은 과거의 권위주의적이며 봉건적으로 오용된 것을 해체하면서 새로운 틀로서 현대에 적절하게 재구성해내는 것이다. 사실 이러한 해체와 재구성의 방법은 많은 과거의 철학이나 종교들이 새로운 시대에 스스로를 갱신하는 전형적인 방법의 하나이다. 이러한 유가 전통을 다시 해석하여 유학이 가진 민주주의적인 잠재력을 재조명하고자 한다. 그리하여 유가 전통뿐 아니라 민주주의 자체에 대한 좀 더 심화된 인식을 얻을 수 있기를 바라고 있다.

유학의 사회에 대한 문제의식

유학에서 인간은 자기 성장의 과정으로 묘사된다. 인간 성장의 과정은 구체적인 사람으로부터 비롯된다. 구체적 인간이 주위의 직접적인 환경을 경험하고 그의 독특한 위치에서 이 세계를 조망한다. 유학에서 독특한 위치란 다른 사람들 혹은 사물의 사이의 관계 속에서 자신을 이해하게 됨을 의미한다. 다른 사람들은 자신의 위치에 따라 아버지, 어머니, 형님, 이웃, 임금, 삼촌, 친구, 선생 등의 이름을 가지고 드러나게 된다. 이와 같은 방법으로 자신도 역시 누구의 아들, 누구의 아우, 누구의 이웃, 어느 나라의 시민, 누구의 조카, 친구, 학생 등의 이름으로 규정된다. 이렇게 자아는 자신의 구체성 위에서 연결된 타인과의 위치를 통해 자신의 의미와 정체성을 발견한다. 그리고 이러한 위치를 발전시키고 바꾸거나 그만 둠으로서 독특한 위치에서 발휘해야 할 자신의 잠재력을 개발하게 되며 자신과 더불어 세계를 만들어 나아가게 된다. 이렇게 자신과 타인 사이에 관계를 맺는 것은 그 존재의 성장 과정, 바로 그 자체를 이룬다.

이러한 자아와 타인에 대한 이해를 기초로 유학은 관계 속에서 구성된 다양한 역할들이 어떻게 공동체에서 조화를 이룰 수 있는가를 화두로 삼아왔다.

우리가 유학의 경전들에서 발견하는 인간은 언제나 다른 사람들의 관계와 사건들이 만들어 낸 상황 속에 있는 인간들이다.

예를 들어 『주역周易』에서 우리가 발견하는 인간은 논쟁, 협동, 평화로움, 전쟁, 퇴거, 헌신, 대가, 너그러움 등, 인간이 타인과 관계 속에서 겪는 여러 사건과 일들 그리고 그 일들이 전개되면서 개인들이 해야 하는 처신이 주요한 내용을 이룬다. 이런 공동체의 일의 얽힘 중에서 주역이 특히 관심을 갖는 것은 다양한 인간들의 다양한 의지들이 갈등하고 혹은 화해하는 사건들이다. 『주역』은 이러한 개개인의 각기 다른 의지의 상충을 화해시키고 그 다양한 사람들의 의지를 관통하게끔 하는 기능을 자임하고 있는 것이다. 그렇게 함으로써, 결국 공동체의 거대한 일을 성취하게끔 하는 데 목적을 두고 있는 것을 발견할 수 있다.

성인은 『주역』으로 사물의 가장 심오한 부분과 사물의 조짐을 알아낸다. 이러한 심오한 것이야말로 세상 사람들의 각기 다른 바람을 소통하게 해준다. 사물의 조짐을 알아내는 것이야말로 세상의 대업을 성취하는 것을 가능하게 해주는 것이다.(『周易』「繫辭傳」1章)

『중용中庸』에서도 우리는 자아와 타인 간의 바람직한 관계를 형성하는 데 필요한 덕목들을 강조함을 발견할 수 있다. 인간관계를 수월하게 소통하게 하는 다섯 가지 도와 세 가지 덕이 곧 천하의 도와 덕이 이루어지는 것이라고 강조하고 있다.

천하에 통달되는 도가 다섯이요, 그것을 행하게 하는 것은 셋이니, 군신君臣과 부자父子와 부부夫婦와 형제兄弟와 붕우朋友 사이의 사귐이다. 이 다섯은 천하에 통달하는 도이다. 지혜로움, 인자함, 용기 있음, 이 세 가지는 천하에 통달하는 덕이다. 이것을 행하게 하는 것은 한 가지인 것이다.(『中庸』20章)

이러한 다양한 위치에서 다른 기능을 갖는 개인들의 사회적 참여와 통합은 유학이 주된 관심을 갖는 문제의식이다. 이런 통합을 위해 각기 다른 위치와 역할의 주체들의 말의 소통이 중요한 주제로 부각되게 된다.

유가 전통에서 사회의 지도자들은 다른 종교적 전통에서 강조되는 출세간出世間의 초월적 성격보다 사회적 성격이 두드러지며, 이는 그들이 공동체를 이끌어가는 의사소통의 달인達人들이 되기를 요구한다. 성인聖人의 성聖의 글자는, 『설문해자說文解字』의 해설에 의하면 곧 소통성[通]을 의미한다. 귀 이耳 자에서 의미를 따왔다. 그리고 정묘 자에서 소리를 빌어왔다. 단옥재段玉裁의 주에 의하면 성인은 잘 듣는 능력과 연결지을 수 있다. 성인이 귀 이 자에서 뜻을 따온 것은 성인이 이순耳順함을 나타내며 그래서 그를 통해 백성들의 일상생활이 모두 소통된다는 것이다.

유가의 이상적인 인간상인 군자라는 모습도 역시 그러하다. 『춘추번로春秋繁露』에서 군君은 대중의 마음을 잃지 않은 사람으로 일컬어진다. 『백호통白虎通』에서 군君은 군群과 상통하며 백성들의 마음이 귀의하는 인물로서 군자를 언급한다. 군君 역시 말하는 능력을 표현하는 입 구口 자를 소유하고 있음도 중요하게 보아야 한다. 유가 전통의 많은 핵심적 용어들은 말하는 능력을 가리키는 입 구口를 공유하고 있다. 예를 들어 알다[知], 믿다[信], 길하다[吉], 선함[善], 점치다[占], 참여하다[合], 환경[命], 역할[名], 조화[和] 등이 그것이다.

언어의 이해

언어에 대해 유가가 갖는 관심은 서구 근대 철학자들이 가졌던 분석적 관심은 아니다. 그보다 유가가 언어 활동에서 주목하는 것은 언어의 규범적이고 실천적인 성격과 사회적 통합에서 갖는 중요성이다.

언어는 타인과의 이해라는 관점에서 그 중요성을 획득한다. 공자는 "말을 이해하지 못하는 사람은 타인을 이해할 수 없다"(『論語』「堯曰」)고

못 박는다.

언어를 포함해 유가儒家는 광의의 인간과 인간 사이의 의사소통의 중요성을 강조한다. 폭넓은 지식의 습득과 올바른 언어의 습득, 인간관계의 윤리적 행위, 겸손한 태도와 같은 의사소통의 적절한 형식들, 예禮의 행위들, 음악, 춤 등의 중요함은 군자君子가 훈련을 통해 올바르게 터득해야 할 덕목들인 것이다.

특히 말의 실천성, 신뢰성, 예절禮節은 군자가 반드시 지켜야 할 덕목으로 누차 강조된다. 자공子貢이 선비가 갖추어야 할 덕목을 묻자 공자는 "(선비는) 말하면 믿음이 있어야 하고 행동하면 그 결실이 있어야 한다"(『論語』「子路」)고 한다. 군자는 말을 할 때 반드시 그 결실이 있게 하고 행동할 때 반드시 그 꾸준함을 보인다(『周易』家人). 군자는 말과 행동이 어긋나지 않게 신중하라고 충고한다. 군자는 그의 말보다 언제나 실천이 앞서 나가는 사람이다(『論語』「憲問」).

동시에 유가는 의미 없는 잡담 혹은 실천이 따르지 않는 말에 대해 매우 비판적이다. 사람들이 모여서 온종일 이야기하면서 조그만 영리함에만 취하고 대화가 의義에 이르지 않는다면 문제가 심각하다(『論語』「衛靈公」). 큰소리를 치고 정작 행하지 못하는 자는 좋은 일을 하기 힘들다.

유가에서 교양인[文]은 배우기를 게을리하지 않고 자기보다 어린이에게도 묻는 것을 꺼려하지 않는 겸손함으로 특징지어진다(『論語』「公冶長」). 『중용』에 묘사된 순 임금의 성품은 묻기를 좋아하고 평소의 일상적인 말들을 곰곰히 살피기를 좋아하는 것이다(『중용』6장). 군자가 중시할 것은 용모와 행동거지에 난폭함과 방자함을 멀리하고, 단정함으로 경망되지 않아 신뢰를 얻어야 하고, 말에 그름이 없어 비루함과 무례함을 멀리 해야 한다(『論語』「泰伯」). 공자가 생각하는 예禮라고 하는 의사소통의 매개체는 외면적 형식이 아니라 모든 것을 거만하지 않고 겸손하게 물어보는 자세 바로 그것이다(『論語』「八日」). 이는 자신의 견해의 의미를 더해주고 타인과의 수월한 의사소통의 계기를 만들 수 있는 태도임에 분명하다.

형식과 내용이 통일된 믿을 만한 말의 교류는 사람과 사람들을 의미로 연결시키게 되고 사회적 평화와 깊은 연관을 맺는다. 예악禮樂이라고 하는 광의의 소통적 활동들은, 법률과 정치처럼 민심民心을 일치시켜 공동체의 조화를 지향하는 데 그 존재의 의미가 있는 것이다.

이러한 까닭으로 선왕들은 민심을 감동시키는 데 있어서 그 계도의 방법을 신중히 하였다. 그러므로 예禮로써 그 뜻을 이끌었고, 낙樂으로써 그 소리를 조화시켰고, 정치로써 그 행동을 하나로 만들었고, 형벌로써 그 간사함을 막았다. 이렇듯 예악형정禮樂刑政의 네 가지는 서로 다르다 할지라도 그 이르는 지점은 하나이다. 즉, 모두 민심을 하나로 하여 공동체를 조화롭게 운용한 것이다.(『禮記』「樂記」)

유가에게 언어를 포함한 다양한 의사소통적 문화활동들은 공동체의 조화를 이끌어낼 수 있는 것으로 여겨진다. 이러한 중요성을 아래 구절은 잘 보여주고 있다.

군자가 그의 방에 있으면서 말을 잘한다면 그는 천리 밖의 사람에게도 호응을 얻을 수 있을 것이다. 가까운 데서의 호응은 말해 무엇하겠는가? 군자가 그의 방에 있으면서 말을 잘못 한다면 천리 밖에 있는 사람도 그의 말에 어긋날 것이다. 가까운 데서의 어긋남은 말해 무엇하겠는가? 말은 그 자신에서 나아가서 뭇 사람들에게 영향을 미치는 것이다. 행동은 가까운 데서 나와 먼 데까지 나타난다. 말과 행동은 군자의 계기이다. 계기가 일어나서 영광과 치욕의 주요한 원인이 된다. 말과 행동으로써 군자는 천지를 움직이는 것이니 신중하지 않을 수 있겠는가?(『周易』「繫辭傳」1章)

유가의 언어에 대한 규범적이고 실천적인 관점의 이해는 다양한 의사소통의 매개체에 대한 관심을 불러일으키고 소통을 수월하게끔 하는 형식에 주목하게 하였다. 언어와 의사소통의 사회적 맥락에 대한 유가적 논의의 핵심은 정명론正名論과 넓게는 예禮에 대한 담론으로 이어지게 된다.

유가의 사회정치적 개념 분석

명名과 위位－정명론正名論

유가의 정명론正名論의 이해를 위해 우선 명名에 대한 분석이 필요하다. 고대 문헌들에서 명名은 명命과 서로 교환 가능한 개념들이다. 『설문해자』는 명名을 자명自命이라고 규정한다.

흔히 운명, 숙명 등의 결정론적 함의를 갖는 명命이란 개념은 상나라 때 제령帝令이라는 개념이 갖는 절대성과 불변성이, 주나라의 문헌에서는 백성의 마음이 귀일하는 곳에 따라 변화하는 상대적 개념으로 바뀐다. 명은 아직도 인간이 그 추세를 잘 따르고 적응함으로써 바람직한 결과를 낳을 수 있는 어떤 힘이지만, 더 이상 결정론적인 의미를 가지고 있지 않은 것이다. 주역의 임臨괘에서는 경우에 따라 명에 따를 필요가 없는 상황도 전개된다. 결론적으로 명이라는 개념은 비결정론적이며 자기 창조적 자아에 일정한 영향력을 갖는 외부의 힘이라고 할 수 있다. 자기 창조적 자아를 둘러싼 외부의 힘은 자연적인 것과 사회적인 것을 모두 포함하고 있다. 그리고 외부의 힘, 즉 주어진 환경은 이미 규정된 것이라기보다 자기 실현을 위한 조건, 즉 아직 발휘되지 못한 가능성 등의 개념에 가깝다고 볼 수 있다.

그렇다면 『설문해자』의 자명自命으로서의 명名의 규정은 주어진 개별적인 비결정론적 환경이라고 풀어볼 수 있겠다. 이는 전체의 관계망에서 개인이 차지하고 있는 독특한 역할을 나타내고 있다. 유가에서 인간은 여러 다른 존재들 사이의 관계 속에서 만들어지는 것이라고 생각할 때, 명名은 자신의 위치 규정과 타인의 관계의 힘에 의해 형성된 개인적 환경이자 가능성이라고 할 수 있다. 즉, 명名이란 인간관계를 이루고 있는 다양한 존재들에 의해 조정되어 규정된 독특한 개인의 역할과 위치라고 할 수 있는 것이다.

공자는 사회적 질서가 정명에 의해 가능하다고 본다. 그의 제자 중의 하나인 자로가 위 나라를 다스리려고 할 때 가장 우선해야 할 것이 무엇이냐고 묻자 공자는 정명이라고 답한다. 계속하여 그는 말하길,

이름이 바르지 못하면 말이 불순하게 되고, 말이 불순하면 일이 이루어지지 못하고, 일이 이루어지지 못하면 예악이 일어나지 못하고, 예악이 일어나지 못하면 형벌이 부당하게 될 것이고, 형벌이 부당하게 되면 백성들이 편안히 손발을 둘 데가 없게 된다. 그러므로 군자는 그가 쓰는 이름을 반드시 말로 하여야 하고 말은 반드시 실천해야 한다. 군자에게 필요한 것은 그의 말에 잘못된 것이 없어야 하는 것이다.(『論語』「子路」)

공자에게서 정명의 문제는 언어의 문제로, 언어의 문제는 예의 문제로,

예의 문제는 형벌의 문제로, 형벌의 문제는 백성의 안위와 다스림의 과정, 즉 정치적 과정으로 연결된다. 공자는 말, 예악, 형벌, 백성들의 삶이 제대로 수행되기 위하여, 정명 즉 반드시 공동체를 구성하는 개인의 역할과 기능을 제대로 조정해야 한다고 주장하고 있다. 그가 이해하기에 혼란한 시대는 바로 이러한 기능과 역할이 제대로 행해지지 않는, 즉 "왕이 왕이 아니고, 신하가 신하가 아니고, 아버지가 아버지가 아니고, 아들이 아들이 아닌" 시대인 것이다. 위位라는 개념 역시 명과 거의 흡사하다. 주역의 가인家人괘의 단사象辭는 "남자와 여자가 그들의 적절한 위치[位]를 차지하고 있어야 한다. 이것이 하늘과 땅으로 표현되는 근원적인 개념이다… 아버지가 아버지로서 행동하고 어머니가 어머니로서 행동하고, 아들이 아들로서 장남이 장남으로서 차남이 차남으로서 남편이 남편으로서 부인이 부인으로서 행동할 때 가도는 유지되어 튼튼하게 되며 세계는 평화롭게 될 것이다"라고 하는데, 이 역시 가족 공동체의 독특한 지위와 역할의 규정을 담고 있다.

정명론 혹은 정위론은 사회적인 위치에 부여되는 기능을 명시할 뿐 아니라 위치가 남용할 수 있는 권력에 대한 견제 역할도 하고 있다. 즉, 정명론은 아버지나 임금과 같은 위치도 그 이름에 적절하게 도덕성을 발휘하지 못한다면 그런 위치를 차지할 자격이 없다고 말하고 있는 것이다. 맹자에 의해서 주장된 혁명론革命論도 정명론正名論의 연장에서 이해될 수 있다. 맹자는 탕부방벌湯武放伐에 관하여 제선왕齊宣王이 신하가 그 임금을 죽여도 좋으냐고 물었을 때 "인仁을 해치는 자를 적賊이라고 하고 의義를 해치는 자를 잔殘이라고 합니다. 잔적지인殘賊之人을 일부라고 합니다. 일부인 주紂를 죽였다는 말은 들었어도 임금을 죽였다는 말은 듣지 못했습니다"(『孟子』「梁惠王」下)라고 일갈한다. 그 이름에 값하지 못하는, 즉 정명을 이루지 못한 '주'란 인물은 더 이상 임금일 수가 없으며, 그에 대한 토벌은 임금에 대한 반역 행위가 아니라고 하여 주에 대한 토벌을 정당화하고 있다.

정명과 정위의 철학은 유학을 상고주의적, 보수주의적인 정치철학이라고 주장하는 근거가 되기도 한다. 유교문화에 대한 영향력있는 학자인 조셉 레벤슨Joseph Levenson은 명命이라는 개념이 사회제도의 변화에 중요한 의미가 있다는 통찰을 보여준다. 그러나 그에 의하면 유가적 사회에서의 변화는 참다운 변화와는 거리가 먼 것이다. 그는 유가적 사회들의 외면적인 사회적 변동의 사실에도 불구하고 그 사회들은 기본적으로 과거 지향적이며 정체적이라고 주장한다. 그는 유가들의 사회 변혁에 대한 요구는 새로운 사회로의 전진이 아니라 과거의 이상화된 나라로의 복귀에 불과한 것이라고 주장한다. 그는 유가사회에 지속적인 강력한 관료체제는 이러한 정체적 역사를 증명해 주는 하나의 사례로 생각한다. 이러한 태도는 중국학자 샤오 꽁 쉬앤에게서도 나타난다. 그는 유학에서 명이나 위는 고정된 과거의 규정이며 정명론은 과거의 규정, 특히 주나라의 제도를 기준으로 삼아 현재를 재단하려는 복고적인 유가의 정치철학이 잘 나타난 사례라는 것이다.

그러나 공자가 전통의 중요성을 명확히 깨달았다는 것은 분명해 보인다. 그는 옛 것을 믿고 좋아한다고 말한다(『論語』「先進」). 그렇지만 그가 과거의 제도를 그대로 현실에 실현하고자 했다는 주장은 지지받기 힘들다. 그는 오히려 현재에 살면서 과거를 그대로 실현하고자 하는 사람을 어리석음의 대표로 꼽는다(『中庸』28章). 그의 과거 전통과 미래에 대한 생각은 좀 더 조심스럽게 논의될 필요가 있다.

과거와 미래에 대한 유가의 태도는 이런 사회적 태도가 전제로 하고 있는 형이상학적 가정, 즉 시간에 대한 일반적 관념을 고찰함으로써 암시를 얻을 수 있을지 모른다. 과거의 반복으로 이어지는 레벤슨의 유가적 시간관을 순환적, 원형적인 것이라고 말할 수 있다면, 유가의 시간관은 순환적인 것이라고 하기 힘들다. 오히려 주역 등에 나타난 유가의 시간에 대한 관념은 나선형적인 전진에 가까운 듯하다. 이는 과거의 모습이 재현되는 듯하지만, 새로운 차원에서 전진이라는 의미를 더 지니며 과거에는 존재하지 않았던 새로움의 등장을 보장해주는 시간관인 것이다.

이러한 시간관은 과거의 새로운 이해와 미래의 창조적 투사가 통합된 온고이지신溫故而知新이라는 유가의 관념과도 일치한다. 공자의 시대는 주나라의 봉건 통치가 사라지고 다양한 제후들의 등장과 다양한 사상적, 기술적 팽창이 가속화되던 시기였다. 강력한 국가와 법률의 힘으로 국가를 통치하려는 이상을 내세운 법가法家와 달리 공자는 문물제도·음악 형식·문헌 등 과거의 축적된 문화를 포괄해 보유하고 있는 노나라의 문화에 관심을 기울였다. 이러한 갈등과 팽창의 시대에 공자는 문화적 전통의 중요성을 강조했고, 이는 다양한 갈등과 나라들을 문화적으로 통합하려는 이상을 과거에 대한 연구와 재해석으로 표현한 것이라고 생각된다. 이는 과거의 선별된 문화적 전통을 강조함으로써 미래의 이상을 실현하려는 태도로 이야기할 수 있겠다.

유가가 말하는 명이나 위는 계속 변해가는 역동적인 시간의 흐름과 더불어 개인의 창조성을 강조하고 있는 점을 상기해야 하겠다. 남자 아이는 성인이 되고 결혼하면 아버지의 역할을 맡는다. 인간은 가난함을 겪기도 하고 어려운 지경에 빠지기도 한다. 혹은 조정의 신하로 나아갔다가 물러나기도 한다. 즉, 자신의 변화와 더불어 자신이 구성된 인간관계의 망도 계속해서 변해 나가며 또 그 관계에서 자신이 맡아야 할 적절한 역할도 끊임없이 변화하게 된다. 인간에게 요구되는 덕성은 오히려 자신의 위치나 이름에 영원히 머물러 있는 보수적인 자세라기보다 변화하는 그때에 알맞은 적절한 행위(시의時宜)를 해 나가면서 변화를 주도해 나아가는 것이다. 『중용』에서 우리는 역동적인 변화에 따라 대응해 나가는 창조적인 인간상을 발견한다. "군자는 현재의 위치에 따라 행하고 그 밖의 것을 원하지 않는다. 부귀에 처해서는 부귀한 바대로 행하고, 빈천에 취해서는 빈천한 바대로 행하며, 이적에 처해서는 이적의 법도대로 행하며, 환난에 처해서는 환난스러운 바대로 행하니, 군자는 들어가서 스스로 얻지 못함이 없다."(『中庸』 13章)

예禮

정명론이 보여주는 공동체는 서로 다르고 다양한 개체들의 참여로 구성되는 것이다. 공동체에서의 역할은 자신의 삶의 성장을 통해 여러 가지로 변화하면서 자신과 공동체의 완성을 지향해 간다. 그렇다면 이러한 상호간의 역할을 규정하는 것은 무엇인가? 유가에서 그것은 예禮라는 자발적인 규범에 기인하고 있다. 공동체의 관계 속에서 자신의 위치를 규정하는 것은 다름 아닌 예이다(『論語』 「季氏」·「堯曰」). 예는 사회 구성원의 위치와 역할을 규정함으로써 전체에서 자신의 의미를 발견하고. 이를 토대로 타인과 의사소통하게 하는 사회적 문법syntax 혹은 의미망이라 규정할 수 있다. 예라는 공동체의 의미망을 통해 개인은 스스로를 실현해 나가고 공동체도 스스로를 움직여 나가는 것이다.

예는 개인에게 이제까지 공동체가 역사적으로 공유해온 가치를 알려주는 한편 개인이 공동체의 유지와 발전에 참여할 수 있는 통로를 제시하게 되는 것이다. 한 공동체의 집단적 기억은 그 선행자들의 의미와 중요성의 누적을 보여주는 그들의 형식화된 행위로 구성된다. 즉, 예는 문화적 의미를 보존하고 전승하는 의미있는 행위들의 모음인 것이다. 이 때문에 예를 행하고 체득하는 것은 한 개인을 공동체의 일원으로서 사회화시키는 것임과 동시에 한 개인을 역사적 연속성 위에 위치하게 하는 행위이다.

예는 한 개인에게 과거의 공동체가 공유하였던 가치를 알려줄 뿐만 아니라 개인을 공동체의 강화와 풍성화를 위해 설득적인 방법으로 유도하는 통합의 방법이기도 하다. 예는 단순히 그 참여 구성원들을 규제하고 구성하는 과거의 잣대로만 이루어진 것만은 아니다. 예의 개성적이고 창조적인 측면은 흔히 간과되어 왔다. 질서의 근원으로서 예를 법이나 형과 구별하게 해 준 것은 예가 사회의 참여자에게 적절한 규율을 부여해 줄 뿐 아니라 그 참여자들에 의해 자발적으로 실행된다는 점이다. 전통과 조화되는 예의 행위를 하는 개인은 과거의 전통에 기계적으로 자신을 일치시키는 것이 아니라 개인이 이어받은 전통과 상황적 의미망과 개성에 의해 가장 적절한 행위를 표현하는 것이다. 이는 행위의 조건으로서 예와 그 조건에 기인한 적절한 창조적 행위인 의義를 살펴봄으로써 분명하게 나타난다. 『설문해자』에서 의義에 대한 단옥재의 주석에 따르면 의의 원래 뜻은 예에서 용인하는 상황에 맞는 적절함[宜]을 말한다. 예가 그 적절함과 어울리게 실현되면 그것은 바로 선한 것이다. 이 의의 행위는 단순히 예의 형식을 따라서 하는 것이 아니라 행위자가 처한 독특한 상황에 대한 고려와 이에 따른 행위자의 창조적인 대응을 뜻한다. 이 때문에 공자는 한 상황에 대한 독단적인 판단을 내리지 않는 유연한 자세인 의를 강조한다. "군자는 세상에서 일을 행할 때 그가 반드시 해야 할 것과 하지 말아야 할 것을 고집하면 안 된다. 언제나 의와 더불어 해야 한다."(『論語』「微子」) 공자는 은나라의 충신인 백이伯夷와 숙제叔齊에 대해서 높이 평가를 하면서도 그들과 자신은 분명한 차이가 있다고 말한다. 백이와 숙제는 예禮에 입각하여 왕위를 거부했을 뿐 아니라, 무왕에게 불효 불충이라고 간언하였다. 공자의 이들에 대한 평가는 이중적이다. 그들의 행위에 대해서는 칭찬을 아끼지 않으면서도 자신을 그들과 구별하려고 애쓴다. 공자는 스스로를 상황에 대한 유연성과 관용성으로 특징짓는다. "나는 이들과 틀리다. 나는 무엇이 가능하고 가능하지 않은가에 대한 선입견이 없다."(『論語』「微子」) 이처럼 예는 과거의 문화적 의미들의 집합체임과 동시에 개인의 참여자들에 의해 개성화되고 또 개개의 참여자들의 독특함과 질적인 차이를 수용하게끔 변화되어야 하는 형식들인 것이다. 그것은 과거 공동체의 바람직한 행위 사례의 모임이며 동시대를 살아가는 사람들의 모범일 뿐 아니라 당대인들이 취하여서 자신의 의미와 개성을 발휘하게 하는 중요한 매개인 것이다. 그러므로 공자는 유연성과 관용성과 더불어 "도가 사람을 넓히는 것은 아니지만, 사람은 도를 넓힐 수 있다"(『논어』「위령공」)는 능동적인 인간의 모습을 강조한다.

예의 공동체적 이상은 공식화된 정부의 개입이 최소화된 자정과 자치의 성원이 이루는 공동체이다. 외부적인 강제력인 법의 시행을 최소화하고 참가 구성원들의 내적인 자발성이 동기가 된 자발적 규율인 예를 더 바람직한 것이라고 말한다. 공자는 "인도하기를 법으로 하고 가지런하게 하기를 형벌로써 하면, 백성들은 형벌은 면할 수 있을지 모르나 부끄러워함은 없을 것이다. 인도하기를 덕으로 하고 가지런하기를 예로써 한다면 백성들이 부끄러워함이 있고 바르게 될 것이다."(『논어』「위정」) 여기서 예禮의 정치의 결과인 백성들의 바름[格]은 곧 스스로 바름[自正]이라고 말한다.

조화[和]의 의미 – 관용과 간쟁諫諍

공자는 예라는 사회적 매개체가 추구하고 있는 것은 공동체의 조화[和]라고 말한다. "예의 가장 가치있는 기능은 조화를 이루는 것이다. 그것은 선왕들의 도가 가장 아름답게 삼은 것이고, 크고 작은 모든 것이 여기에서 말미암은 것이다."(『論語』「學而」)

유가의 공동체적 이상은 독특한 위치와 개성을 지닌 개체들의 예를 통한 참여이다. 예는 개인의 개성과 중요성을 드러내는 길이며, 그것은 다원적인 참여자들의 색다른 기능의 사회적 장에서 발휘되도록 장려된다. 『춘추좌전』에서 공동체의 조화는 여러 가지 요소들의 각기 다른 기능의 발휘와 적절한 비율의 혼합으로 맛을 이루어내는 요리의 기술에 비유되고 있다.

> 화和는 국을 만드는 것과 같다. 요리사는 물, 불, 초, 장, 소금, 매실의 신맛을 넣어 물고기와 고기를 삶을 때, 나무를 때어 삶아 맛을 맞추고, 조미료로 맛을 보아 부족한 맛을 보충해주고 남는 것을 깎아낸다. 그리하여 주인이 이 음식을 먹을 때 그의 마음은 정화된다.(『春秋左傳』昭公 20年)

이어서 『춘추좌전』은 사회적 조화의 이상에 비추어, 신하들이 임금의 말에 복종하는 태도를 비판한다. 신하들은 임금의 말에 동의하는 것보다 공동체의 조화를 위해 과감히 다른 의견을 제기해야 한다고 주장한다. 권력자의 전횡에 맞서서 사회적인 공정성을 수호하려는 신하의 임무는 전체적인 조화를 추구하는 데에 필수적인 것이다. 이러한 간쟁의 효과에 대해서 맹자는 이렇게 언급한다. "신하가 간언을 하고 임금이 이를 듣게 되면 그 이로움이 백성들에게 미치게 된다"(『孟子』「離婁」下)는 것이다. 간쟁은 유교적 정치·언어·문화의 면면한 전통을 이룬다. 그것은 공동체 안의 의견의 불일치를 긍정적으로 인식한다. 조화는 동일성[同]을 추구하는데 있지 않고 다양한 의견의 제기와 그 다양성의 공존의 통합으로써 사회적 조화를 추구하고 있다.

음식을 장만할 때와 같은 조화의 원리는 군신 사이에도 적용될 수 있다. 군주가 좋다고 하더라도 혹 좋지 못한 점이 있으면 신하는 그 좋지 못한 점을 말하여 시정토록 해야 한다. 군주가 좋지 않다 하더라도 좋은 점이 있으면 그 좋은 점을 말하여 그릇된 점을 제거토록 해야 한다. 그래야 정치는 잘 이루어져 도를 벗어나지 않게 되고 백성들은 서로 다투지 않게 되는 것이다… 그런데 양구거는 군주가 좋다고 하면 그도 무조건 좋아하고, 군주가 좋지 않다고 하면 그도 무조건 좋지 않다고 말한다. 만약에 물을 물로 맛을 맞춘다면 누가 그것을 맛있게 먹을 것인가? 만일 금琴이나 슬瑟의 한 가지 현만 튕긴다면 누가 그 음악을 들을 것인가? 군신 사이의 동의만 구하는 것의 폐해가 바로 여기에 있다.(『春秋左傳』昭公 20年)

공자도 이런 불일치가 정치에 필수적인 요소라는 것을 간파한다. 공자는 정공定公이 말 한 마디로 나라를 망하게 할 수 있느냐고 질문하자 "사람들 말에 '내가 임금이 된 것이 즐거운 게 아니라, 아무도 내 말을 어기지 않는 것이 즐겁'는 것이 있습니다. 만일 그가 말한 것이 선하다면 아무도 그의 말을 어기지 않을 것이고 그것은 선善한 것입니다. 그러나 그가 말하는 것이 그른데도 아무도 그의 말을 어기지 않는다면 이것이야말로 말 한 마디가 나라를 망치는 것이 아니겠습니까?"(『論語』「子路」)라고 언급한다.

권력에 대한 감시자로서 간쟁의 강력한 의무와 더불어 주목할 것은 다양한 사회적 입장과 역할을 조화시키는 설득자로서의 사회적 지도자의 모습이다. 관용의 정신은 유가 문헌에서 군자의 덕목으로 강조된다.

"군자는 두루 사랑하고 편당하지 않으며 소인은 편당하고 두루 사랑하지 않는다."(『論語』「爲政」) "군자는 같음보다는 조화를 추구하고 소인은 그 반대이다."(『論語』「子路」) 순자는 그의 책에서 군자의 덕목으로 설득과 통합의 기술로서 담설지술談說之述과 겸술兼術을 이야기한다.

그는 말하고 설득하는 방법談說之術art of speaking and persuasion을 설명하면서 남을 설득할 때의 자세와 태도, 화술, 그리고 설득이 되지 않더라도 존경을 받는 방법이 모두 능히 군자라야 가능하다고 말한다. "자긍심과 정성을 다해 주제를 도입하고, 겸손과 성실로써 소신을 세우고, 그것을 강고하게 지지하고 적절한 비유와 사례를 들어 묘사하고, 구분하고 구별 지어서 그 의미를 분명히 하고, 내용을 정성과 성실로써 제시하라. 그대가 말을 소중하고 귀한 것으로 만든다면 당신의 설득은 잘 받아들여질 것이다. 당신 말을 상대가 받아들이지 못하더라도 당신을 존경하게 될 것이다. 이것은 귀한 바를 귀하게 만드는 것이다. 전통적으로 오직 군자라야 능히 그 귀한 것을 귀하게 한다는 것이, 이를 나타내는 말이다."(『荀子』「非相」)

남의 의견을 포용하는 기술兼術art of accommodation의 설명은 더욱 인상적이다. 그는 세계에 대한 다원적 이해를 제시한다. 즉, 높은 것과 낮은 것, 질서 있는 것과 혼돈되어 있는 것 등이 혼재하는 세계에서 설득의 어려움을 전제하고 설득과정의 올바른 태도를 말한다. 그것은 의견을 제기하는 데에 자신의 성실성과 적절한 화법, 그리고 자기반성과 타인에 대한 너그러움이 통일된 관용의 기술이 중요하다고 역설한다.

설득의 어려움이란 이와 같다. 가장 높은 것은 가장 낮은 것과 함께 있으며 가장 질서있는 것은 혼돈된 것과 이어져 있고, 그리고 이것은 전혀 직접적 방법으로 되어 있지 않다는 것이다. 어떤 이가 먼 데서 사례를 빌려오면 그것이 과장된 것이라고 화낼 것이다. 어떤 이가 가까운 데서 사례를 빌려오면 그것이 당연한 것이라고 화낼 것이다… 그는 시간과 사건에 따라서 그것을 교정하고 바꾸고 적응시키고 조율하여 상대방에게 맞추기를 물을 막는 둑과 같이, 나무를 바로잡는 버팀목과 같이 하여 자기의 하려는 말을 다하되 공격이나 모욕을 받지 않아야 할 것이다. 그러므로 군자는 자기를 단속하기를 먹줄치듯 똑바로 하되 남을 접할 때는 활등을 잡듯이 너그럽게 한다. 그가 먹줄치듯 몸을 바르게 하는 까닭에 족히 천하의 모델이 될 수 있고, 그가 남에게 대할 때 활등 잡듯이 유연하게 하므로 남들을 관용해 줄 수 있는 것이다. 그리하여 그는 인간 사회에 큰일을 이룩하게 된다. 그러므로 군자는 현명하면서도 능력 없는 이를 받아들이고 지혜로우면서도 우둔한 이를 받아들이며 순수하면서도 복잡한 것을 받아들인다. 대저 이것을 관용의 기술이라고 하는 것이다. 시경에서 서쪽의 오랑캐들이 통합됨은 사회에 커다란 성취이다, 라는 말은 바로 겸술을 일컫는 것이다.(『荀子』「非相」)

의사소통의 윤리-자기성찰과 상호배려: 충서忠恕와 중용中庸

유학에서의 개체와 사회에 대한 철학, 간쟁과 관용에 대한 생각들은, 다양하고 독특한 개체들의 존재와 그들의 활발하고 다양한 의사소통을 통해 사회가 조화될 수 있다는 정치사회적 이상을 보여준다. 만일 개인주의적인 사회에서 갖는 윤리적 덕목이 개인의 권리의식이라고 한다면 다양하고 독특한 개체들이 조화하는 사회관을 관통하는 총괄적인 규범적 덕목은 아마 충서忠恕라는 말로 이해될 수 있을 것이다.

충서忠恕는 유가사상을 관통하는 핵심적인 덕목이다. 자공子貢이 일생 동안 받들 준칙으로서 어떤 것이 있냐고 묻자 공자는 서恕라고 이야기한다. 서恕란 무엇인가? 그것은 자기가 좋아하지 않는 것을 남에게 행하지 않는 것이라고 말한다. 증삼曾參도 공자의 도道를 하나로 묶을 수 있다면 그것은 바로 충서忠恕라고 규정한다. 공자는 충서를 이렇게도 말한다. "내가 완성되려면 타인을 완성시켜라."

충忠이란 무엇인가? 군주에 대한 복종심, 집단에 대한 희생정신의 의미로 해석되는 충의 통속적 해석은 적절치 않다. 충은 오히려 자기 자신의 성찰과 성실성의 의미를 지닌다. 『설문해자』는 충이 존경의 의미를 가지고 있으며 자신의 최선을 다한다는 뜻이라고 푼다. 서恕는 반성된 자기로부터 남을 미루어 생각하고 베푸는 것이다. 주희朱熹는 증삼曾參의 충서를 해설하면서 '충은 자신의 최선을 다하는 것[盡己之謂忠]' 이고, '자기를 미루어 타인을 생각하는 것을 서[推己之謂恕]' 라고 말한다.

『중용中庸』과 『대학大學』에는 자기 자신의 반성과 충서忠恕가 인간관계 속에서 어떻게 이루어지는가 하는 사례를 들어 설명하고 있다. 그 중에서도 『중용』의 구절은 타인을 미루어 생각하는 서의 방법이 자기의 성찰 끝에 발견되는 자기 성실성과 연결되고 있음을 보여 준다.

아랫자리에 있으면서 윗사람의 신뢰를 얻지 못하면 아랫사람을 다스릴 수 없다. 윗사람으로부터 신뢰를 얻고자 하면 벗들로부터 신뢰를 잃어서는 안 된다. 벗들로부터 믿음을 받기 위해서는 부모에게 효순하여야 한다. 부모에게 효순하기 위해서는 성실하였는지 자신을 돌이켜 보아야 한다. 자신을 돌이켜

보아 성실하기 위해서는 선善이 무엇인지 분명히 알아야 한다.(『中庸』20章)

충서의 윤리에서는 자기 자신이 윗사람, 아랫사람, 동등한 동료 등의 관계성 속에 이루어지고 있다는 관계망의 유가적 공동체관이 다시 드러나고 있다. 즉, 상대방과 나는 서로 다른 이름[名]을 가진 존재, 서로 다른 의지를 지닌 존재이면서도 개인주의적인 사회와는 달리 깊은 관계성 속에 놓여 있는 것이다. 유가의 관계성을 바람직하게 이끌기 위한 윤리적 강조는, 반면에 관계망 속의 인간의 관계가 항시 수월하게 조화되는 것은 아니라는 것을 반증한다. 유가는 이런 관계망의 부조화가 있을 때 무엇을 요구하는가? 궁극적으로 유가가 요구하는 것은 자신의 성찰을 통한 성실함을 요구하는 것이다. 자기반성을 통한 자아의 갱신 위에서 타인과의 관계성을 끊임없이 다시 설정하려는 태도가 요구되는 것이다.

『중용』은 군자의 자기성찰적 태도를 강조한다. "공자가 말했다. 활 쏘는 데에는 군자가 해야 할 일과 흡사한 것이 있다. 궁사가 과녁을 맞추지 못했을 때에는 그는 반드시 돌이켜 자신에게서 그 잘못의 이유를 찾는다."(『中庸』14章)

그러나 이런 자기반성의 태도는 폐쇄된 자아에 몰입하거나 불멸의 영혼을 직관하는 것이 아니라 성찰을 거친 성실한 자아가 타인과 관계를 재정립하는 서恕라는 공동체적 관계로 다시금 나아가는 것이다. 이 점에서 유가는 공동체와 언제나 연결되면서 자기성찰을 통해 그 관계를 재정립해 나가는 자아의 이상을 보여준다. 반신反身은 다시 서恕로 이어지는 것이다. 맹자의 구절은 이 과정을 잘 보여준다.

맹자가 말했다. 모든 것이 나에게 갖추어져 있다. 자신을 반성해보아 성실

하다면 그것보다 더 큰 즐거움은 없는 것이다. 서恕를 강하게 실천할 때 인仁
을 구함이 이보다 가까울 수는 없는 것이다.(『孟子』「盡心」上)

자아의 자기성찰에 기반한 상호배려의 방법으로서의 충서忠恕는 중화
中和라는 일반화된 규범의 인간학적 변형이라고 할 것이다. 공자는 "충忠
을 알려면 먼저 중中을 알아야 하고 중中을 알려면 먼저 서恕를 알아야 한
다"(『大戴禮記』)고 하여 이 개념들의 연관성을 말한다. 이어서 공자는 "내
면을 반성하여 본심을 다한 것을 '중'을 아는 것이라 하고, 이 마음가짐
으로써 다른 것에 응하는 것을 '서'를 아는 것이라 한다"(『大戴禮記』)라고
자신의 성찰을 통한 타자와의 상호배려의 관계성을 다시금 강조한다.

『중용』은 중화中和를 설명하고 있다. 중은 온갖 감정이 아직 발하지 않
은 상태이며 자아를 조정하여 어떤 편견도 없이 모든 것에 응할 수 있게
하는 것이다. 반성을 통해 자신을 편견 없이 조절하는 것이 '중'이라면
그것이 타자와의 교섭에서 바람직한 결과로 귀결되는 것을 '화'라고 할
것이다(『中庸』1章). '중화'는 나와 타인 사이의 상호배려 속에서 어느 쪽
으로 치우치기 쉬운 생각을 적절하게 조정하는 군자의 덕목을 이야기하
고 있다. 공자는 자신은 일이 닥치기 전에 어떠한 선입관도 갖지 않는다
고 공언하였으며, 그것은 사실상 '중'의 방법으로 보이며, 그것은 자기성
찰을 통해 자신을 객관화하고 동시에 자기를 미루어 타인을 배려함으로
써 극단을 벗어난 일의 적절한 합의점을 찾아나가는 과정을 이야기하는
듯하다. 물음과 성찰적 임금인 순이 양 극단을 버리고 가운데를 잡는 덕
성에 대한 찬양은 이를 잘 보여준다.

공자가 말했다. 순은 크게 지혜로운 자다! 순은 묻기를 좋아하고 평소에 일

상적인 말일지라도 곰곰이 살피기를 좋아한다. 나쁜 것을 숨기고 착한 것을 드러낸다. 그 양쪽 끝을 잡아서 그 가운데를 백성에게 쓰니 이것이 바로 순이 순이 될 수 있던 까닭인 것이다.(『中庸』6章)

중용은 개인 수준에서는 자기실현을 위한 실용적인 규범으로, 그리고 집단과 국가 수준에서는 갈등을 조절하는 정치적 인식의 방법으로 여겨진다. 갈등 관계에서 주관적인 편견을 없애고 자신의 입장과 상대방의 입장에 서서 생각하는, 충서忠恕에 입각한 사유는 이분법이라기보다 양극의 중간에 있는 다양한 가능성에 착안하는 배합적Configurative 사고로 이어진다. 중용은 인간의 일상생활이나 정치생활에서 동태적 균형으로 때로는 창조적 절충으로 때로는 건설적 타협으로 기능해 왔다. 이는 자신을 성찰하는 인간적 성숙과 더불어 고난도의 지성을 바탕으로 한 정치문화의 표현인 것이다. 중용中庸은 공동체에 존재하는 다양한 개체들이 서로의 입장을 고려하여 의사소통하고 통합을 이루기 위해 요구되는 정치적 이상이라 할 것이다.

| 생각해 볼 문제 |

• 어떤 사람들은 만민을 평등하게 대하는 민주주의의 이념과 위계질서 속에서 인간의 정체성을 규정짓는 유교는 양립하지 못한다고 말한다. 그러나 혹자는 민주주의의 덕목인 타협과 상호 인정은 유교의 중용과 충서의 사상과 공통점을 갖는다고 말한다.
과연 민주주의와 유교의 관계는 어떠한 것일까?

- 최근 교육부에서는 학생의 체벌에 대해서 지침을 정하고 선생님들이 체벌하는 것에 대해 규제를 가하였다. 선생님들은 흔히 효율적인 통제와 학생들의 미래를 위해서 체벌이 필요하다고 말하는 데 비해 어떤 이들은 학생의 인간으로서의 권리에 대한 침해라고 말한다. 학교 안에서 일어나는 학생 체벌에 대해 각자의 의견을 이야기해 보고 유교적 관점을 채택할 때 바람직한 결론에 대해 이야기해 보자.

- 유교는 다양한 문화와 민족들이 충돌하는 다원적 환경에서 탄생한 철학이다. 지구화의 물결 속에 현대 사회도 다양한 인종, 관점, 종교, 정치적 의견이 공존하는 사회로 변모하고 있다. 유교는 이러한 다원화된 사회 속에서 어떤 교훈을 줄 수 있을까? 이런 관점에서 유교에 대해 논해 보자.

|原文 익히기|

『論語』

- 人能弘道 非道弘人.
- 子曰 道之以政齊之以刑民免而無恥 道之以德齊之以禮有恥且格.
- 子曰 君子和而不同 小人同而不和.
- 子貢問曰 有一言而可以終身行之者乎 子曰 其恕乎 己所不欲 勿施於人.
- 子曰 參乎吾道一以貫之 曾子曰唯 子出門 人問曰何謂也 曾子曰 夫子之道 忠恕而已矣.
- 己欲立而立人 己欲達而達人.

『荀子』

- 談說之術 矜莊以泣之 端誠以處之 堅剛以持之 分別以喩之 譬稱以明
  之 欣驩芬薌以送之 寶之珍之 貴之神之 如是則說常無不受 雖不說 人
  人莫不貴 夫是之謂爲能貴其所貴 傳曰 唯君子爲能貴其所貴 此之謂
  也.

『孟子』

- 孟子曰 萬物皆備於我矣 反身而誠 樂莫大焉 彊恕而行 求仁莫近焉.

『中庸』

- 舜其大知也與! 舜好問而好察邇言 隱惡而揚善 執其兩端 用其中於民
  其斯以爲舜乎.

한국 사회의 유교적 전통과 가족주의

게마인샤프트와 게젤샤프트

"회사를 가정처럼, 사원을 가족처럼."

우리가 흔히 접하는 이 광고문은 심각한 자기모순을 내함하고 있다. 기업은 이윤 추구를 목적으로 하는 타산적·인위적 조직체이며, 가정 내지 가족은 이해관계를 넘어서서 친애의 감정을 매개로 하는 자연적인 집단이다. 또한 기업은 공적 영역이며 가족은 사적 영역이다. 사회집단social group의 분류 방식에 의한다면 가족과 기업은 게마인샤프트Gemeinschaft/게젤샤프트Gesellschaft, 일차집단primary group/이차집단secondery group이라는 도식으로 규정될 수 있다. 이 두 집단은 정반대되는 경향을 갖는다. 그러므로 '회사=가정, 사원=가족'이라는 주장은 이질적이며 배타적인 두 항을 동질화시키는 오류를 범하는 것이다. 이 광고문은 "부모가 능력껏 일해서 어린아이의 필요에 따라 분배해 주고, 어린아이는 자라서 노동을 하면 노동력 없는 늙은 부모의 필요에 따라 분배해 준다"라는 가족의 일반 원리를 기업에 적용시키려는 것으로, 사원들에게 회사에 대한 무조건적 희생을 강요하는 음모가 스며 있다고도 볼 수 있다. 기업은 고도의 합리성과 효율성을 기반으로 하는 조직으로서 전형적인 근대의 산물이다. 반면에 '사원을 가족처럼'이라고 말할 때의 가족은 이와 반대되는 속성을 지니고 있다는 점에서 전근대성을 갖는다. 한국 사회에서 기업이 가정과 동일시된다는 사실은 근대성과 전근대성이 혼재하고 있다는 하나의 예증이다.

역사의 발전과정에 있어, '근대'는 전시대인 중세와 여러 가지 측면에서 이질적인 정신적 특징을 갖는다. 그러나 서구는 자기원인과 자생력에 의하여 중세를 극복하고 근대를 창출함으로써 전근대와 근대는 연속성을 갖는다. 반면에, 비서구권은 서구 제국주의 세력에 의하여 '강요당한 근대'를 맞는다. 특히 1세기만에 근대화를 성공적으로 성취한 동아시아는 근대를 이식할 수 있는 터전을 닦기 위하여 전근대를 부정하고 제거하는 작업을 선행하였으며, 이에 따라 전근대와 근대는 단절될 수밖에 없었다. 이를 상징적으로 말한다면 자족적 경제와 교환 경제, 농촌과 도시, 혈연적 공동체와 계약적 이익사회의 단절이라고 표현할 수 있다.

그러나 인위적인 개폐가 가능한 제도와 달리 전통적 의식과 관습은 본질적으로 연속성을 갖는다. 특히 한국은 동아시아 한자 문화권 가운데에서도 전근대 사회의 지도 이념이었던 유교적 전통이 가장 강하게 작동하고 있는 사회로 인식되고 있다. 그 대표적인 실례로서, 한·중·일 삼국 가운데 유일하게 한국에서 유교식 제사가 가정의 가장 중요한 행사로서 시행되고 있는 현상을 들 수 있다. 우리에게 유교는 한갓 추상적인 관념이 아니라 일상적인 생활 속에서 끊임없이 부딪히는 경험적인 현실적 기제이다. 사회과학계의 일각에서 '유교'를 키워드로 한국 사회를 분석하려고 시도하는 것은 바로 이와 같은 이유 때문이다.

한국 사회의 유교적 전통 가운데, 가장 구속력이 강한 것이 가족주의이다. 한국의 가족주의적 사고와 행태는 찬양과 비난의 양극단을 오가면서 오늘 우리의 삶을 지배하고 있다.

유교적 가족주의의 본질

유교가 인간의 가장 기본적 공동체인 '가족'을 근간으로 하여 구성되어 있다는 사실은 의심할 여지가 없다. 이것은 유교 규범의 원형인 오륜 가운데 제1조가 '부자유친父子有親'이라는 데에서 확인할 수 있다. 유교의 최고 덕목인 인仁을 실행하는 기제로 '효孝와 제弟'를 제시한 것은 유교가 바로 가족윤리를 기초로 하고 있다는 사실을 언명한다.

유교의 가족윤리는 개인보다 가족 구성원들 사이의 관계성에 초점을 맞춘다. 앞에서 언급한 오륜 가운데 가족관계를 규정한 '부자유친父子有親'과 '부부유별夫婦有別'은 부모와 자식, 남편과 아내의 관계를 규정한 것이다. 즉, 부모와 자식, 남편과 아내 각각의 규범을 말한 것이 아니라 양자 사이의 규범적 관계를 제시한 것이다.

이와 같은 사고는 유교의 관계적 사유에 그 원형을 두고 있다. 이미 알려진 바와 같이, 유교적 사유의 기저를 이루는 것은 음양론이다. 그 원류는 『주역』의 구성 요소인 음효/양효에서 찾을 수 있다. 음양은 본래 음지와 양지를 가리키는 문자이다. 그러나 음양 개념의 성립과 변용 과정을 검토해 보면, 『주역』에 있어 음양은 구체적인 사물 또는 사물의 양상을 지칭하는 개념이라기보다 대대對待 관계에 있는 전 개념 쌍을 포섭하는 범주적 개념이라고 볼 수 있다. '음양'이라는 단어가 성립되기 이전부터 '대대' 관념은 존재하였으며, 음양은 대대관념을 나타내기에 가장 적합한 용어로서 선택된 것에 불과하다. '대대' 란 '서로 마주하며 기다린다' 라는 의미인데, 대대 관념을 표상한 최초의 매개체는 —와 --이라고 하는 기호이다. 기호는 의미를 간역화簡易化·직관화·형상화하여 감성적 직관을 통하여 인식하게 하는 매개체이다. 기호의 의미는 신호등의 적신호·청신호와 같이 항상 다른 기호와의 연관 아래에서만 결정되며, 기호로서의 기능도 그 상호작용 속에서 비로소 생겨난다. 역학 사상에 대한 최초의 표현 매개체가 기호였다는 사실 자체가 상호 연관성이라고 하는 '관계' 를 그 중심 과제로 부각시키기에 충분하다. 즉, —과 -- 은 상반적인 타자와의 관계에 의해서만 의미를 갖고 기능할 수 있는 관계성을 표상한다. 이것이 서로 반대가 되어야 감응하여 조화되어 하나가 된다고 하는 '상반응합相反應合' 의 논리로서 『주역』에 있어 대대관념의 원형이 된다.

음양적 논리는 자연과 사회 및 인간을 바라보는 세계관의 기저를 이루고 있다. 인간의 윤리적 규범도 '관계성' 을 토대로 규정되기 마련이다. 가족 구성의 양대 축인 부모/자식, 남편/아내는 각각 독립된 실체로서 존재하는 것이 아니라 부자관계, 부부관계를 구성하는 항으로서 존재한다. 이것이 우리의 가족과 서구의 패밀리family가 구별되는 지점이다.

맹자가 "내 늙은 부모를 공경하는 마음으로 남의 부모를 공경하며, 내 자식을 사랑하는 마음으로 남의 자식을 사랑하면 천하를 손바닥 위에서 움직일 수 있다"라고 말한 바와 같이, 유교의 가족 중시는 방법론적 성격을 갖는다. 가족 내에서 형성되는 혈연적·자연적인 사랑과 배려를 타인에게 베풀라는 것이다. 가족윤리는 그 자체가 목적이라기보다 사회윤리의 실천을 위한 방법인 것이다. 그러나 '내 부모만을 공경하고 내 자식만을 사랑함老吾老幼吾幼' 에 머물 때 유교의 가족공동체주의는 가족이기주의로 타락하게 된다. 이것은 유교의 영향만이 아니라, 가족이 본래 갖는 이중성에 그 근본 원인이 있다. 가족은 척박한 사회의 갈등과 소외로부터 벗어나 가족 구성원들의 정신과 육체를 보호해 주는 애정의 공간이다. 그러나 가족의 사적인 내적 통합성이 사회 전체의 공적인 통합성을 저해하며 공동선의 추구에 장애요인이 되기도 한다. 개인적 차원에서의 가족중심적 태도와 행동은 사회적 차원에서 타 가족 경시적 태도를 수반할 뿐만 아니라 배타적 이기주의를 조장하여 다른 가족과 갈등을 초래하는 '반사회성'을 갖는다. 이것이 플라톤이 가족의 해체를 주장한 이유이기도 하다. 유교는 이 점을 매우 경계한다. 혈연적인 사적 연줄 망이 공적 영역을 침해하는 통로를 차단하기 위하여 이론적·제도적 장치를 구축한 것이 이상적인 유교사회이다. 선진시대 정전제에서부터 나타나는 '선공후사先公後私'의 규범은 19세기까지 동아시아 유교문화권에 있어 부동의 준칙이었다. 성리학에서 주장하는 '천리지공天理之公'과 '인욕지사人慾之私'의 준엄한 구별과 '존천리 거인욕存天理 去人慾'의 수양론이 그 단적인 예이다. 주자는 그 심성론적 근거로서 인심도심설을 구축하였다. 역사상 가장 전형적인 유교사회를 창출했던 조선조는 이를 법으로 제도화했다. 과거 시험에서의 상피제도와 다양한 형법의 제정 등이 그것이다.

여기에서 한 가지 짚고 넘어가야 할 문제는, 유교에는 공동체주의적 요소와 함께 개인의 주체성과 자율성, 그리고 인간의 존엄성을 중시하는 전통이 강하게 자리잡고 있다는 사실이다. 『논어』에서 "하늘이 나에게 덕을 낳아 주셨다[天生德於予]"(『論語』「述而」)라고 공자가 말한 것은 '나'가 도덕의 주체임을 자각한 고백이며, "인을 이루는 것은 나에게서 유래하니 남에게서 유래하겠는가[爲仁由己 而由人乎哉]"(『論語』「顏淵」)라는 구절은 유교의 최고 덕목인 인이 바로 나 자신에게 달려 있음을 주장한 것이다. 이와 같은 입장은 "하늘이 명한 것을 성이라고 하며, 성을 따르는 것을 도라고 하며, 도를 닦는 것을 교라고 한다[天命之謂性 率性之謂道 修道之謂教]'(『中庸』1章)라는 『중용』 첫 문장에 대한 주자의 주석에서 확인될 수 있다.

"사람들은 자기에게 본성이 있는 것은 알지만 그것이 하늘에서부터 나오는 것은 알지 못하며, 일에 도가 있는 것은 알지만 그것이 본성에서부터 유래하는 것은 알지 못하며, 성인이 가르침을 주신 것은 알지만 그것이 내가 본래 가지고 있는 것에 근거하여 재제裁制하는 줄은 알지 못한다."

주자는 유교의 도덕률과 규범이 자신의 선천적 본래성에 기초하여 정립되며 그 본성은 천이라는 절대적 존재에 근거한다고 주장한다. 여기에서 인간은 외적인 권위에서부터 탈피하여 자신의 판단에 의하여 행위할 수 있는 자율적 존재로 정립된다.

효의 현재성

유교적 가족공동체는 부자간의 깊은 관계성[父子有親]과 그 규범인 '자慈/효孝'를 기축으로 한다. 그 가운데에서도 자녀가 부모를 사랑하고 보살피며 배려하는 '효'를 기반으로 한다. 유교는 효를 기초로 가족이론을 만들고 그 위에 정치이론을 만들어 하나의 체계를 세운 것이다.

사회학자 이태훈의 분석에 의하면, '가家'를 표현하는 서구의 언어들이 일관되게 공간성을 중심으로 이해되는 반면, 유교의 가족은 시간성을 중심으로 규정된다. 이러한 유교의 가족에 대한 관념은 생사관에서 여실하게 드러난다. 유교의 생사관은, 공자의 "삶을 아직 알지 못하는데 어찌 죽음을 알겠는가"에 대한 다음의 주석에서 잘 살펴볼 수 있다.

"낮과 밤은 기의 밝음과 어둠이고, 삶과 죽음은 기의 모임과 흩어짐이다."
(輔慶源,『論語集註大全』)

유교에서는 삶과 죽음을 밤/낮과 같이 자연의 필연적인 변화현상으로 규정하는 동시에, 본질적 동일성을 갖는 것으로 본다. 즉, '기'라는 동일자의 두 측면— '모임과 흩어짐' —으로 보는 것이다. 그러므로 죽음은 '무화無化'가 아니라 '무형화無形化'에 불과한 것으로 기의 원초적 동일성은 연속된다. 그리고 기의 연속성을 매개로 생명도 연속한다. 다음과 같은 주석에서, 이와 같은 생명관의 전형을 볼 수 있다.

"나의 이 몸은 조상이 남긴 몸이며 조상의 기는 흘러서 나에게 전해지니 없어진 적이 없다… 사람의 기가 자손에게 전해지는 것은, 나무의 기가 열매에 전해지며 이 열매가 전해져서 다 없어지지 않으면 나무를 낳고 이 나무가 비록 말라서 없어져도 오히려 기가 여기에 분명히 있는 것과 같다."(『論語集註大全』「八佾」小注)

조상의 기는 자손 대대로 이어지며 조상의 몸은 자손의 몸으로 살아 움직인다. 나의 몸은 바로 나의 부모·조부모를 거쳐 수백 대 조상의 몸으로 소급되며, 앞으로 무한하게 자손의 몸으로 남게 된다. 즉, 개체의 생명은 소멸되지만 '조상-나-자손'으로 이어지는 가족의 생명은 연속한다. 여기에서 생명의 유한성에 대한 문제, 즉 죽음의 문제가 극복될 수 있는 단초가 마련된다. 이것이 유교에서 횡적(공간적)인 부부관계보다 종적(시간적)인 부자관계를 중시하는 이유이다.

삶과 죽음, 조상과 자손의 연속성이 상징적으로 연출되는 장이 바로 제례祭禮이다. 제사는 향을 피우고 술을 부어서 조상의 혼백을 부르고 음식을 대접하면서 자손과 조상이 마주하는 과정을 상징적으로 연출하는 것이다. 자손은 제사를 통하여 내 생명의 근원인 조상의 모습을 보고 그 목소리를 들으며 바로 여기에 나와 함께 존재함을 확인한다.

유교의 효 관념은 바로 이와 같은 생사관·가족관에 기반을 둔 것이다. 율곡이 효도를 '생사지도生事之道' '사장지도死葬之道' '제지지도祭之之道'라는 3단계로 나누어 설명한 것이 그 단적인 예이다. 율곡은 "신체발부는 부모에게서 받은 것이다"라는 『효경』의 명제, 곧 내 몸은 바로 부모가 남기신 몸이라는 사실에 대한 분명한 인식이 효의 출발점이라고 강조한다. 자식의 몸은 본래가 부모의 몸이기 때문에 부모와 자식은 한 몸이며, 한 몸이기 때문에 사랑은 필연적이다. 이 원초적 사실을 부인하고 물욕에 엄폐되어 자신의 몸을 자기의 소유로 알 때에 '한 몸' '사랑'이라는 부자간의 본래적 관계가 파괴될 수밖에 없다. 한방에서 몸이 마비되는 것을 '불인不仁' 하다고 표현한다. 불인, 즉 마비된 사람은 자신의 신체에 가해지는 고통을 느끼지 못한다. 우리는 일반적으로 타인의 고통에 대해서는 무감각하지만 내 자식과 부모의 고통에 대해서는 민감하지 않을 수 없다. 그들은 바로 나와 한 몸이기 때문이다. 이 사랑이 자식을 향할 때 '자慈'가 되며 부모와 조상을 향할 때 '효'가 된다. 요컨대, 효란 본래가 나와 한 몸인 부모(조상)의 몸을 내 몸으로서 사랑하는 것이다. 율곡이 효도에 대해 말할 때, 살아 계실 때 섬기는 것뿐만이 아니라 장례와 조상에 대한 제례까지 포함시킨 이유가 여기에 있다. 나의 몸은 부모를 매개로 조상에게 무한히 소급되기 때문이다.

한국 사회에 있어, 효는 박제화된 전 시대의 덕목이 아니라 우리가 일상생활에서 부딪히며 경험하는 현재적 규범이다. 정부에서는 효행문화를 계승하고 장려하기 위하여 '효행장려지원법'을 제정하고, 전문가에게 효 문화 실천을 위한 방안을 연구하도록 촉구한다. 어버이날이 되면 어김없이 대중가수들의 효 콘서트가 열리며, 기업들은 효 마케팅에 열을 올린다. 효에 관한 여론조사는 우리 사회에 효 문화가 살아 있음을 다시 한 번 확인시켜준다. 그리고 사회가 해체되는 위기를 극복할 수 있는 대안적 규범으로 효가 제시된다. 중앙일보와 경기문화재단이 공동으로 효 의식을 조사한 결과 한국은 유교 국가 가운데 효 사상이 가장 내면화된 사회이며, 가족 유대가 여전히 강력한 것으로 나타났다. 이에 근거하여 조사자는 "일과 놀이, 정치와 교육 현장 등 중요한 삶의 현장에서 야기된 문제와 갈등을 해결할 수 있는 출발점에 효를 내세우자"라고 주장한다.

효의 기능적인 측면은 '죽음'의 문제와 연계하여 모색될 수 있다. 인간의 자연사自然死는 성장과정과 역순을 밟아 진행된다. 다른 동물들과 달리, 인간은 일정 기간 타자의 도움 없이는 생존할 수 없는 것과 같이—공자가 3년 상을 주장한 이유가 여기에 있다—죽음의 과정 또한 타자의 도움을 요구한다. 자식의 효는 자기를 낳아 주고 자신의 능력으로 살 수 있을 때까지 생존하게 보살펴준 부모가 죽음에 이르는 과정을 책임지는 것이다. 이와 같은 관점에서, 사회학자 송복이 효의 사회적 기능을 노인복지 차원에서 주장하는 것은 타당성을 인정할 수 있다. 그는 노인이 유기된 상황에서는 가족에 최고 가치를 부여할 수 없기 때문에 가족제도의 유지 자체가 위협받게 되며, 이는 사회 해체를 재촉하게 된다고 말한다. 서구에서 가족의 대체제도로서 사회복지 제도를 발전시켰으나, 오히려 가족 해체 요인으로 작용하여 사회 해체의 위기를 고양시키는 경우가 많다. 그러므로 가장 개인주의가 팽배한 서구 사회에서도 가족의 책임성이 전례 없이 강조된다. 국가, 또는 공식적인 어떤 기구도 가족을 대체할 수는 없다는 것이다. 그는 다음과 같은 결론에 도달한다.

전통과 현대 어느 사회든 효가 아니면 '가족가치'는 재생산되지 않는다…
효가 아니면 높은 이혼율, 제로출산 등 심각한 해체 위기에 놓인다. 그리고 사
회는 날로 위협적인 분열 현상을 드러낸다. 효가 사회통합의 지름길이며 사회
발전의 지름길이 되는 것이다.

효를 근간으로 하는 유교의 가족윤리는 빛과 아울러 그늘을 드리우면
서 지금 우리의 현재를 지배하고 있다.

한국의 산업화와 가족주의의 강화

1960년 한국은 국민소득 78달러의 세계 최빈국이었다. 그러나 2005년
세계은행의 통계에 의하면 우리는 국민소득 1만 2,030달러로서 49위, 경
제규모(GN) 5,764억 달러로서 세계 11위이다. 불과 50년도 채 안 되는 기
간 동안 100배 이상의 경제성장을 이룩한 것이다. 이 같은 수치는 한국의
압축적 근대화·산업화를 상징적으로 보여준다.

우리가 앞에서 고찰한 가족주의는 자급자족적인 농촌 경제가 만들어낸
보편적 이념이라고 볼 수 있다. 그러므로 산업화·도시화가 진행되면 가
족주의는 약화되고 해체되기 마련이다. 김태길은 1960년대 근대화라는
이름으로 산업화가 추진되자 미국식 개인주의가 본격적으로 수용되었으
며 도시화에 따르는 사고방식과 생활양식의 변화에 의하여 가족의 존재
이유가 감소하고 나와 가족을 '하나'로서 의식해야 할 조건이 사라졌거
나 약화되었다고 진단하였다. 그러나 이러한 진단은 피상적인 고찰에서
나온 것에 불과하다. 실증적인 조사 연구에 의하면, 산업화가 오히려 가

족의 유대 및 결속을 강화시키는 것으로 나타났다. 한국 사회에서 일어난 최근의 산업화 과정은 조선시대에 이미 제도화되었던 가족 중심의 가치관에 의하여 저해된 것이 아니라 오히려 촉진되었다는 데에 그 특수성이 있다는 것이다. 함인희는 「산업화에 따른 한국 가족의 비교적 의미: 변화와 관계의 역동성」이라는 논문에서 다음과 같이 주장한다.

1. 도시 지역의 주거시설 미비로 먼 친척과의 동거가 이루어짐에 따라 자연히 상호작용하는 친족의 범위가 농경사회보다 확대되는 결과를 가져왔다. 특히, 도시화로 인한 이농 이후의 적응과정에서 친족의 중요성이 더욱 증가되었다. 농촌 지역의 친족 유대가 산업 현장으로 전이되고 친족은 노동자와 근대화된 산업조직을 매개하는 새로운 기능을 담당하는 동시에, 가족이 위기에 처했을 때 가족을 지원하는 역할도 유지되었다.

2. 급격한 사회변동 과정에서 전통적 공동체가 분해되고 사회구조적 분화가 진행됨에 따라 발생하는 불안과 충격을 해결하는 데에 가족주의적 가치 지향성이 문화적 자원으로 활용되어 강화되었다. 해방 이후 극심한 사회 혼란과 생존이 위협받는 상황에서 가족 이외의 보호막이 거의 전무하였기 때문에 직계가족 중심의 연줄 망에 기초한 사회조직 원리 및 가치관이 오히려 강화된 것이다.

3. 한국의 기업 경영전략에서 가족공동체적 이미지를 연상시킴으로써 노사관계의 융합과 일체를 강조하는데, 사주는 가부장적 온정주의에 입각한 가장으로 부각되고 조직의 운영도 합리주의·개인주의에 입각한 직무 중심이 아니라 전통적 가족주의에 입각한 유사공동체로서의 직장을 중심으로 이루어진다.

'근대화=산업화'라는 공식에 입각해 볼 때에 전근대 사회의 산물인 가족주의가 산업화를 촉진시키고, 산업화가 가족주의를 강화시키는 상호 관계성은 기존의 이론 틀로서 설명하기 어려운 한국 사회의 특수한 현상이라고 할 것이다. 이 점에서, 한국의 가족을 근대적 합리성이 강하게 내포된 2차 집단으로 규정하는 이문호의 관점을 검토해 볼 필요가 있다. 그는 조선시대의 법전과 사대부 가문의 가훈을 분석하여 다음과 같은 결론을 내린다.

한국 유교 가족의 특성은 정치적 권력을 목적으로 결합되면서 결속력이 강화되었고 예를 강조하면서 가족의 행동양식이 공적으로 형식화되어갔다. 이로 인해 목적합리성과 행동규범의 공식화라는 2차 집단, 즉 근대 조직의 특성을 지니는 한국적 가족주의가 발생하였고, 한국 사회는 근대화 과정에서 흔히 생각하는 '문화적 지체' 현상을 겪지 않았다… 이렇게 볼 때 한국의 근대화는 전통의 붕괴가 아니라 오히려 전통이 확대되는 과정이었다. 겉모습은 물론 달라졌다. 그러나 이것은 한국인의 마음속 깊이 내면화된 가족주의의 전통이 새로운 '옷'을 입고 나타난 것이다. 유교적 가족주의에서 발생한 '지식은 권력'이라는 표상은 교육열과 교육 계급사회를 만들었고, 형식 지향적 사고는 대량 생산 체제와 관료 조직을 발전시켰다.

이 주장은, 한국의 가족주의가 '산업화=근대화' 과정에서 소멸되지 않고 오히려 강화 내지 확산되는 이유를 한국의 유교적 전통 가족이 갖는 2차 집단적 성격에서 찾고 있다. 이 주장은 유교 자체가 갖는 근대성과 전근대성에 대한 다양한 논의를 필요로 한다. 다만 한 가지 분명한 것은, 가족주의를 근대적 산업화의 장애 요인으로 간주하는 서구적 근대화 이론이 더 이상 한국사회를 분석하는 준거가 될 수 없다는 사실이다.

단절과 연속

"회사를 가정처럼, 사원을 가족처럼"이라는 표어는, 상반되는 성격의 '가족=1차 집단'과 '기업=2차 집단'을 동일시하는 오류를 범한 것이다. 이 표어가 타당성을 갖추기 위해서는 가족이 기업 원리에 의해서 작동되든지, 아니면 기업이 가족 원리에 의하여 작동되어야 한다. 이문호의 결론은 전자의 경우이며, 함인희의 주장 3은 후자의 경우이다. 앞에서 언급한 바와 같이, 유교는 가족윤리와 사회윤리를 일치시킨다. 『대학』에서 "'효孝'는 군주를 섬기는 근거이고, '제弟'는 어른을 섬기는 근거이며, '자慈'는 대중을 이끄는 근거이다"라는 구절은 바로 이 점을 말한 것이다. 이 글에서 '효·제·자'라는 가족윤리가 국가 통치의 규범으로 규정된다. 동시에 가족은 순수한 사적 영역이 아니라 공적인 성격을 짙게 갖고 있다. 즉, 국가와 가족은 상호 침투되는 것이다. 이것은 국가, 나아가 우주를 하나의 가족으로 보는 유교의 세계관을 토대로 한 것이다. '천하일가天下一家'라든가, 『주역』에서 천지수화天地水火 등 자연물을 상징하는 8괘를 부모 형제에 유비시키는 것 등이 그 전형적인 예이다. 가족과 기업을 동질화시키는 의식의 내면에는 이와 같은 유교의 전통이 자리잡고 있는지도 모른다.

약 1세기 전, 한국의 지식인들은 동도서기론과 문명개화론의 대립 속에서 주체적으로 근대화를 추진하였다. 그러나 제국주의 세력에 의하여 근대화는 좌절되고 식민지로 전락한다. 전시대의 지도 이념이었던 유교는 망국의 주범으로 매도당하고 일제는 식민지 통치에 불리한 전통적 가치관과 관습을 미개한 것으로 낙인찍었다. 해방 후 서구문화를 선진적 모델로 받아들이면서 전통과의 단절은 더욱 심화된다. 그러나 우리가 앞에서 검토한 바와 같이, 유교적 전통은 근대화 과정에서 새로운 옷을 입고 재생산된다. 유교는 지난 반세기 동안 '근대화=산업화'의 추동세력일 뿐만 아니라 현대 사회의 규범으로 재규정된다.

한국의 가족주의적 전통에 대한 평가 또한 여기에서 크게 벗어나지 않는다. 유교에 내함되어 있는 가족주의는 가부장적 권위주의와 남존여비적 질서를 바탕으로 한 보수적 규범체계로 비판받아왔다. 그러나 한국의 근대화를 추동시킨 유교적 전통 가운데 핵심은 가족주의이며, 산업화와 가족주의가 함수관계에 있다는 사실이 경험적으로 입증되고 있다. 뿐만 아니라, 파편화·원자화된 개인의 상실감과 공허감·소외감, 그리고 사회의 분열을 극복하기 위해 자유주의와 공동체주의 조화가 시도되는 이 시점에서, 역사적으로 가족을 중심으로 공동체주의를 실현했던 전통은 우리에게 하나의 바람직한 모델을 제공할 수 있다.

약 1세기 전, 미개한 조선을 개화시키기 위한 근대화 프로젝트가 시작된 이후 한국 가족의 형태와 기능, 그리고 윤리는 많은 변화를 겪어왔다. 그리하여 오늘 우리는 전통적 가치관과 서구적 가치관의 충돌, 세대간·남녀간의 갈등 등으로 사회가 분열되는 위기감을 심각하게 느끼고 있다. 근대화 과정에서 가족주의가 강화되는 가운데에도 이혼율의 증가와 낮은 출산 등으로 가족 해체가 가속된다. 여기에서 전통과 근대의 '단절/연속'이라는 이중주가 다시 확인된다. 이 시점에서 우리는 근대를 넘어서서 전통을 재조명하며, 이를 기반으로 탈근대를 기획해야 할 것이다.

• 가족윤리와 사회윤리 사이에 갈등이 발생했을 때, 이를 바람직하게 해결할 수 있는 방법에 대해 생각해 보자.

• 핵가족 시대인 오늘날 우리의 전통적인 가족관이 회복 · 유지 · 발전될 수 있는 방법에 대해 생각해 보자.

• 사회보장제도는 자본주의(제도)의 단점을 보완하기 위해 만들어졌다. 그러나 이를 오랫동안 실시해오던 서구 선진국에서 이 제도의 문제점이 드러나고 있다. 효와 가족을 강조한 유교사상이 사회보장제도의 단점을 어떻게 보완해 줄 수 있는지 생각해 보자.

| 原文 익히기 |

『大學』

第九章

• 所謂治國必先齊其家者, 其家不可敎而能敎人者, 無之.
• 孝者, 所以事君也. 弟者, 所以事長也. 慈者, 所以使衆也.

第十章

• 所謂平天下在治其國者 上老老而民興孝, 上長長而民興弟, 上恤孤而民不倍, 是以君子有絜矩之道也.

『中庸』

第十二章

• 君子之道, 造端乎夫婦, 及其至也, 察乎天地.

第十九章

• 夫孝者 善繼人之志, 善述人之事者也.

『論語』

• 有子曰 其爲人也孝弟, 而好犯上者, 鮮矣. 不好犯上, 而好作亂者未之
  有也.

  君子務本, 本立而道生, 孝弟也者, 其爲仁之本與.

• 曾子曰 愼終追遠民德歸厚矣.

• 子曰 父在觀其志 父沒觀其行 三年無改於父之道 可謂孝矣.

• 子曰 書云 孝乎 惟孝 友于兄弟, 施於有政. 是亦爲政, 奚其爲爲政.

• 子曰 事父母幾諫, 見志不從, 又敬不違, 勞而不怨.

• 子曰 三年無改於父之道 可謂孝矣.

• 孔子曰 吾黨之直者異於是: 父爲子隱, 子爲父隱, 直在其中矣.

여성의 경험으로 읽는 유교

오경은 남성의 역사였다!?

근대 이전 2,500여 년 동안 동아시아 지식의 모든 길은 공자로 통했다. 그럼에도 불구하고 아직도 못 다한 공자 이야기가 남아 있는가? 공자 사후 지금까지의 공자 이야기는 어떻게 보면 늘 새로운 것이었다. 20세기 마르크시즘의 공자 이야기를 제외하면 대체로 누가 더 공자에 가깝고 누가 말하는 것이 진짜 공자인가라는 질문을 크게 넘어서지 않았다. 이러한 질문이 아닌 방식으로 공자를 다시 보기 시작한 것은 페미니즘이 등장한 이후이며, 우리 학계에서는 대략 1990년대 중반을 넘어서면서 본격화되었다. 동아시아 문화를 상징하는 공자, 그에 관한 이야기는 여성의 경험과 여성의 입장에서 다시 시작되었다. 여성의 경험과 입장이란 우리가 살고 있는 이 시대의 문제들이 체계화되고 이론화된 페미니즘의 전망이 반영된 것을 말한다.

여성들의 기억 속에 있는 유교는 가부장제와 동거하면서 여성 억압을 적극적으로 지지해온 이데올로기이자 생활 양식이다. 즉 유교는 가부장제와의 오랜 동거로 인해 이미 한 몸이 되어 분리될 수 없는 것처럼 보인다. 이러한 맥락에서 여성 해방은 유교를 버려야만 가능한 것처럼 인식되기도 한다. 하지만 유교를 버린다고 모든 형태의 가부장제가 없어지는 것은 아닐 것이다.

동·서양의 역사에서 가부장제는 다양한 형식과 양식으로 등장하여 그 구조와 기능에서 변동과 변화를 보이며 오늘날까지 지속되어 왔다. 다시 말해 과거 대부분의 사상과 종교가 가부장적이었던 것은 사실이지만 그것이 곧 가부장제와 동일시될 수는 없다. 유교를 버린다면 유교 가부장제는 해결될지 모르지만 다른 형태의 가부장제까지 해결되는 것은 아닐 것이다. 그리고 유교를 부정하듯이 불교를 부정하고 기독교를 부정한 그 자리, 완전한 무의 상태에서 시작하는 것은 불가능해 보인다. 유교가 아닌 방식으로 상상하는 것, 이 역시 유교를 전제로 하지 않을 수 없다. 상상이란 텍스트적인 것과 컨텍스트적인 것이 결합한 형태의 문화적 구성물이기 때문이다. 가부장적인 모든 전통들과 결별하고 완전히 새로운 것을 상상하는 것이 불가능하다면 차선을 선택할 수밖에 없다.

그렇다면 우리가 상상하는 가부장제 이후의 세계는 어떤 것인가? 전제와 독점이 아닌 방식으로 세계를 구성하고, 자기 중심에 빠지지 않는 방식으로 관계를 구성하며, 자신의 편의와 이해만을 고집하지 않는 방식으로 생활을 구성할 수 있다면 적어도 '이후'의 바탕은 될 수 있을 것 같다. 그리고 여성과 남성, 각각의 자기 주장이 공존의 조건이 되고 각 입장으로부터 보편이 만들어지는 정도라면 '이후'의 조건으로 손색이 없을 것 같다. 이러한 것이 '이후'의 윤곽이라면 반드시 유교가 아닐 필요도 없고 반드시 유교여야 할 필요도 없다. 유교를 버리고 갈 수도 있고 유교와 함께 갈 수도 있다. 유교와 함께 가기로 작정했다면 유교와 가부장제를 별거토록 하는 것이다.

'이후'를 위해 먼저 유교에서 함께 할 수 있는 것과 함께 할 수 없는 것을 가려내는 작업이 필요하다. 여성의 입장과 경험으로 다시 읽는 유교는 분명히 낯설 것이다. 유교를 낯설게 하는 것은 유교를 단순히 부정하기 위한 것이 아니라 유교의 다양성을 확보할 수 있는 하나의 방법이기도 하다. 유교를 보는 우리의 시각은 '긍정'이냐 '부정'이냐 또는 '살릴' 것인가 '죽일' 것인가의 단순한 틀에서 벗어날 필요가 있다. 유교에 대한 '진지한' 부정이 오히려 새로운 유교를 창출해 낼 수가 있음을 다른 역사를 통해서도 배울 수 있다. 유교는 역사적 변천에 따른 시대의 요청을 담아냄으로써 자기 발전을 거듭해왔다. 우리 시대는 기존의 유교에서 주목되지 않았던 성(gender)을 유교 해석의 새로운 주제로 삼을 것을 요청하고 있다. 유교의 새로운 해석은 유교 경전과 그 정신적 가치가 일정한 역사적 토대 위에서 구성된 것임을 확인하는 데서 출발한다.

시조의 탄생

시조 기원 신화를 볼 때 시조들이 활동했던 시기는 야합野슴이 자연스러운 성 자유의 사회였다. 신화의 세계는 우리를 낯설게 하지만 그렇기 때문에 우리에게 상상하는 힘을 준다. 유교 문화권의 긴 역사는 '아버지'로부터 나의 존재가 승인되는 방식이었다. '아비 없는' 자식이나 아버지의 승인을 받지 못한 자식은 사회가 주는 불이익을 감수할 수밖에 없었다.

114

그런데 중국 고대 왕국 하夏·은殷·주周는 아버지가 아닌 어머니로부터 시작되었다. 즉 시조의 어머니는 있지만 시조의 아버지는 없는 것이다. 유교 경전을 비롯한 고대 문헌 곳곳에는 그 시조가 태어나게 된 과정이 소개되어 있다.

하나라의 시조는 우禹이다. 그의 탄생 신화는 『사기史記』의 「하본기夏本紀」와 『논형論衡』의 「기괴奇怪」에 나와 있다. 우의 어머니가 곤鯀과 결혼하였는데 나이를 많이 먹었는데도 아기가 없었다. 그런데 지산砥山에서 향초香草를 먹고 우를 낳았다. 우의 아버지 곤은 우의 탄생과 완전히 무관하다는 것을 알 수 있다.

다음 시는 상나라 시조 설契의 탄생을 노래한 것인데, 『시경』「상송商頌」에 나와 있다.

하늘이 제비에게 명하시어
내려가 상나라 시조를 낳게 하시니(『詩經』「商頌·玄鳥」)

간적簡狄이라는 여성이 어느 날 냇가에 목욕을 갔다. 마침 지나가던 제비가 알을 떨어뜨렸는데, 간적이 건져서 이리저리 살피다가 그만 실수로 삼켜버렸다. 그로 인해 임신이 되어 상나라 시조 설契을 낳았다는 이야기이다.

한편 강원姜嫄이라는 여성이 주나라 시조를 낳아 기른 이야기가 『시경』「대아大雅」에 나와 있다.

처음 백성을 낳으신 분은
바로 강원이란 분이라네.(『詩經』「大雅·生民」)

강원이 야외로 산책을 나갔다가 거인의 발자국을 발견하고 이상하게 여겨 호기심으로 발자국을 밟으며 따라가 보았다. 그로 인해 아이를 낳게 되자 불길하다고 여겨 내다 버렸다. 그런데 길짐승과 날짐승이 차례로 갓난아기를 보호해주어 죽지 않았다. 이상한 예감이 들어 다시 데리고 와서 키웠는데 나중에 주나라의 시조 후직后稷이 되었다. 후직의 어릴 때 이름인 '기棄'는 '버린 아이'라는 뜻에서 붙여진 것이다.

이들 시조 기원 신화에는 공통점이 있는데, 시조의 어머니는 있지만 시조의 아버지는 없다는 사실이다. '무부無父'가 실제로 가능했던 시대가 있었는데, 군혼과 잡교로 아버지가 누군지 알지 못하는 사회였다. 그러나 아버지 없이 사람이 태어난다는 것은 불가능한 일이며 과학에도 부합하지 않는 일이다. 사실은 아버지가 없는 '무부無父'가 아니라 아버지를 알 수 없는 '무지부無知父'이다.

조상이나 성인을 군혼과 잡교로 태어난 사람들이라고 할 수 없었기에 시조와 성인의 출생에 숭고한 의미를 부여할 필요가 있었다. 그래서 '아비를 모르는' 현상은 '제비가 떨어뜨린 알'이나 '거인의 발자국'으로 설명되었다. 이것은 감천탄생설感天誕生說의 일종으로 시조를 신성시하려는 맥락에서 나온 것이다. 그래서 "성인은 모두 아비가 없이 하늘과 감응하여 태어났다"거나 "옛 성인들은 모두 그 어미가 하늘과 감응하여 자식을 낳았기 때문에 천자天子"(『설문說文』)라고 하게 되었다.

그러나 시조의 어머니에게 정해진 배우자가 있고, 시조가 모두 남자라는 것은 시조 기원에 관한 이야기가 부계 사회로 진입한 후에 나왔음을 말해 준다. 그럼에도 어머니가 배우자가 아닌 다른 사람과 야합하여 '아비 모르는 자식'을 낳을 수 있었던 것은 부계가 확고하지 못했던 상황을 반영하는 것인데, 이를 통해 당시의 생육관生育觀이나 성 풍습을 엿볼 수 있다.

신화는 사회를 어느 정도 반영하여 만들어진다는 점을 감안할 때, 고대 사회에서 행해진 의례를 통해 '아비 모르는' 생육 현상을 설명할 수 있다. 제비가 북상하는 봄날, 풍년을 기원하는 마을 축제는 남녀 야합을 주선하는 자리였다. 이 의례를 '사교매祠郊禖'라고 하는데 남녀 야합은 자연의 재생을 부르는 상징적인 의미와 함께 풍성한 자녀 생산에 목적이 있었다. 많은 자식을 기원하는 의례 행위는 고대 농경사회에 공통된 세계적인 현상이었다. 우禹의 어머니는 지산砥山의 사교매에서 우를 잉태하였으며, 제비 알을 삼킨 간적의 잉태도 제비가 오는 날 열린 사교매에서의 야합을 암시하는 것이다. 정현鄭玄과 공영달孔穎達은 후직의 탄생도 어머니 강원이 생육을 기원하는 사교매에 참가한 후 이루어졌다고 보았다.

고대 왕국 하·상·주의 시조는 동시대의 사람들로, 그들은 태어나 어머니 씨족의 소속원이 되었다. 그래서 아버지의 존재가 중요하지 않았고 아버지가 누군지 굳이 알 필요가 없었다. 부계 계보를 따지게 된 것은 가부장제가 정착되고 난 후의 일이기 때문이다. 여기서 시조가 살았던 시대와 시조 신화가 만들어진 시대를 구분할 필요가 있다. 시조 시대의 이야기가 구전으로 내려오면서 그것을 기초로 시조 신화를 만들었다고 할 수 있다.

시조라는 존재는 후손에 의해 부여된 것이지, '시조' 자신이 붙인 이름은 아니다. 즉 시조는 '시조'의 시대보다 훨씬 후에 나온 것이다. 이것은 부계제의 확립으로 지금의 나를 있게 한 근원을 찾으려는 남성들의 요구가 '처음의 할아버지'를 상상하게 된 것이다. 부계 계보를 확실히 하기 위해서는 아버지의 아들 또는 아들의 아버지가 누구인가 하는 문제가 중요하기 때문이다. 다시 말해 아버지 중심의 계보를 만드는 것이 신화를 만든 시대의 요청이었다면, 어머니 중심의 사회 상황은 시조가 살았던 시

대의 환경이었다. 시조 시대의 상황은 고대인들이 숭배한 여신을 통해서
도 상상할 수가 있다.

상대商代를 설명해 주는 은허 복사의 많은 곳에는 해와 달을 '동모東母'
와 '서모西母'로 표현하고 있다. 상인은 자연을 숭배하는 범신론적 신앙
을 가지고 있었는데 해의 신에게 정기적으로 제사를 지냈다. 해와 달이라
는 숭배대상을 여신으로 승화한 것은 여성의 실제생활과 밀접한 연관을
지니는 것이다. 또 중국 고대를 대표하는 두 신은 우주를 창조한 여신 여
와女媧와 『주역』 팔괘를 만들었다는 복희伏羲이다.

여와는 "고대의 여신으로 만물을 창조하였다"(『설문』)고 했는데, 이 여
와를 통해 고대인들은 무한한 상상을 하였다. 그 결과 여와에 관한 다양
한 종류의 이야기가 전해 온다. 무엇보다 여와는 황토를 빚어 사람을 만
들었으며, 홍수가 천지를 물바다로 만들어버리자 하늘을 기워 홍수를 막
았다는 창세 영웅이었다는 점이다. 신화시대의 중국은 부정기적인 대홍
수를 겪어야 했는데, 사람을 위협하는 가장 큰 재앙이었던 홍수는 성인의
능력을 지녀야만 다스릴 수 있는 것으로 인식되었다. 홍수를 막은 여와의
전설이 주는 의미는 여성의 중요한 작용과 여성이 누린 명예를 반영하는
것이다.

암탉의 서사

현재의 성별 인식이 과거와 연결된 일정한 정체성을 가지고 있다면 그
출발점은 어디일까? 성별화의 문화와 역사, 그것을 합리화하는 유교 지
식의 최초 형태를 『서경』에서 만날 수 있다.

118

암탉을 새벽에 울리지 마라. 암탉이 새벽에 울면 집안이 망한다.

(『書經』「周書·牧誓)

　이 기록은 기원전 11세기경 중국의 주인공을 상족商族에서 주족周族으로 바꾸어 놓은 목야牧野의 전쟁에서 무왕武王이 한 말이다. 이것은 주왕紂王의 부인 달기妲己를 겨냥한 것인데, 그렇다면 암탉이 새벽을 알린 것이 상왕조 멸망의 원인인 셈이다. 여자의 발언권을 제한하겠다는 무왕의 맹세는 이후의 중국사회가 성별에 따른 배분의 문제를 중요하게 취급할 것을 예고하는 것이다. 암탉 은유로 여성을 규제하는 방식은 오늘날의 우리 문화에서도 낯설지 않다. "여자가 아침에 설치면 재수가 없다"라든가 "집안을 여자가 주도하면 망할 징조"라는 말이 있다. 그런 점에서 지금으로부터 3천여 년 전의 상황이 반영된 『서경』의 담론이 우리 의식의 기원이 되는 셈이다.

　주周의 등장은 산업구조뿐 아니라 정치와 문화에 있어서도 큰 변혁을 의미했다. 비서양적인 동양적 계기, 다른 동양제국과 구별되는 순중국적 계기가 중국사에 나타나는 시기로, 왕조교체 이상의 중요한 역사적 의미를 지닌다. 교훈이나 훈계 형식의 글로 된 『서경』은 이 시기에 형성된 사회 변혁의 관념과 서주의 정치사상을 담고 있다. 경전의 '말씀'이란 진공상태에서 나온 절대 진리가 아닌 이상 경전 속의 말은 정치적 입장과 구체적 맥락을 갖는 것이다.

　"암탉을 새벽에 울리지 마라"는 여성을 정치적으로 배제하겠다는 것이다. 이러한 기획은 종법제宗法制를 통해 확립되었다. 종법제는 부계父系, 부권父權, 부치父治를 핵심 개념으로 한다. 이 원리에 따르면 "부父의 부父를 거슬러 올라가 백세百世 위에까지 닿더라도 내 조상인 줄 알지만 모母

의 모母를 거슬러 올라가면 삼세三世 이상은 누가 누군지 알지 못한다."
다시 말해 종법의 원리는 아버지의 신분과 권리가 아들에게 전해지며, 집안의 아버지가 대표권을 갖는 것이 골자이다.

종법제는 '동성불혼同姓不婚', '처첩妻妾의 구분', '적장자계승嫡長子繼承' 등의 내용으로 구성되었다. 종법제는 종족이 사회의 기초 단위를 이루는 사회에서 정치와 경제의 분배문제를 해결하는 현실적인 방안이었다. 하지만 이 제도는 계통을 부계로 단일화했으며, 남성을 중심으로 하고 여성을 주변화한 것이다. 종법제에 의해 경험의 세계가 성gender에 따라 달라지게 된다. 이른바 '종법적 인간형'을 생산하게 되는데, 그것은 남성의 계보를 통해 자신의 정체성을 찾는 방식이다. 종법에 의해 여성은 역사 밖으로 밀려나게 되었다.

주초 지배층이 주도한 성별 정책은 앞선 상왕조와 현격한 차이를 보인다. 『서경』에 기록된 바 주초에 여성의 정치 참여를 강하게 부정한 것은 상인商人 사회를 염두에 두었기 때문이다. 우리는 주왕과 그의 왕비 달기가 방탕하게 구는 바람에 상나라가 망하게 된 것으로 알고 있다. 주왕은 '주지육림酒池肉林'의 타락한 존재, 포락炮烙의 형벌을 발명한 잔인한 존재, 친척과 현자를 내친 배은망덕한 인물, 백성을 괴롭힌 독재자의 이미지로 채워져 있다. 원래는 수준 이상의 능력을 갖춘 주왕이지만 타락할 수밖에 없었던 것은 '나쁜' 여자 달기 때문이라는 것이다. 그녀는 남자를 유혹하기에 충분한 미색을 갖춘 난잡하기 이를 데 없는 여성이었다고 한다. 남편을 쥐고 흔들며 정사를 좌지우지한 달기와 그런 여자에 빠져 헤어나지 못한 주왕, 19세기 말에 이르기까지 동아시아 유교문화권 전역에 유통되어 온 상나라 멸망에 관한 이야기다.

상나라의 진실은 20세기에 들어서 고대 사회를 연구한 곽말약郭沫若과

왕국유王國維 등의 학자들에 의해 밝혀지기 시작했고, 주왕도 일정한 명예를 회복하였다. 고대 사회 연구가들은 상나라에 관한 기존의 이야기들이 정복자 주나라에 의해 왜곡된 것임을 보여주었다. 주왕과 달기는 상의 문화 전통에서는 '정상적'인 인물이었고, 두 사람은 방탕과 타락의 대명사라기보다 무너져가는 상을 재건하기 위해 동분서주했던 사람들이었다. 다만 그들은 새로운 패러다임으로 바뀌어가는 역사적 전환기에 왕과 왕비의 자격으로 그 자리에 있었던 것이다.

왕국유王國維는 「은주제도론殷周制度論」에서 상대商代 여성의 지위와 역할은 주대周代에 비해 높고 컸다고 하고 그 원인을 상대 사회가 모계 전통이었다는 데서 찾았다.

첫째, 상대에서는 죽은 할머니에 대해 특별한 제사를 지내는 풍습이 있었다. '선비특체先妣特祭'라고 하는데 주대에서는 이 풍습이 없어지고 대신 '조선제사祖先祭祀'가 강조되었다. 할아버지 제사가 부계 강화의 맥락에서 강조되듯이 할머니 특별 제사는 모계 전통과 친화적이다.

둘째, 상대는 형제상속이 위주였으며 주대는 부자상속이 원칙이었다. 신분과 재산이 부자가 아닌 형제로 계승되는 것은 아버지보다는 어머니 쪽의 권한을 반영하는 것이다.

셋째, 상대 사회에는 부인의 자격을 따지는 처첩妻妾 또는 적서嫡庶의 구별이 없었다. 처와 첩을 구분하는 것은 권력과 재산이 부계로 계승되는, 부권적 가족 개념의 형성과 맥을 같이 한다.

이외에 상왕商王 무정武丁의 부인 부호婦好는 재산권과 군대통수권을 가졌는데 그 활약이 뛰어났다고 갑골문에 기록되어 있다. 후대 재상 자리에 해당하는 '소신小臣' 직에도 여성이 임명되는 등, 여성의 사회참여가 활발했던 사실들은 상대가 모계 전통이 강한 사회였음을 말해주는 것이다.

상은 다양한 종족의 연합으로 구성된 나라였다. 종족은 수많은 부족으로 구성되어 있고, 부족은 다시 수많은 씨족으로 구성되어 있는데, 씨족이 기초 단위였다. 씨족 사회는 자연 발생적인 민주주의가 행해짐으로써 씨족원 상호, 씨족과 씨족, 부족과 부족의 관계가 상대적 자율을 유지할 수 있었다. 씨족적 원리와 모계 전통은 친화성이 강하다. 따라서 씨족제도의 본질적인 부분이 모계 전통에 의해 확보될 수 있었다. 이러한 상왕조는 결국 주족에 의해 멸망하였다.

상의 멸망은 당시에 역사 변천의 주도적인 방향과 연관하여 설명될 수 있다. 자연발생적인 씨족관계로는 생산력 발달에 따른 사회적 변화를 수용할 수 없었기 때문에 좀더 조직적인 국가권력을 요청하게 된 것이다. 조직적인 국가권력은 부권가족을 요청하였다. 부권의 원리는 강제적, 조직적, 인위적인 요소가 강하다.

상왕조의 한 제후국에 불과했던 주족은 원래부터 부권에 익숙한 전통을 가지고 있었다. 그들에게 익숙한 강제적이고 체계적인 노동조직은 경제력의 향상을 가져다 주었고, 그것이 곧 고대 국가를 창설할 수 있었던 힘이 되었다. 따라서 앞 왕조에서 여성이 누렸던 지위와 명예가 부권 전통에 익숙한 주족의 눈에는 괴이하게 비쳐졌고, 그 극복을 위해 여성 배제의 제도와 여성 비하의 관념이 창출되었다. 생산성의 가치에서 볼 때 씨족사회의 느슨하고 자연적인 원리는 장애 요인으로 인식되어 여성적 원리를 부정하는 것으로 나타났다. 이상을 통해 볼 때 주초에 형성된 여성 배제의 관념은 부권 확립을 위한 역사의 시대적 요청과 맞물린 이념이었음을 알 수 있다.

성과 사랑의 gender 정치학

사랑에 대한 고대인의 감정은 어떠했으며, 고대인들의 사랑 행위는 어떻게 표현되었을까? 기원전 5·6세기경 황하 유역의 15개 나라에서 채집된 민간 가요들은 당시 사람들의 생활 감정을 그대로 전해준다. 주周의 성립은 종법제를 통해 남녀 관계를 규제하는 방향이었지만 제도로는 민중들의 생활 감정을 완벽하게 통제할 수는 없었다. 『시경』은 그런 규정되지 않은 고대인들의 감정이나 표현들을 보여주는 자료이다. 『시경』은 아雅, 송頌, 풍風의 세 부분으로 나뉘는데, 이 중에서 '풍' 은 15개 지역의 민요 160여 편으로 구성되어 있다. 국풍國風의 반 이상이 연애시이다.

다음은 『시경』의 권두시 「관저關雎」이다.

구룩구룩 물수리 새, 강가에서 노래하네
아름다운 아가씨는 군자의 좋은 짝이로다.
올망졸망 마름풀 이리저리 흐르네
아름다운 아가씨를 자나깨나 그리도다.
그리어도 얻을 수 없어 자나깨나 생각하노니
그리움은 가이없어 잠 못 자고 뒤척이네.
올망졸망 마름풀 이러저리 따노라니
아름다운 아가씨 사이좋은 벗이라네.
올망졸망 마름풀 이리저리 고르노니
아름다운 아가씨를 짝으로 삼아 즐기고 싶네.

남자와 여자의 아름다운 화합을 노래한 「관저」에서 『시경』이 열리고 있다. 이것은 남자와 여자의 관계가 『시경』의 가장 큰 관심사라는 것을 말해준다. "『역易』은 남성과 여성을 상징하는 건乾과 곤坤에 기초하고, 『시詩』는 남녀가 서로 만나 가정을 이루는 관저關雎를 머리로 삼으며, 『서書』는 순舜이 아황과 여영의 두 자매에게 장가듦을 찬미하였고, 『춘추春秋』는 남녀간의 음란함을 풍자하였다."(『史記』「外戚世家」) 또 『역』을 상경上經과 하경下經으로 나눌 때, 상경上經은 하늘과 땅을 상징하는 건곤乾坤에서 시작되고, 하경下經은 남자와 여자의 교감을 상징하는 함咸과 항恒에서 시작된다고 하였다. 하늘과 땅이 만물의 근본이라면 남녀의 교감은 인간의 시작이라는 의미에서이다. 『사기』가 유교 경전 오경의 핵심을 남녀 관계의 정립으로 본 것은 각 경전의 첫머리나 핵심개념이 남녀 관계를 상징한다고 보았기 때문이다.

「관저」는 남자와 여자가 서로 대상을 찾아 그리며, 어울리고, 결혼하는 과정을 자연 속의 동식물의 생태와 유비시키고 있다. 즉 봄·여름·가을·겨울 네 계절의 흐름과 남녀 사랑의 감정이 변화해 가는 과정을 교차시키고 있는 것이다. 공자는 이 시에 대한 감상을 "즐거우면서도 음란하지 않고, 애절하면서도 마음 상하지 않는다"고 하여 남녀 관계의 이상적인 모델로 보았다.

이러한 기원전 5·6세기 사람들의 생활 감정이 후세 학자들에 의해 해석되었다. 『시경』 해석학은 한대漢代의 『모전毛傳』과 『정전鄭箋』 그리고 송대宋代 주희의 『시집전詩集傳』으로 대표된다. 경전 해석에는 그 시대의 문제가 투영될 수밖에 없다. 이들 세 해석은 연애시를 부정적으로 보았다는 점에서는 크게 차이가 없다. 그것은 한대에서 송대에 이르기까지 남녀에 대한 인식의 큰 변화가 없었음을 말해 주는 것이다. 개인을 보는 새로운 관점이 대두된 명말청초明末淸初를 거치면서 연애시를 보는 눈도 달라져 『시경』해석에 반영되었다.

『시경』의 머리시 「관저」에 대해 한대에 나온 『모전』은 후비의 덕을 칭
송한 시로, 주희는 『시집전』에서 훌륭한 덕을 가진 문왕이 왕비 사씨를
맞이하는 과정을 노래한 시라고 보았다. 『모전』이 요조숙녀를 왕후로, 잠
못 이루고 뒤척이는[輾轉反側] 주체를 민중으로 보았다면, 『시집전』은 요
조숙녀를 왕후 사씨似氏로, 전전반측의 주체를 문왕文王으로 보았다.

『모전』이 남녀 애정시의 가능성을 아예 배제하였다면, 『시집전』은 남
녀 연애시로 보되 보통의 남녀가 지니고 있는 연애감정 따위가 아니라 아
주 특별한 사람들인 왕과 왕후의 사랑노래라고 보았다. 이 시를 도덕적인
정치목적으로 해석했다는 점에서는 『모전』과 『시집전』이 일치한다. 그
러나 청대의 방옥윤은 「관저」를 "주읍周邑에 사는 사람들 모두에 해당되
는 것이며, 혼인으로 이르게 된 처음부터의 일을 노래한 것이다. 시골 사
람이든 도시 사람이든 누구에게나 적용될 수 있는 일반적인 이야기"라고
하였다.

남녀간의 애정을 비교적 유연한 자세로 바라보았던 공자마저도 설레설
레 고개를 저었던 정풍鄭風, 그 가운데 "치마를 걷고[건상褰裳]"라는 시를
보자.

당신이 나를 사랑한다면 치마 걷어 진수라도 건너가리
당신이 나를 사랑하지 않는다면 남자가 너밖에 없다더냐
바보 같은 웃기는 놈아!

애인을 놓친 안타까움과 그 안타까움을 애써 당당하게 맞이하는 여인
의 심정을 노래한 시다. 사랑의 감정이 회복될 수만 있다면 시키는 일 뭐

든 다 하겠지만 돌아올 수 없는 관계라면 자신도 다른 남자를 구하겠다는 것이다. 정풍은 총 21편으로 구성되어 있는데, 앞의 「건상褰裳」을 포함한 16편이 연애시이다.

그러면 「건상」이 어떻게 해석되어 왔는지를 보자. 『모전』은 '나라에 반란군이 횡행하니 큰 나라가 와서 해결해주었으면 하는 마음에서 지은 정치시'로 안내하고 있다. 한대漢代 정현鄭玄의 해석서인 『정전』도 『모전』의 관점을 수용하였다. 이 해석은 인간의 자연스러운 감정을 지나칠 정도로 정치화하여 시의 본래 모습을 왜곡하였다고 할 수 있다. 주희는 이 시를 "음란한 여자가 남자를 희롱하는 말이다"라고 하였다. 주희에 이르러 연애시로 회복은 되었으나 그는 '연애'라는 용어 자체를 부정적인 시각으로 바라보았다. 주희는 연애라는 용어 대신 '음분淫奔'이라는 용어를 쓰고 있는데 그것도 음탕한 마음을 가진 바람기 있는 여자가 점잖은 남자를 유혹하는 시라는 것이다. 해석학이 당시 사람들의 진솔한 감정을 왜곡 해석한 것은 성 자유에 대해 공통적으로 부정적인 시각을 가지고 있었기 때문이다. 더구나 여성의 책임으로 전가시킨 것은 여성에 대한 그 시대의 인식이 어떠했는가를 말해 주는 것이다. 청대의 고형高亨은 "이런 류의 표현은 연인들 사이에서 흔히 사용하는 희롱과 농담"이라고 하였다.

다음의 시 "강물은 갈라졌다 다시 합쳐지거늘(「강유사江有汜」)"을 통해 시가 주는 느낌과 그 해석을 비교해 보자.

강물은 갈라졌다 다시 합쳐지거늘
그대는 시집가며 나를 무시하였네
나를 무시하지만 뒤에는 후회하게 되리라.
강에는 늪도 있는 법

126

그대는 시집가며 나와 함께 있지 않으려 하네

나와 함께 하지 않으려 하지만 뒤에는 함께 살게 되리라.

애인이 다른 곳으로 시집가는 것을 보고 읊은 남자의 시이다. 그러나 『모전』과 『시집전』에서는 부인과 첩의 관계를 표현한 시라고 보았다. 즉 다른 곳으로 시집가는 첩과의 이별을 아쉬워하는 내용이라는 것이다. 근대의 시경학자들은 이들의 시 해석을 견강부회가 지나친 것으로 평가하였다. 처첩제가 안고 있는 모순을 은폐하여 형식화된 윤리의식을 고취시켰다는 비난을 면할 수 없을 것이다.

「관저」를 권두시로 배치한 『시』는 고대 중국의 시가총집으로 유가학자들이 존칭하여 경전으로 받들면서 『시경』이라는 명칭을 얻게 되었다. 그 중 160편 국풍의 시는 85편이 남녀 연애시이고, 여성 화자의 작품도 많다. 마르셀 그라네Marcel Granet는 시에 대한 종래의 주석이나 해석에서는 시 본래의 모습을 왜곡하여 정치시나 도덕시로 보았다고 하였다.

『시경』은 전통 사회 지식인들의 중요한 공부 과목이었다. 『시경』은 정치적이고 도덕적인 관점에서 해석한 한대의 『모전』을 표본으로 삼아 성과 사랑의 담론을 전개시켰다. 따라서 『시경』을 통해 얻게 되는 지식은 섹슈얼리티의 규제와 관리 그리고 감성의 절제를 통할 때 남녀의 '바람직한' 관계가 유지될 수 있다는 것이다. 규제와 절제의 차원에서 남녀 관계를 바라볼 때 애정적 표현이 풍부한 국풍의 시들은 정치적인 의미를 가진 것으로 재해석될 수밖에 없었다. 그런 가운데 주희가 이루어낸 『시경』 해석의 공헌은 국풍의 시들을 연애시로 복원시킨 것이라 할 수 있다. 하지만 그는 국풍의 연애시를 "바람난 사람들의 말(淫奢者之辭)"이라고 하여 부정되어야 할 것으로 보았다. 특히 주희는 남자의 애정 표현은 인정한 반면 여자의 애정 표현은 용납하지 않았는데, 이것은 그 시대 남녀관을 반영하는 것이다. 『시경』속의 성과 사랑은 개인의 존재가 인식되기 시작하는 명말청초明末淸初에 이르러 그 본 모습에 접근할 수 있었다.

성은 인간의 가장 본질적인 부분이며 대부분의 사람들은 이 문제로부터 자유로울 수 없다. 철학이 인간을 이해하는 것으로부터 출발한다면 바로 이 본질적인 부분이 제대로 평가되어야 한다. 성과 사랑에 대한 철학적인 탐구의 궁극적 목표는 맹목적이고 형식적인 윤리를 넘어서서 그 휴머니티를 확보하는 데 있다. 이러한 맥락에서 "바람난 사람들로 가득 찼다"는 『시경』은 양성 평등의 관점에서 재해석되어야 하는 것이다.

혼인의 정치학 : '음란'의 시대

중국 고대인들은 혼인을 인생의 열쇠로 생각했다. 『국어國語』에서 "혼인이란 화와 복의 경계"라고 했는데, 이것은 곧 혼인으로 인해 인생이 성공할 수도 있고 실패할 수도 있다는 말이다. 유교의 세계에서 볼 때 "혼례는 만세의 시작"이고 "혼례는 예의 근본"이 된다.(『禮記』「昏義」) 유교의 혼례에는 혼인이 인간 사회의 첫 출발이자 모든 관계의 근본이라는 인식이 반영되어 있다.

그렇다면 경전의 시대에 혼인의 의미는 무엇이며 어떤 방식으로 행해졌는가? 혼인이 일종의 사회 제도인 이상 그 형식과 의미는 시대마다 다를 것이다. 노나라 은공(B.C. 722)에서 애공(B.C. 481)까지 242년 간의 왕실 사건 기사를 기초로 편집된 『춘추』는 춘추시대의 혼인 풍습을 보여주는 역사 자료이다. 유학의 혼인 사상에서 볼 때 이 시대의 혼인 풍습은 매

128

우 문란하였다. 그렇다면 '문란' 한 시대로 알려진 춘추시대는 어떤 사회적 환경이었는가를 볼 필요가 있다.

종법에 기원하는 유학의 혼인관은 부계와 부권을 보장하기 위해 혼인상의 예제를 엄격히 하는 것이다. 무엇보다 혼인은 계보를 이어줄 자손을 얻는 데 목적이 있었다. 맹자가 인륜의 맥락에서 혼인을 말한 것은 부모의 뒤를 이어줄 자식을 낳는다는 의미에서였다. 부모의 계보라고 했지만 사실은 아버지, 남성의 계보를 말한다. 그리고 유학의 혼인 관념은 남성중심으로 구성되어 있다. 남자의 경우 아내가 죽으면 개가하는 것이 인륜이지만 여자는 그 반대이다. 예禮에는 "여자가 한 번 혼례를 올렸으면 남편이 죽더라도 개가할 수 없다"라든가 "남자는 두 번 장가갈 수 있지만 아내는 개가할 수 없다"라고 한 것이다.

그러나 춘추시대에 혼인에 부여하는 의미와 목적은 유학이 지향하는 혼인 관념과는 거리가 있다. 춘추시대도 종법에 의한 혼인 질서를 추구하였지만 아직 예제화되지 않은 원시적 형태의 혼인도 여전히 통행되고 있었다. 춘추 시대는 자매가 동시에 한 남자에게 시집가는 형태의 '제잉제娣媵制'와 아버지의 부인이나 친속의 부인과 혼인하는 '증보烝報'가 귀족들 사이에서는 공공연한 관행이었다.

'제잉제'는 신부의 여동생이나 조카가 신부를 따라 함께 시집을 가는 형태인데, 신부를 따라가는 여자를 제잉娣媵이라고 했다. 제잉은 일종의 첩이지만 일반적인 첩과 달라 정식 부인에 상응하는 대우를 받았다. 다음 예문을 보자.

한나라 제후께서 장가드시니 신부는 여왕厲王의 생질되고 궤보의 따님되는 분이네. ……여러 여동생들도 따라오니 구름처럼 많기도 해라. 한나라 제후,

그들을 돌아보니 찬란하게 문안에 가득 차네.(『詩經』「大雅·韓奕」)

　목백은 거莒 나라 여자 대기를 아내로 맞이했다. 대기는 아들 문백을 낳았다. 그녀의 여동생 성기는 혜숙이라는 아들을 낳았다.(『春秋左氏傳』文公 7년)

　이러한 혼인 형태는 자매나 형제가 공동의 배우자를 가졌던 원시 군혼의 유습이다. 『맹자』에는 "순임금은 요임금의 두 딸을 동시에 아내로 맞이하였고 순의 동생 상象은 형이 죽으면 두 형수는 자신의 아내가 된다고 했다"고 씌어 있다. 순임금이 살았던 때가 바로 자매공부姉妹共夫와 형제공처兄弟共妻의 시대였음을 알 수 있다. 그러나 춘추시대는 형제공처는 없어지고 자매공부의 형태만 남게 되었는데, 자매공부 또한 제한을 받아 자매공일부姉妹共一夫로 변형되었다. 부권父權의 논리에서는 형제가 아내를 공동 소유하는 것이 용납되지 않았던 것이다. 제잉제에서 자매의 자식은 곧 자신의 자식이며 그 소생들은 동모同母 형제로 파악되었다. 이 제도는 춘추시대 유행하다가 진秦·한漢 이후에는 없어졌다.

　윗사람과 사통하는 것은 '증烝'이라고 하는데, 아버지의 여자를 처로 삼는 형태이다. 『춘추좌씨전』에는 다섯 군데에 걸쳐 나타나는데, 증에 의한 혼인이 도덕적 규제의 대상이 안 되었다는 것이 춘추시대의 특징이다. 또 '보報'라고 하는 형태의 혼인은 친속의 부인과 혼인하는 것이다. 춘추시대에는 증이나 보로 맺어진 부부와 그들이 낳은 자식은 정상적인 범주에서 대우를 받았다.

　또한 춘추시대는 이혼과 재혼이 빈번하였고, 도덕적인 규제로부터도 비교적 자유로웠다. 유교의 시조 공자의 집안을 보면 공자와 아들 백어伯魚, 손자 자사子思의 삼대가 연달아 부인과 이혼했거나 부인이 개가했다.

130

'이혼한 어머니에 대한 복상'이 1년으로 규정되어 있을 정도로 이 시대는 이혼이 잦았다. 그리고 춘추시대 중원의 패자 제환공의 예를 보면 이 시대의 이혼과 재혼은 대단한 사건이기보다 사소한 일에서 파생될 수 있는 가벼운 것이었음을 알 수 있다. 제환공은 채나라 출신의 부인과 뱃놀이를 하다가 사소한 일로 다투어 부인을 친정으로 쫓아내 버렸다. 얼마 지나지 않아 제환공은 부인을 다시 돌아오게 했으나 그녀는 이미 다른 데로 개가 한 상태였다. 다음 해에 제환공이 채나라를 공략했는데, 역사가들은 채희의 사건과 관련된 정치적 보복이라고 보았다(『春秋左氏傳』 僖公 3년).

이처럼 야합에 의한 출생이나 이혼·재혼의 현상이 일상화되었던 춘추시대는 이후 '문란'과 '음란'의 시대로 이해되었다. 그런데 음란이라는 개념은 여성의 성적 태도를 평가하는 것이 되었다. 음란한지 정숙한지의 기준은 그 시대의 맥락에 따라 정의되는데, 유교의 관점에서는 개가도 음란한 행위였으며, 주희의 시대에는 연애도 음란한 행위였다.

혼인제도가 사회적, 정치적, 이념적인 제 요소가 종합적으로 작용하여 만들어지는 것이라면 춘추시대의 혼인 질서는 정치 권력이 한 곳에 고정될 수 없었던 그 시대의 정치 환경을 반영하는 것이다. 혼인이 화복의 열쇠로 인식되었다는 것은 혼인이 가지는 정치적 의미가 강하게 표현된 것이다. 이때 혼인은 통치계급의 정치목적을 실현하고 정치제도를 유지하는 수단이 되는데, 혼인을 이용하는 것은 어느 시대에나 있는 보편 현상이지만 춘추시대에는 그 정치성이 특히 강조되었다고 할 수 있다.

예컨대 주초 종법제가 제시한 동성불혼同姓不婚의 규정이 춘추시대의 정치 환경에서는 더욱 강화되었다. 그 이론적 근거는 근친혼이 가져다 줄 우생학상의 문제에서 마련되었다. 그러나 모계친이 배제되고 부계친만 계산된 동성의 개념은 동성을 피한다고 해서 실제적인 근친혼을 피할 수 있는 것은 아니다. 그렇다면 근친혼 금지는 일종의 수사rhetoric라는 것인데, 근친혼 금지에 대한 레비-스트로스(Claude Levi-Strauss)의 말을 보자. 그는 혼인이 생물학적인 혈연에도 허용되고 장려된다면 혈연이라는 그 좁은 경계지를 넘어서 '사회'라는 확장된 네트워크를 창조할 동인動因이 없어진다고 보았다. 그렇다면 춘추시대에 근친혼 금지의 맥락에서 제시된 동성불혼은 생물학적인 차원이기보다 지배계층의 네트워크 확대라고 하는 정치적 목적을 가지는 이데올로기이다. 춘추시대의 혼인 관행에는 패권에 의한 쟁탈이 가속화됨으로써 정치 권력의 소재가 자주 바뀌었던 정치 환경이 반영되었다. '오늘'의 동지가 '내일'의 적이 되기도 했는데, 이러한 절대권력의 부재는 도덕의 상대화를 낳았고, 혼인이 정치적인 의미에서 파악됨으로써 혼인 당사자의 독자성은 유지될 수가 없었다.

이제 춘추시대의 혼인 풍습이 유교의 새로운 이해를 시도하는 우리에게 어떤 의미를 주는가를 따져보자. 춘추시대의 혼인 풍습이 그 시대의 정치적 환경을 반영하는 것이라면, 여성을 규제하고 관리하는 데 중심을 둔 유교적 예제 역시 일정한 역사적 구성물이다. 이혼과 재혼이 자유로웠던 춘추시대의 혼인 윤리는 우리가 추구해야 할 이상이라기보다 혼인 윤리란 일정한 역사적 정치적 환경 속에서 구성된다는 사실을 얻게 해주었다는 데 그 의미가 있다.

가부장제 가족 이데올로기

가족 또는 가족주의는 일반적으로 다른 문화와 구별되는 유교문화의 특징으로 인식되고 있다. 가족주의란 가족을 세상에 존재하는 다른 어떤 사회 유형과도 구별되는 독특한 사회 공동체의 기초로 여기며, 모든 사고나 행위에 대한 평가의 기준을 가족의 이익에 얼마만큼 공헌하는가에 두는 사고방식이다. 무엇보다 유교의 가족 사상은 유교 문화권의 여성 정체성을 형성하는 데 절대적인 역할을 해왔다는 점에서 주목된다. 다시 말해 유교 문화권에 공통된 여성 문제의 특수성은 유교 가족의 가부장적 성격을 통해 밝혀질 수 있다.

한대의 문자학자 허신許愼(58~147)은 가家라는 글자가 '宀' 와 '豕' 의 조합으로 된 것에 주목하여 '우리 속에 갇혀 있는 돼지' 를 형상한다고 보았다. 다산과 번성을 상징하는 돼지로부터 '가' 의 글자가 나온 것은 자손의 번창이 가의 이념과 분리될 수 없음을 말하는 것이다. 그리고 고대 문헌에 나오는 '가家' 의 용례들을 보면 매우 다양하고 복잡하며 그 범위도 매우 유동적임을 알 수 있다. 즉 '가' 라는 개념은 가옥이라고 하는 작은 공간에서부터 동성同姓의 친척들에게까지 적용되기도 했다. 분명한 것은 유교 문화권의 전통사회에서 가족은 혈통의 개념과 밀착되어 있고, 개인과 사회를 연결시켜주는 통로였다는 점이다. 다시 말해 전통사회에서 가족과 일체화되지 않은 개인의 존재는 상상할 수 없었다. 이런 이유로 유교적 인간형이란 유교적 가족 개념과 분리될 수 없는 것이다.

가족 역시 그 시대의 사회적 요구를 반영하면서 변형되고 구성되는 것이다. 그렇다면 유교는 어떤 가족을 만들고자 했으며 그 가족은 어떤 사회적 요구들을 반영하고 있는가? 『주역』의 가인괘家人卦는 가족에 관한 유교적 이상을 반영하고 있는데, 그것은 엄격한 가부장이 지배하는 형태이다. 즉 가부장의 권위가 바로 서지 못해 가족 구성원들이 웃고 즐기게 된다면 가족은 망한다고 하였다. 가부장과 동일시된 이러한 가족은 그 자체가 하나의 행위자이며, 가부장 외의 구성원들은 항상 가부장의 통제와 관리를 받아야 했다. 이러한 가족에서 아버지는 아들의 하늘이자 신神과 같은 존재였다. 『예기』의 말을 들어보자.

아들 된 자는 …… 부모가 말씀하기 전에 소리 없는 곳에서 듣고 형체 없는 곳에서 본다.(『禮記』「曲禮」)

아버지가 부르시면 곧바로 대답한다. 손에 일을 잡고 있을 때에는 일을 내던지고 식사 중일 때에는 음식을 뱉어버리고 급히 달려간다.(『禮記』「玉藻」)

그렇다면 가부장에게 절대적인 힘을 실어주는 이러한 가족 관념의 정치적 의미는 무엇일까. 순자荀子는 "군주는 나라의 지존至尊이고 아버지는 가정의 지존이다. 지존자가 하나일 때 나라와 가정의 질서가 유지되지만 지존자가 둘일 때는 혼란이 생긴다"(『荀子』「致仕」)고 하였다. 즉 아버지 권력과 국가권력은 공생共生 관계에 있음을 알 수 있다. 나라의 질서와 가족의 질서가 동질적인 것으로 파악되어, 나라에 최고 권위자가 있듯이 가정에도 집안을 다스리는 최고 권위자가 있어야 했다. 가정의 어른은 나라의 군주에 비유되고, 나라의 우두머리는 '민지부모民之父母'라는 말처럼 가정의 어른에 비유되었다. 이러한 맥락에서 부모에 대한 효는 군주에 대한 충으로 해석되었다. "충신은 효자의 집에서 난다"는 것이다.

여성의 자리도 국가와 가족이 공생하는 이러한 구조 속에서 마련되었다. 사람들은 "아들을 낳으면 충신이 되기를 바라고, 딸을 낳으면 열녀가 되기를 바란다"고 하였다. 또 "임금은 신하의 근본이고 아버지는 자식의 근본이며 남편은 아내의 근본"으로 이해되었다. 충신과 효자 그리고 열녀가 같은 맥락에서 강조되는데, 이 구조는 군주와 신하의 관계, 부모와 자식의 관계, 남자와 여자의 관계에서 아랫사람의 일방적인 의무를 요구한다.

가부장제 가족은 아버지가 아들을 지배하고 남편이 아내를 지배하는 것을 당연하게 여긴다. 이러한 가족 구조에서 여성의 정체성은 '삼종지도三從之道'를 통해 만들어진다. "부인에게 삼종의 도가 있는 것은 스스로 운용할 능력이 없기 때문이다. 따라서 결혼하기 전에는 아버지에게, 결혼해서는 남편에게, 남편이 죽으면 자식을 따라야 한다."(『儀禮』「喪服傳」) 여성으로부터 주체적인 행위 능력을 제거하는 이러한 형태는 여성을 타자화하는 유교적 방식이다.

이러한 가부장제 질서를 유지하기 위해서는 그 질서를 교란시키는 요소를 제거해야 했다. 그 죄를 '칠거지악七去之惡'이라 하는데, 강제 이혼을 합리화하기 위한 남편 측의 일방적인 권한이자 가부장제의 여성 관리 메카니즘이다. 일곱 가지 죄목이란 시부모에게 순종하지 않은 죄[不順父母], 대를 이을 자식을 낳지 못한 죄[無子], 음란한 행위를 한 죄[淫僻], 남편의 다른 여자를 질투한 죄[嫉妬], 나쁜 병에 걸린 죄[惡疾], 말을 많이 한 죄[多口舌], 남의 물건을 훔친 죄[竊盜] 등이다. 여기에는 사회규범을 파괴한 행위로 객관화할 수 있는 죄가 있는 반면에 무자와 악질처럼 죄의 구성 요건이 될 수 없는 것도 있다.

그렇지만 부인의 죄목을 물어 내쫓는다면 여성의 노동력이 큰 역할을 하는 가족 구조에서 그 생활이 불가능해질 것이다. 따라서 칠거지악에 해당되지만 용서해 준다는 방식으로 '삼불거三不去'를 제출하였다. '삼불거'는 쫓아낼 수 없는 세 가지 이유인데, 그 내용은 부모의 상을 당해 함께 고생했을 경우, 시집올 당시는 가난했으나 현재 부유해진 경우, 쫓아내면 돌아갈 친정이 없는 경우이다. 혹자는 '삼불거'야말로 온정에 기초한 여성 배려의 기제라고 하지만 이러한 해석은 문제의 본질을 제대로 파악하지 못한 결과이다. 이 구조는 '칠거지악'으로 물리적이고 정신적인 통제와 감시를 행하고, '삼불거'로 노동력을 계속 장악하려는 여성노동에 대한 가부장적 자기 해석이다.

이상에서처럼 여성이 보는 유교적 가족은 우리가 일반적으로 '그리워하는' 정서적 공동체라고 보기 어렵다. 유교의 가족은 가족 구성원에 대해 아무런 의도 없이 배려해주는 그런 집단이 아닌 것이다. 가족의 구성원으로 자신의 역할을 철저하게 수행했을 때 칭찬이 오지만 그렇지 않을 경우 비난이 돌아왔다. 오늘날의 가족이 일터와 구별되는 휴식의 공간이자 정서적 공동체로 이해된다면, 전통사회의 유교 가족은 위계와 긴장으로 유지되는 일터의 개념에 가까운 것이었다.

유교 가족은 구성원들이 무엇을 원하는가보다는 가족이라는 한 단위의 조화와 유지를 강조해 왔다. 그 속에서 자식과 여성은 가부장의 관리와 통제를 받는 존재로 자신들의 목소리를 가질 수 없었다. 이러한 형태의 가족은 전제 군주가 인민을 지배하는 원리의 연장선상에 있다. 따라서 유교의 가족 이데올로기는 전제 군주의 권력을 강화하기 위한 정치 이데올로기와 분리될 수 없는 것이다.

가부장제 이후의 유교

서주西周의 성립(B.C. 11)과 함께 형성된 동아시아 고대의 가부장제는 약 10세기 동안의 길항 끝에 한초(漢初 B.C. 2) 통일국가의 통치 이념으로 전유되어 확립되기에 이른다. 성별화의 문화가 태동하여 제도와 관념이 만들어지고 이론적 체계를 갖추어 권력화하기까지 긴 역사적 시간을 거쳐온 셈이다. 이 과정에 나타난 삶과 사건의 흔적들이 이후에 유교 경전이 된 오경五經 속에 반영되어 있다. 우리가 알고 있는 '유교'와 '오경'이라는 용어는 한초에 추진된 사상 통일의 결과로 확립된 것이다. 다시 말해 선진시기의 유가 사상이 '모범'의 의미를 가진 '교敎'로 채택되었고, 이미 통용되고 있던 다섯 가지 텍스트인 『시』·『서』·『춘추좌씨전』·『주역』·『예기』가 경전canon으로 '승격'되었다. '교敎'와 '경經'이라는 용어는 그 자체로 권위와 권력을 갖는 것이다.

이 이후부터 "천하의 영웅은 모두 제도권에 흡수되고" 이익과 봉록에의 길로서 유학이 제창되면서 유학은 결국 위에서 규정하는 유학이 되었다. 위에서 군림하는 유학이 될 때 그것은 하위자를 억압하는 이데올로기로 사용될 수 있다. 늙은 부모를 배려하고 돌보는 것은 도덕이 되지만 권위주의적 국가질서에 호응하는 이데올로기로서의 효를 자신의 것으로 삼는 것은 도덕이 아니다. 남녀가 함께 서로의 필요를 충족시키려고 노력하는 행위는 공존의 조건이 되지만 남성 욕망에 자신을 순응시키는 행위는 공존의 조건이 될 수 없다.

가부장제 이후의 유교는 타인을 배려하면서 자신을 실현하고, 자신을 타자화하지 않으면서 상대의 요구를 수용하는 방법을 모색하는 것이다. 21세기의 유학은 타자를 인정하면서 자신을 주장하는 이론과 실천 모형을 제시할 수 있어야 한다. 우리 시대의 요청으로 유교 경전을 다시 읽을 때 다양하면서 유용한 정보를 캐낼 수 있다.

『춘추좌씨전』에는 항려伉儷라는 용어가 나오는데, 항려는 부부의 다른 이름으로 대립과 통일을 동시에 가지고 있는 개념이다. "항려란 동일성과 차이성을 그 속에 동시에 가지고 있는 통일체"라고 하였다. 역사 속의 유교가 제시한 부부의 모형은 '여필종부女必從夫'인데, 이에 의하면 부인은 남편이 어떤 행위를 하더라도 거부할 수 없다. 그러나 부부는 각자의 요구가 상반될 수도 있으며, 자기실현의 문제에서 갈등할 수도 있다.

대립과 차이를 인정하는 항려는 어느 한쪽의 지배와 다른 한쪽의 종속을 용인하지 않는다. 대립과 통일을 부부의 속성으로 본 항려는 가부장제 이후의 유교를 상상하는 자원으로 충분히 활용될 수 있다. "이미 너무나 친숙하고 너무나 일반적이어서 아무도 주목하지 않았던 것을 밝히는 것이 사실은 공자의 과제"였는데, '이후'를 위한 새로운 유교는 이러한 유학의 본질적 부분에 주목해야 할 것이다.

| 생각해 볼 문제 |

- 고전古典이란, 그것을 읽을 때마다 항상 새로워지고, 그래서 시공을 초월해 많은 사람들에게 회자되고 있다. 여기서 '새롭다'는 의미가 무엇인지 생각해보자.
- 페미니즘으로 유교 경전을 다시 읽는 것의 의미를 토론해 보자.
- 유학에서 찾아볼 수 있는 바람직한 양성관의 가능성에 대해서 토론해 보자.

| 原文 익히기 |

『周易』

- 天尊地卑, 乾坤定矣. 卑高以陳, 貴賤位矣. 動靜有常, 剛柔斷矣. 方以類聚, 物以羣分, 吉凶生矣.

『詩經』

關雎

- 關關雎鳩, 在河之洲. 窈窕淑女, 君子好逑.
- 參差荇菜, 左右流之. 窈窕淑女, 寤寐求之.
- 求之不得, 寤寐思服. 悠哉悠哉, 輾轉反側.
- 參差荇菜, 左右采之. 窈窕淑女, 琴瑟友之.
- 參差荇菜, 左右芼之. 窈窕淑女, 鍾鼓樂之.

褰裳

- 子惠思我, 褰裳涉溱. 子不我思, 豈無他人. 狂童之狂也且.
- 子惠思我, 褰裳涉洧. 子不我思, 豈無他士. 狂童之狂也且.

『中庸』

- 君子之道, 造端乎夫婦; 及其至也, 察乎天地.

동아시아의 미학지평과 유가예술정신

동아시아의 두 사유모형: 유가성과 탈유가성

동아시아에는 전통적으로 두 가지의 사유모형이 있어 왔다. 유가적 사유체계와 탈유가적 사유체계post-Confucianism가 그것이다.

유가 패러다임은 두 가지 축을 중심으로 인간의 내면의식을 이데올로기화한다. 하나는 제사나 예악禮樂체계 등과 같은 유형有形의 의식儀式이고 다른 하나는 경전의 내용인 경의經義라는 무형無形의 강령이다. 의식은 사실상 인간의 외면 즉 신체를 관장하는 장치이고, 경의 즉 성인聖人의 말씀은 인간의 내면, 다시 말해서 정신을 제어하는 장치이다. 이러한 유·무형의 메커니즘은 인간을 유가적으로 만들고, 이로써 사회도 유가적으로 변화시킨다. 이 점은 유가가 오랜 세월 동안 지배이데올로기가 되게끔 하는 기반이 되었으며, 지배이데올로기로서의 유가는 다시 개체를 유가적 인간으로 결속한다.

이러한 순환적인 작용이 바로 유가라는 사유체계가 갖는 패러다임이다. 이로부터 도덕적으로 무장된 개인을 양성하며, 이를 바탕으로 궁극적으로는 도덕화된 사회와 세계의 건설을 목표로 한다. 전자는 바로 수신修身의 과정이자 유가적 성취의 전반단계인 소성小成단계이다. 그리고 후자는 제가齊家에서 치국治國을 거쳐 평천하平天下에 이르는 후반단계로 대성大成단계라 할 수 있다. 유가에서의 덕德의 권유는 이러한 대성단계에까지 이를 것을 요구하는 것이다. 따라서 오로지 한 개인의 완성, 즉 소성단계까지의 성취는 의미가 없을 뿐더러 오히려 경계의 대상이기도 하다.

의식儀式과 강령이라는 심신제어적인 수단을 사용한다는 측면에서 유가적 성취는 압력에 의한 성취라 할 수 있다. 그러나 이러한 압박은 '전통'이라는 이름이 흔히 갖는 마력인 인지적 및 정서적 동의가 원천적으로 이루어진 것이기에, 전혀 억압으로 인식되거나 느껴지지 않을 뿐 아니라 오히려 묵묵히 지키지 않으면 견뎌내지 못하는 아폴로적 인간의 미덕이라는 성격을 내포한다.

반면 탈유가 패러다임은 바로 도가의 사유체계(넓은 의미에서 선종禪宗의 사유체계까지도 포함)를 일컫는데, 이는 '탈유가脫儒家'라는 문자적 의미 그대로 유가적 패러다임에 대한 반동反動적 사유체계라 할 수 있다. 여기에서는 마음의 정제를 통해 잊어버린 초심과 잃어버린 도道를 회복하고자 한다. 이러한 노력은 심재心齋, 좌망坐忘, 척제현람滌除玄覽 등으로 불리는 과정을 통해 이루어진다. 심재와 좌망은 장자莊子가 제기한 일종의 정신수양 방법인데, 심재란 모든 사려思慮와 의식意識을 배제하여 텅 비고 고요한 허정虛靜의 상태에 들어섬을 가리키고, 좌망이란 시비是非의 차별과 도덕적 공리功利를 떨쳐 버림으로써 도道와 하나가 되는 경지에 이름을 뜻한다. 척제현람은 노자老子의 말로, 마음의 때를 씻어낸 깊고 그윽한 심경으로 우주와 세계와 만물의 본질을 관조觀照함을 이른다. 이 모든 노력은 문명과 제도의 속박으로부터 벗어나 도의 경지에서 유유자적함으로써 자기의 본성을 회복하고자 함이다. 그렇다면 유가에 대한 반동으로서의 도가는 무엇을 추구하는가? 몸과 마음을 얽어매고 있는 유가적 의례儀禮와 강령綱領의 속박을 떨쳐버리고, 나아가 유가가 의도하는 획일화로부터 이탈하고자 함이 지상과제이다. 이로써 무아無我·무념無念·무상無常의 개인을 양성하는 소성단계를 거친 다음, 궁극적으로 분규·쟁론·모순의 원인소멸에 의한 평화구현이라는 대성단계를 지향한다.

동아시아의 예술사회학과 예술심리학

동아시아 예술사회학의 주체는 역시 유가적 체계와 탈유가적 체계 및 양자의 대대對待적 융합관계이다. 유학이라는 지배이데올로기는 개체 내면에 깊이 자리한 유가성儒家性의 표출과 구현을 예술창작과 감상에 연결시킨다. 여기서는 유가성이 일종의 마음을 움직이는 권력으로서 예술성취 혹은 심미체험에 직접 영향을 미친다. 반면 탈유가적 체계로서의 도가는 '인위성 없이 이루는 자연본성[無爲而無不爲]'의 구현을 예술에 연결시킨다. 공백과 진공에 의한 예술성취 혹은 심미체험을 기도하는 것이다.

유가의 상징성 혹은 상징체계가 심미와 예술에 끼친 영향은 크게 두 가지로 분류할 수 있다. 하나는 외형적 양量에 관한 것이고 다른 하나는 개체 내재적인 질質에 관한 것이다. 외형에 대한 통제는 누구나 지키지 않으면 안될 규칙, 무엇에든지 응용할 수 있는 원형原型, 그리고 통일적인 작업방식 등을 규정하는 것이다. 후자의 경우는 외적 균일화의 내적 표준

자금성과 자금성 평면도

화로의 변화를 의미하는 자율통제를 말한다. 일면적이고 직선적이며 평면적이자, 좌우의 균형을 지키는 매우 엄숙한 일종의 정면존중주의는 유가의 상징성과 연계되면서 권위적인 사회질서와 정신적 권위의 표현에 응용되어 왔다. 중국 건축예술에서도 이 점을 확인할 수 있다. 일례로 북경의 자금성紫禁城을 보면, 그것은 구성에 있어서 엄격하게 중간축을 중심으로 대칭을 이루고 있음을 알 수 있다. 자금성은 북경성北京城의 중축선상에 위치하며, 궁 안의 주요 문門·루樓·전당殿堂 등은 자금성의 중축을 관통하고 있다. 그 중 가장 중요한 건축물인 태화전太和殿은 이 중축선의 중간에 위치하며, 태화전의 중심은 바로 황제의 용상龍床이다.

유가적 상징성을 매개로 한 개체 내면의 자율적 통제 기제는 창작자와 감상자 양자의 미적 관심을 지배한다. 그것은 창작자의 문제의식과 양식, 표현성 또는 가치의 영역에 영향을 미침과 동시에 감상자에게는 실제적·도덕적·인식적 가치와 미적 가치 사이의 명확한 구분이 불가능하게, 더 나아가 무의미하게 만든다. 이러한 미적 경험을 '유가적 정경합일(情景合一: 내면세계와 외면세계의 합일)'이라 말할 수 있다.

한편 탈유가체계로서의 도가는 '자연적인' 야만인을 '인위적으로 문명화된' 인간에 대립시키는데, 이는 제도와 규범이 인간에게 주는 해로운 영향을 통찰해 냈기 때문이다. 도가는 문명을 악으로 보았고, 인류에게 문명이 끈질기게 달라붙는 데서 탈출하여 자연으로 돌아가 더럽혀지지 않고 소박한 우주의 참된 삶에 몰입할 것을 요구했다. 유가적인, 따라서 너무나 아폴로적인 동아시아 예술정신에서는 모든 진리와 규범과 가치가 원근법적 구도처럼 시점의 변화에 따라 상대적일 수 있다는 것과, 입체적 공간 속의 그림자가 암시하는 배후의 그 무엇을 포착하는 것은 불가능했다. 그런데 모든 종교적 신조가 그러하듯, 고전적인 유가체계는 천天과 천명天命으로 규정되는 정의의 엄숙한 권위 뒤에서 자아를 초월하는 영역의 일부분을 소홀히 한 감이 있다. 유가가 소홀히 하거나 애써 지나쳐버린 이러한 무의식적 그림자를 드러내어 유가의 단점을 메운 것이 다름 아닌 도가이다.

그런데 이러한 예술사회학은 예술심리학과 관련이 있다. 유·도가의 사유체계는 상호 대대적 관계를 맺으며 동아시아 정신의 가장 큰 특징이라 할 이중적 심리본능을 이루었다. 이중적 심리본능이라 함은 개체 혹은 집단의 심리 속에 유가성儒家性과 탈유가성脫儒家性이라는 모순된 가치체계가 동시에, 즉 양향(兩向: ambivalence)적으로 공존함을 가리킨다. 인간은 스스로를 속박하는 자기 억압의 본능을 가지고 있다. 절대자유는 오히려 인간을 불안하게 만든다. 무엇인가에 귀속됨으로써 사고와 행동의 원칙을 제공받을 수 있고 그럼으로써 심리적 안정을 얻을 수 있다. 귀속본능은 일차적으로 집단화를 거치면서 의식儀式의 억압을 스스로 만들고,

이차적으로 문명화를 거치면서 사변성思辨性이 가미된 명분의 속박을 만든다. 이와 같은 자기억압의 심리속성을 충족시켜주는 메커니즘이 바로 유가의 면모이다. 의식의 억압이란 외재적인 것으로서 다름 아닌 종법宗法, 제사, 예악禮樂 등의 체계이다. 또 명분의 속박이란 내재적인 것으로서 친애親愛, 충효忠孝 등과 명예가 연계된 심리체계이다. 그러나 이러한 불가항력적 피억압 충동과는 별도로 인간은 그러한 억압과 속박으로부터 벗어나려는 해탈을 끊임없이 기도한다. 이 점은 도가가 충족시켜준다. 피억압의 귀속본능이 심리본능이듯이 해방과 자유에 대한 희구 역시 하나의 심리본능이다.

자기억압을 유가적 요소, 그리고 해탈을 도가적 요소라고 단순 분류할 수도 있다. 그러나 이 자기억압과 해탈을 단순 도식화하는 것은 옳지 않다. 왜냐하면 유·도가의 대대적 관계는 시간의 흐름에 따라 상호 길항적 요소가 어느 정도 상대에게 삼투渗透되는 현상이 나타나기 때문이다. 도가도 자기억압의 요소를 갖게 될 뿐 아니라 유가 역시 해탈의 요소를 갖게 된다. 도가는 결코 유가와 대립적인 것을 제기한 것이 아니라 유가에 대한 전반적인 초월을 주장한다. 도가를 '반유가주의anti-Confucianism'라기보다는 '탈유가주의post-Confucianism'라 표현하는 것이 더 적절한 이유가 여기에 있다. 도가가 갖춘 자기억압의 요소를 보자.

강해지려거든 약해지라.(『老子』36장)

유약한 것이 굳센 것을 누른다.(『老子』36장)

재촉을 받고서야 부득이하게 움직인다.(『莊子』「刻意」)

이러한 요소들은 곧 '약자弱者의 처세處世'를 나타낸다. 따라서 도가가 표방하는 해탈은 끊임없는 자아위축과 자기억압을 통해 외부의 압력을 인내하고 이로써 궁극적으로 소기의 극대이익을 도모하는 것이라 말할 수 있다. 그것은 바로 다음과 같은 목표이다.

자기를 뒤로 해야 앞서게 되고 중심에서 벗어나야 살아남을 수 있다.

(『老子』 7장)

자기억압의 성격이 강한 유가 역시 방법은 다르나 궁극적으로 자유를 추구하고 있다. 양자의 차이는 각각이 추구한 '자유'의 성격에 있다. 도가는 '~으로부터의 자유'인 소극적 자유를 추구한 반면, 유가는 '~을 할 자유'인 적극적 자유를 지향한다. 사실상 도가의 자유는 '유가적인 것'으로부터의 자유를 뜻한다. 반면 유가가 추구하는 자유는 안빈락도安貧樂道하면서 "자신이 하고자 하는 대로 하여도 법도를 넘어서지 않는(『論語』「爲政」)" 자유의 경지를 추구하는 것이다. 도가의 자유를 '유遊'라 표현한다면 유가의 자유는 '락樂'이라 말할 수 있다. 동아시아 정신은 예술을 통하여 정경합일情景合一을 추구하고 나아가 천인합일天人合一을 추구한다. 자연과 일체가 되어 인간 세상의 영욕에 의해 때묻은 마음을 깨끗이 씻어버리고 자유와 해방을 얻고자 한다. 동아시아 예술은 인간의 온전한 생을 위협하는 현실생활의 모든 것에서 벗어나 자유와 해방을 맛보고자 하는 유遊와 락樂의 경지를 추구하고 또 표현하는 것이다. 동아시아 예술심리학에서의 이러한 유와 락의 체험은 바로 유·도가의 대대적 상호 삼투과정에서 배태된 심미적 경지이다.

이러한 예술심리학적 예를 산수화의 구성요소에서 확인할 수 있다. 산수화에 내재된 유·도가적 요소의 혼재 양상은 사실 간단히 정의내릴 수 없는 성질의 것이다. 산수화를 일견 반유가적인 분위기로부터 형성된 도가적 기풍의 산물처럼 보는 견해도 있다. 산수화 자체가 예술사상藝術史上 도가의 중요한 업적으로 지적되고 있다는 점 또한 부인할 수 없다. 그러나 산수화를 전적으로 도가의 전유물이라 치부할 수 없는 이유는 다음의 두 가지 방향에서이다. 하나는 심미창작과 심미체험에 참여하는 인간의 이중적 혹은 양향兩向적 심리본능을 간과할 수 없기 때문이다. 자기억압과 해탈의 심리속성은 각각 유가적 요소와 도가적 요소로 분리될 수 없다. 심미주체가 이 두 가지 요소를 겸비하고 있다면, 화가와 감상자 각각의 심미체험과 연계되는 산수화에도 역시 유·도가적 요소가 혼재되어 있음을 쉽게 알 수 있다. 인간의 정신세계가 유·도가적 요소를 겸비하고 있기에 이의 반영인 자연물상 또한 마찬가지로 이에 연루될 수밖에 없는 것이다. 이 점과 연계된 다른 하나는 산수화의 구성요소에서 확인할 수 있다. 일반적으로 산수화를 구성하는 요소는 높은 산[高山], 맑은 물[淸流], 나무[孤木 혹은 枯木], 은거하는 사람[閑人 혹은 高士], 빈집[獨家] 등이다. 그런데 다음 표에서 볼 수 있는 것처럼 이러한 구성요소는 도가의 전유물로만 볼 수 없다.

우리가 만약 산수화의 형식원리를 화가의 주관적 이상과 정신본질이 자연객관물에 기탁되어 표현되는 것이라 한다면, 산수화의 형식원리는 당연히 "만물과 내가 하나가 된다(『莊子』「齊物論」)"라는 도가사상과 유관하다고 말할 수 있다. 그러나 다른 한편 그것은 또한 전형적인 유가미학 범주라 할 수 있는 '비덕比德'의 형식원리와도 무관하다 할 수 없다. 비덕이란 심미주체의 주관적 관념인 인륜도덕을 심미객체인 자연물自然物에 투사하여 미美를 조성함을 일컫는다. 사군자四君子 회화가 이의 대표적 예라 할 수 있는데, 곧 인격미로써 자연미를 규정하고 평가하거나 혹은 자

산수화의 구성요소에 대한 유·도가적 해석

산수화 구성요소	도가적 해석	유가적 해석	해석의 초점
高山·淸流·孤木	초월과 숭고	毅志와 장엄	자연물에 배어 있는 人의 정신세계
獨家	세속과의 단절	不義와의 단절	세속적 가치의 掃除
閑人·高士	隱者·仙人	君子	儒·道가 하나로 혼합된 인물형상

山水畫―유도혼합

1 明―陳繼儒―亭皐木葉圖―
  종이
2 淸―弘仁―산수도―종이에
  수묵
3 淸―黃媛介―虛亭落翠圖―
  비단
4 淸―陳字―산수도―비단에
  채색―26.8×23.7cm

148

연미로부터 인격미를 향수하는 것이다.

유가예술정신에서 초월의 의미

유가예술정신의 특징을 한 마디로 개괄하면 락樂이라 할 수 있다. 『논어』를 보자.

> 아는 자는 좋아하는 자만 못하고, 좋아하는 자는 즐기는 자만 못하다.
>
> (『論語』「雍也」)

여기서 지知, 호好, 락樂의 의미대조가 흥미롭다. 지知는 외재적 지식을 말한다. 호好는 자기 마음 속으로부터 우러나오는 요구로서, 주·객체 간의 거리를 없앤 것이라 할 수 있다. 반면 락樂은 즐거움의 경지와 그러한 즐거움의 상태를 만들어준 대상이 완전히 하나로 융합된 상태를 말한다. 유가에서 말하는 락의 경지는 사람이 인仁과 성誠을 경험할 때 마음으로부터 진정한 즐거움을 느낀다는 것이다. 그래서 『논어』에 나오는 다음의 상태가 가능해지는 것이다.

> 인한 자는 근심이 없다.(『論語』「子罕」)
> 거친 밥을 먹고 물을 마시며 팔베개를 하고 자더라도 즐거움이 그 안에 있다.(『論語』「述而」)
> 한 그릇의 밥과 한 표주박의 물로 사는 누추한 시골에 있는 것을 사람들은 근심스러워 하나 그 즐거움을 바꾸지 않는다.(『論語』「雍也」)

자연의 필연성과 변화에 대한 인식을 통하여 즐거움을 얻는 유가예술 정신에서는 모방의 진실성 여부와 반영의 정확성 여부는 그리 중요한 것이 아니다. 재현보다는 표현을 혹은 사실성보다는 추상성을 더 중시해 왔다고 하나, 여기서의 추상성은 서구적 의미의 그것과 일치하지 않는다. 서양의 추상주의는 단지 창작자 자신의 내면적 비밀 코드만을 내장하는 식이었고, 감상자는 밝혀내든 밝혀내지 못하든 그것과 이미지와의 연관성만을 고려하였다. 그러나 서구의 추상주의와는 다른 추상주의를 유가예술정신도 오랜 세월 동안 지녀 왔다. 유가예술의 추상주의가 내재하고 있는 소스 코드는 창작자의 전유물도 아니고 감상자가 고개를 갸웃거리며 어렵사리 넘겨다보는 그런 뜬구름이 아니다. 그것은 창작자든 감상자든 심미체험에 참여하는 모든 개체(주관성)들이, 서로가 유념하고 있는 공유현실(공공성)에서 공동의 감각으로 얼마든지 드러나지 않는 유열愉悅을 서로 교류할 수 있는 그런 종류의 것이다. 도덕과 예술의 통일은 결국이와 같은 주관성과 공공성의 고도의 합일을 뜻하는 것이다.

심미관조에서의 참여는 당연히 상상참여의 성격을 갖는다. 그런데 상상참여는 사람이 열정적으로 그 속에 참여하는 순간, 그와 동시에 참여과정으로부터 빠져나와 멀찍이서 그의 참여를 다시 돌이켜 보게 하는 초월의식을 수반한다. 참여과정으로부터 빠져나오는 것은 도가의 탈유가성을 나타내는 것이지만 초월의식 자체는 도가만으로 다 포괄할 수 없다. 왜냐하면 그러한 초월의식은 현상학에서 말하는 순수주관성일 수도 있지만 공공성을 내포한 주관성으로서의 초월일 수도 있기 때문이다. 전자를 도가적 초월이라 한다면 후자는 유가적 초월이라 할 수 있다. 그렇다면 유가의 초월적 예술정신은 어떤 것인가? 다음에 나오는 증점曾點의 즐거움[樂]에 그 단서가 있다.

공자가 그의 네 제자 자로子路 · 증석曾晳 · 염유冉有 · 공서화公西華와 대화를 나눈다.

공자 내가 너희보다 조금이라도 어른이라고 하여 어렵게 여기지 말거라. 평상시에 너희들은 '나를 알아주지 않는다'고 하니, 혹시 너를 인정해 중용重用한다면 어찌하겠는가?

자로 (경솔한 대답) 천千 대의 병거兵車를 가진 나라가 큰 나라 사이에 끼여 군사적으로 압박을 당하고 게다가 기근까지 따를 때, 제가 다스리면 3년 안에 백성들로 하여금 용맹이 있고 또 마땅히 행할 바를 알게 하겠습니다.

공자 (빙그레 웃음) 구求야, 너는 어떠하냐?

염유 사방四方 60~70리, 혹은 50~60리에 불과한 작은 나라를 제가 다스리면 3년이 못 가 백성들을 풍족하게 할 수 있겠습니다. 다만 예악禮樂에 대한 것은 제가 미치지 못하는 바 군자를 기다리겠습니다.

공자 적赤아, 너는 어떠하냐?

공서화 제가 이미 능하다는 말이 아니오라 그처럼 배우기를 원하는 뜻으로 말씀드리겠습니다. 종묘의 제사나 혹은 다른 나라와 회동할 때 예복禮服과 예모禮帽를 갖추어 입고 작은 집례자執禮者가 되기를 원합니다.

공자 점點아, 너는 어떠하냐?

증석 (비파 타기를 서서히 멈춤, 비파를 놓고 일어남) 저 세 사람의 포부와는 다릅니다.

공자 괜찮다. 각각 그저 자기의 뜻을 말한 것뿐이다.

증석 늦은 봄에 봄옷이 만들어지면 어른 5~6명, 어린이 6~7명과 함께 기수沂水에 나아가 목욕하고 무우舞雩에서 바람 쐬곤 시詩나 읊으며 돌아오겠습니다.

공자 (감탄, 탄성) 점點의 생각이 바로 나의 뜻이다!(『論語』「先進」)

여기서 핵심은 '귀歸'라는 글자에 있다. '돌아옴'을 전제로 하기에 이 초월은 공공성을 담고 있으며, 그 즐거움과 자적은 지극한 유열이 있고 의미가 있는 것이다. "기수에서 목욕하고 무우에서 바람 쐰다"는 것은 출세出世적 초월이 아니다. 그것은 '노래하며 돌아오기'에 입세入世적 초월이다. 공공성을 절대로 상실하지 않는 주관성 속에 참여의식과 초월의식은 공존하고 있는 것이다.

증점曾點의 포부는 자로子路, 염유冉有, 공서화公西華가 각각 추구했던 경세經世, 제민濟民, 문화입국文化立國에 대한 위업의 달성을 충분히 이루어낼 수 있음은 물론 더 나아가 그러한 것들을 넘어선 경지이다. 증점曾點의 이 경지가 여기 물놀이하고 바람 쐬고 노래한다는 상징으로 나타나 있다. 이러한 상징은 곧 그의 덕성을 비유적으로 표현한 것이다. 그런데 여기 '경세經世→제민濟民→문화文化→입세入世적 초월'이라는 점층적 상승의 예술적 구성은 『논어』의 도처에서 정형화되어 나타난다.

일단은 도道에 뜻을 둠에서 비롯하고, 다음으로 덕德과 인仁에 근거하여 모든 것을 이루니, 이러한 면모들을 모두 충족할 수 있는 경지에 이르면 예藝를 즐김으로써 더욱 넉넉해질 수 있으리라.(『論語』「述而」)

시詩에 대한 공부를 통해 세계에 대한 서사敍事적 이해를 도모하고, 예禮를 익힘으로써 나를 사회에 적응시키며, 악樂을 통해 나의 완성을 예술적으로 발현한다.(『論語』「泰伯」)

152

여기 보이는 각각의 경지는 나열이 아니라 점층적 상승의 구조이다. 따라서 궁극적인 도달지점인 '예藝'와 '악樂'의 경지는, 그 앞의 여러 경지를 다 이룰 수 있음을 넘어서는 포괄적 정점頂點인 것이다. 이는 다시 말해 한 인간이 가장 완성된 인간[君子]으로 거듭나기 위해서는 바로 이와 같은 내면적 발전단계를 거쳐야 함을 웅변하는 것이라 하겠다.

유가예술정신의 정수라 할 이러한 되돌아감의 초월은, 유가미학의 가장 전형적인 미학범주라 할 수 있는 '비덕比德'론과 관련이 있다. 물놀이 하고 바람 쐬는 것이나 가락을 읊조리며 돌아온다는 것 자체는 행위[實]가 아니라 상징[虛]이기 때문이다. 그것은 다만 내 마음 속의 격조[德]를 이미지로 풀어낸 것[比]이다. 비덕比德은 인격미人格美에 비중을 둔 것으로써 자연물自然物의 감상으로부터 개체 내재의 도덕규범을 확인하는 것이다. 여기엔 두 가지 의미가 담겨 있다. 하나는 자신을 통해서 사물을 해석하는 것이고 다른 하나는 사물을 통해서 자신을 표현하는 것이다. 비덕에 있어서 '해석'과 '표현'의 목적어는 모두 덕德이다. 결국 비덕이란 이 둘을 합일시키는 과정으로서, 심미주체가 심미대상을 마주할 때 자신의 내면에 있는 마음의 덕성德性을 심미대상에 내재되어 있는 공공성으로서의 물성物性과 대조 확인하는 것으로 이해할 수 있다. 개체 내면에서 자신의 고유한 정체正體적 요소가 아닌 집단 인격으로서의 군자상君子像이 갖는 상징적 권위 혹은 권능은, 심미과정에서 주체의 인성人性과 객체의 자연성自然性을 합일시킨다. 작자와 감상자 내면의 이러한 상징적 결합은 위와 같은 원리를 벗어날 수 없는 심미안을 구축하는 것이다.

『논어』에는 비덕比德에 관한 대목이 몇 군데 보인다. 비유의 주 대상은 자연물인데 그 가운데서도 산수山水가 가히 백미이다.

지혜로운 자는 물을 좋아하고 어진 자는 산을 좋아하니,

지혜로운 자는 움직이고 어진 자는 고요하며,

지혜로운 자는 인생을 즐기고 어진 자는 오래 산다.(『論語』「雍也」)

　　자연에 대한 감상은 정신 속에 내재된 도덕의 감응과 공명에 근거한다는 말이다. 사람마다 정신적 품격이 다른 만큼 자연산수에 대한 애호도 다른 법이다. 지자(知者: 智者)는 사태파악과 일 처리에 능하니 그 자신이 동적動的이다. 지자知者가 물을 좋아하는 것은 물이 쉼 없이 흐르는 동動의 특징을 지녔기 때문이다. 너그럽고 침착한 인자仁者는 정적靜的이다. 인자仁者가 산을 좋아하는 것은 만물을 떠안고 기르는 산의 장엄함과 넉넉함이 정靜의 이미지를 지녔기 때문이다.

　　그런데 정작 비덕론의 정수는 고난에 굴하지 않는 덕성을 빗댄 내용이다.

날이 추워진 연후에 비로소 소나무와 잣나무가 뒤늦게 지는 것을 안다.

(『論語』「子罕」)

　　소나무와 잣나무가 혹독한 추위에 잘 견디는 성질을 나타냄으로써 성현聖賢과 의사義士의 고결한 품격을 비유하였다. 뜻이 궁하면 절의를 볼 수 있고 세상이 어지러우면 충신을 알게 된다는 이치를 지적한 것이다.

　　이러한 내용들이 예술작품으로 표현되었을 경우, 작자와 감상자는 자신들의 덕성을 통해 소나무나 잣나무 혹은 사군자로부터 덕을 해석해 내며, 또한 그러한 사물에 내재된 덕성과 자신의 덕을 합치시킨다. 이러한 비유와 상징 중에서 가장 중요한 것은, 자연계의 어떤 사물의 특수한 속

성을 사람의 도덕품격의 상징으로 삼은 것이다. 이를테면 소나무가 지닌 '사철 푸름'이라는 특성은 인간의 절개나 의지毅志와 유사성을 지니는데, 이 때문에 의인화되어 인간의 덕이 비유되는 것이다. 따라서 이물비덕以物比德이라는 심미체험 과정은 몇 가지 조건을 수반하는데, 그것들은 첫째로 자연물 혹은 그 자연물의 물성物性이 인간의 덕성德性과 유사성을 가져야 한다는 점[由人及物], 둘째로 그 물성이 의인화 과정을 겪는다는 점[亦人亦物], 그리고 셋째로 의인화된 물성은 그 자체로 의미가 있는 것이 아니라 다시 인간덕성에 비유되어야 한다는 점[由物及人]이다. 마지막 단계에서, 물성이 덕성을 은유적으로 표현하거나 덕성이 그 물성에서 비유되어 나온다는 점으로부터 예술적 효과는 일어나고 이로써 교화적 기능이 수행되는 것이다.

유가미학의 자연관

동아시아의 문인화文人畵 중 가장 총애를 받는 것은 매·란·국·죽 등 사군자四君子와 같은 화초이다. 그것들의 자연적인 특징이 군자의 품행에 비유되고 있다. 매화의 서리를 견디며 눈과 싸우는 쟁쟁한 기개, 난초의 청결함과 고상함, 대나무의 고귀한 절개, 연꽃의 진흙에서 꽃을 피우지만 오염되지 않음, 송백의 우뚝 솟고 생명력이 강한 것 등의 자연미가 사회적 선善으로 변화되었다. 이는 유가의 상징성이 개체의 내면 감정을 비덕의 형식을 통해 사회성이 깃들어 있는 도덕적 감정으로 바꾼 결과이다. 중국회화의 최초 목적도 형상만으로 쉽게 이해할 수 있는 도시圖示로 추상적 문장[문자]서술을 대체함으로써 권선징악[교훈]의 뜻을 나타내려 했다는 점이다. 그래서 처음에는 전설적인 혹은 역사적인 인물의 초상화가 많았다. 이러한 인물들의 특이한 언행에는 분명 일정 부분 후인들이 교훈을 얻을 만한 부분이 있었다. 비록 위진魏晉시기 이후엔 순수한 심미감수를 위해 산수山水 · 조수鳥獸 · 초목草木 등 자연을 그리는 작품이 나오기도 했으나 동아시아 예술정신에서 이러한 유가적 영역을 벗어나기는 어려웠다.

군자상君子像을 필두로 한 유가적 강령의 상징성에 연루된 유가미학은 기존의 미학체계와는 다른 두 가지 특징을 갖고 있다. 기존의 미학체계란 다름 아닌 '예술가—작품—감상자'의 관계 속에서 이루어지는 심미체험의 체계이다. 이와 상이한 첫 번째 특징은 비덕比德에서 전형적으로 드러나는 유가미학 체계가 감상자의 심미체험만을 다루는 것이 아니라 예술가의 심미체험까지도 관계한다는 점이다. 그러나 그 심미체험의 내용은 동일한데, 그들은 모두 심미대상으로부터 덕德을 체험한다. 따라서 작가든 감상자든 모두 심미관조자요 심미체험자인 심미주체가 된다. 이러한 두 심미주체는 심미대상과의 사이에서 덕을 매개로 한 유기적인 통일성을 견지한다. 또 하나의 특징은 미적 관심의 한정성이다. 이는 작가에게 있어서의 창작제재나 감상자에게 있어서의 감상작품, 즉 심미대상에 일정한 제약을 가한다. 간명하게 말하자면 덕과 유사성이 없는 것은 심미대상이 될 수 없다는 것이다. 예를 들자면 매 · 란 · 국 · 죽의 사군자나 소나무, 연꽃 등은 군자의 덕과 유사성이 있기에 심미대상이 될 수 있으나, 부귀영화를 상징하는 모란 같은 것은 군자의 덕과 배치되는 것이기에 문인사대부들이 예술 소재로 택할 수 없다는 것이다.

동아시아 예술의 전통적 자연관을 구성하는 주된 내용은 '자연풍경의 내면세계로의 전화轉化'라 할 수 있다. 여기 전통적 자연관에서의 '자연'

清-原濟-愛蓮圖-종이에 채색-77.8×46cm-廣州미술관

이란, 일종의 상징으로서 객관적 사물과 정신이 회귀하는 곳이다. 이를 천天이라 해도 좋고 태극太極 혹은 도道라 해도 좋다. 그런데 도가의 자연이 현실에 대한 척력斥力으로부터 창출되는 것이라 한다면, 유가의 자연은 현실로의 인력引力에서 조성되는 것이라 할 수 있다. 도가의 자연은 현실세계를 반면교사反面敎師로 설정하는 데서 만들어지기에 도가미학은 유游[脫現實]의 미학, 음유陰柔의 미학이 된다. 반면 유가의 자연은 현실세계 그 자체를 온전히 정면교사正面敎師로 받아들이지는 않는다 할지라도 반면反面으로 대하지 않는 데서 만들어지기에, 유가미학은 락樂[超現實]의 미학, 양강陽剛의 미학이 된다.

현실과 대척對蹠 관계를 맺는 도가예술정신과 달리 유가예술정신은 현실과 대대對待 관계를 갖기에 탈현실이 아닌 초현실을 이룰 수 있다. 유가예술세계에서의 초현실은 주관성과 공공성의 합일이 전제되어 설정 가능한 것이며, 이러한 주관성과 공공성의 합일로 말미암아 '되돌아감의 초월'이라는 유가예술정신이 탄생케 된 것이다. 이러한 점들로부터 궁극적으로 인도되는 결과는, 덕이 스며 있는 예술로부터 심미주체는 끊임없이 스스로 자아를 단련한다는 점이다. 오스카 와일드Oscar Wilde의 말대로 예술이 삶을 모방하는 것이 아니라 삶이 예술을 모방하는 것이다. 덕德을 내포하고 있기에 자연이 아름답고, 그러한 자연을 덕德의 비유라는 형식으로 풀이하는 것[比德]은 미감과 도덕감을 치밀하게 맺어준다. 따라서 되돌아감의 초월이라는 명제 아래의 예술과 자연의 관계에서는 '자연을 모방하는 예술'이 아닌 '예술을 모방하는 자연'이라는 경지가 실현된다.

사군자에서의 대나무를 예로 들어 이러한 전도된 모방을 설명해 보자. 사람들이 사물로서의 대나무나 작품으로서의 대나무 그림을 애호하는 것은 무슨 까닭일까? 이제는 너무 당연시되어 이러한 질문이 나오는 것 자체가 의아스러울지도 모르겠다. 아무튼 대나무가 더할 수 없는 아름다움을 뿜어내기 때문은 아니다. 역대로 수많은 유가적 예술가들이 유가적 덕성德性을 전파하기 위해 다양한 방식으로 대나무의 아름다움을 과분할 만큼 칭송해 왔다는 데 답이 있다. 그런데 이러한 정황이 어느 정도 지속되면 대나무는 특정한 도덕성의 상징이 되어버릴 뿐 아니라 사람들도 이제 대나무를 자연사물이 아니라 특정한 도덕성의 대체물, 상징물로 인식하게 된다. 즉 예술가들이 행해 왔던 그러한 칭송의 느낌이 어느덧 내 자신의 미적 판단처럼 교묘하게 자리잡게 되는 것이다. 따라서 자연물 대나무는 유가적으로 정형화된 예술의 옷을 입고 있는 셈이 된다. 달리 말하자면 심미주체에 의해 포착된 자연이 거꾸로 예술을 모방한다는 얘기다. 유가예술정신에서의 '표현'이 갖는 구조를 굳이 이름 붙인다면, '자연을 모방하는 예술'이 아닌 '예술을 모방하는 자연'이라 하겠다.

| 생각해 볼 문제 |

• 유가미학과 도가미학은 서로 어떠한 영향을 주고받았는지 생각해 보자.

• 동아시아 심미·예술의 형성에 있어 유가미학의 구조가 어떠한 기능을 하였는지 생각해 보자.

• 유가예술정신에도 초월이란 범주가 있는지, 있다면 어떤 성격의 초월인지 생각해 보자.

• 사군자 그림에 나타난 군자 이미지가 어떻게 수신과 연결되는지 생각해 보자.

| 原文 익히기 |

『論語』

• 從心所欲不踰矩.

• 知之者不如好之者, 好之者不如樂之者.

• 仁者不憂.

• 飯疏食飮水, 曲肱而枕之, 樂亦在其中矣.

• 一簞食, 一瓢飮, 在陋巷, 人不堪其憂, 回也, 不改其樂.

• 子路曾晳冉有公西華侍坐. 子曰, 以吾一日長乎爾, 毋吾以也. 居則曰, 不吾知也. 如或知爾, 則何以哉. 子路率爾而對曰, 千乘之國, 攝乎大國之間, 加之以師旅, 因之以饑饉, 由也爲之, 比及三年, 可使有勇, 且知方也. 夫子哂之. 求, 爾何如. 對曰, 方六七十, 如五六十, 求也爲之, 比及三年, 可使足民. 如其禮樂, 以俟君子. 赤, 爾何如. 對曰, 非曰能之, 願學焉. 宗廟之事, 如會同, 端章甫, 願爲小相焉. 點, 爾何如. 鼓瑟希,鏗爾, 舍瑟而作, 對曰, 異乎三子者之撰. 子曰, 何傷乎. 亦各言其志也.
曰, 莫春者, 春服既成, 冠者五六人, 童子六七人, 浴乎沂, 風乎舞雩, 詠
而歸.

• 志於道, 據於德, 依於仁, 游於藝.

• 興於詩, 立於禮, 成於樂.

• 知者樂水, 仁者樂山. 知者動, 仁者靜. 知者樂, 仁者壽.

• 歲寒然後, 知松栢之後彫也.

계몽의 빛, 유교

사유의 신대륙

중국 사유와 유럽 사유의 만남은 유럽에서 일어난 중세적 사유의 한계를 극복하려는 일련의 혁명적 변화들과 관련이 있다. 종교개혁과 르네상스의 지적인 개방성, 중상주의를 통한 시장의 확장과 교역로의 개척, 그리고 르네상스 인문주의 정신으로 무장한 예수회 선교사들의 문화 적응주의적 선교관이 그 배경을 이루고 있다. 예수회 선교사들은 새로운 선교지 발견의 첨병이 되어 인도와 일본 그리고 중국 등지에 파견되었다. 이들은 유럽인들 가운데 가장 먼저 중국의 종교, 철학, 사회제도 등 문화의 특이성을 발견하였고 이를 유럽 지성세계에 전달하였다. 이 가운데 무엇보다도 17, 18세기에 예수회의 서간, 기록, 번역 등에 의해 소개된 콘푸치우스(Confucius, 孔子)라고 하는 수수께끼 같은 인물은 유럽 사유를 새로운 방향으로 열어주는 열쇠가 되었다. 선교사를 통한 중국 정신문화와의

161

접촉은 종교개혁과 인문화 과정을 통해 계몽으로 향하고 있었던 서구 지성사회에 큰 충격으로 다가왔다. 룰Paul A. Rule의 묘사처럼 아메리카가 유럽인들에게 물리적인 '신대륙'이라면, 중국은 그들에게 근본적인 의미에서 가치체계와 신념이 전혀 다른 '사유의 신대륙'이었다. 이 사유의 신대륙이 예수회 회원들에게는 새로운 선교지였고, 유럽 지성사회에서는 지적 호기심을 부단히 불러일으키는 신지식의 원천으로서 자리잡게 되었다. 이는 예수회 선교사들의 중국문화 소개로 말미암아 유교가 유럽계몽기의 지적 성숙에 기여하며, 유교의 종교적 가치에 대한 새로운 이해로부터 그들이 종교의 본질이나 종교와 세속과의 관계를 새롭게 이해하는 계기가 되었다는 것을 의미하였다.

실로 예수회 회원들은 공자와 유교를 발견한 첫 번째 유럽인들이라 할 수 있다. 특별히 미카엘 루지에리(Michele Ruggieri, 1543~1607)와 마테오 리치(Matteo Ricci, 1552~1610)의 보유론적 적응주의적 선교방식이 우리에게 잘 알려져 있듯이 선교사로서의 그들의 삶은 유교에 대한 해석적 삶이라 하여도 과언이 아니다. 루지에리는 가장 먼저 중국어를 배우고 교의서 doctrina라고 할 수 있는 『천주성교실록天主聖教實錄』(광동 1584)을 저술하며 사서四書를 라틴어로 번역(미출판) 소개하였다. 그의 동료이자 후계자인 리치는 그를 이어 좀더 유교적 입장에서 그리스도교를 이해할 수 있는 교리서catechism 『천주실의天主實義』(남창 1595, 북경 1601)를 저술하였다. 이와 더불어 『천주실의』의 본문에서 확인할 수 있는 바와 같이 사서와 오경에 대한 연구로부터 계시적 신 개념의 근거를 찾기 위해 심혈을 기울였다. 리치도 선임자를 따라 사서四書를 라틴어로 번역(1593)하였으며 신유학에 의존하기보다는 본원유학 속에서 그리스도교와의 종합테제를 찾으려 노력하였다. 리치는 또한 중국에 새로 도착하는 선교사들을 위해 『중

제대 옆에 서 있는 마테오 리치. 마테오 리치가 서거한 지 101년째 되는 해인 1711년 4월 11일 북경에 새로 건립된 예수회 남당성당의 헌정을 위해 강희제가 지은 글이 새겨진 비문을 가리키고 있다. Jean-Baptiste Du Halde, S. J의 *Description de la Chine*. Paris, 1741, vol. 2에서 인용.

국탐험*De Christiana expeditione apud Sinas*』을 저술하였다. 내용 가운데 사서 번역이 언급되었고 이 책은 후일 후계자들에 의해 보완되어 1662년 『중국지혜*Sapientia Sina*』라는 제목으로 출판되었다. 이 책 가운데 공자의 생애가 두 페이지에 걸쳐 소개되어 있다. 리치의 보유론적 선교의 노력은 그의 후계자들에 의해 파리에서 사서 가운데 맹자를 제외한 나머지 경서의 번역을 포함하여 『중국 철학자 공자*Confucius Sinarum Philosophus*』(1687)로 발간되었다. 여기서 공자는 국학의 대스승이며 두 종교의 매개자로 등장한다. 이 책은 루이 14세에게 헌정되었다.

마테오 리치의 절친한 친구이자 명나라 대신인 서광계. Jean-Baptiste Du Halde, S. J의 *Description de la Chine*. Paris, 1741, vol. 3에서 인용.

낯선 문화의 이해 과정은 항상 오해로부터 시작되듯이 개방적인 이들 예수회 선교사들도 예외는 아니었다. 예수회 회원 아타나시우스 키르허 (Athanasius Kircher, 1601~1680)는 르네상스 전통에 따라 비교(秘敎, Hermetism)에 관한 관심으로부터 고대 이집트 문화를 연구하게 되었다. 그는 이집트 상형문자 안에 비의가 숨어 있다고 생각하고 언어에 깊은 관심을 보였다. 그는 중국문자와 이집트 상형문자 사이의 유사성을 발견하였고 이를 고대에 중국이 이집트의 식민지였음을 나타내는 증거로 삼았다. 중국문화가 이집트문화의 아류라는 생각은 그의 기념비적인 저작

『중국도설China illustrata』(1667)에 잘 나타나 있다. 하지만 그의 후계자 요아킴 부베(Joachim Bouvet, 1656~1730)는 복희씨의 『역경』을 가장 오래된 책으로 보았다. 그는 역의 괘에 세계의 모든 현상을 축약하는 방법이 있으며 이 책 안에 그리스도교 비의가 담겨져 있다고 믿었다. 그는 청대의 정치적 관계의 영향을 고려해서 적응주의 원칙을 사서에 근거하지 않고 『역경』에 의존함으로써 거의 공자를 다루지 않게 되었다. 이는 선교사들의 적응주의 전략의 변화를 나타내고 있다.

예수회 회원들은 중국의 철학적 전통을 연구하는 가운데 중국인들이 그리스도교의 가르침을 수용할 수 있을 만큼 충분히 계몽되어 있다는 확신을 갖게 되었다. 그들은 중국을 보편적 이성의 기반 위에서 도덕성과 사회질서에 대한 규범을 제공할 수 있도록 현명하게 교육받은 군주에 의하여 통치되는 나라로 묘사하였다. 중국은 전통적으로 통치자들이 의례를 통하여 상제와 천이라고 하는 더 높은 이성의 힘을 인식하고 이에 의존하고 있다고 생각하였다. 따라서 마테오 리치의 후계자들은 여기에 기반하여 유교문화가 갖고 있는 언어와 문학과 신념체계의 역사성을 인식하고 유교의례에 가톨릭 미사전례를 은밀히 접목하려 하였다. 이들은 미사전례에 의관에서부터 조상숭배에 이르는 유교의 개념에까지 적응주의를 적용하였다. 이러한 대담한 적응주의적 시도는 내부적으로 가톨릭의 정통교리를 위배하는 것이었고, 결국 예수회와 후속 선교회인 도미니꼬회, 프란치스코회와의 전례논쟁으로 발전하였다가 1742년 교황의 예수회 퇴거 명령으로 논쟁의 막을 내리게 되었다.

이에 앞서 유럽에서는 프란시스 베이컨(Francis Bacon, 1561~1626) 이후 지나치게 이성 의존적인 아리스토텔레스주의를 비판하며 새로운 실증적 신지식 운동이 일어났다. 이로부터 점차 새로운 유럽 지성들의 학술모임이 형성되기 시작하였다. 이 움직임에 선행된 모임은 갈릴레오가 회원으로 있었던 로마의 아카데미(Accademia dei Lincei, 1600~1630)였고, 첫 소사이어티는 플로렌스의 아카데미(Accademia del Cimento, 1657~1667)였다. 지속적으로 중요한 역할을 했던 영국의 왕립학회Royal Society는 1662년에 설립되었고, 파리 과학아카데미Academie des Sciences는 1666년에, 베를린 과학아카데미Akademie der Wissenschaften는 1700년에 설립되었다. 이러한 학술모임들은 선교사들을 통하여 동양에서 유입된 신지식이 논의되는 장소였으며 계몽철학이 성장하는 터전이었다.

유교와 계몽사상

계몽기에 유럽에 불기 시작한 중국문화에 대한 광범위한 관심과 유교철학에 대한 논의는, 계시적 신으로부터 탈출하여 새롭게 인문적인 윤리적 규범을 정초해야 하는 유럽의 지적 풍토에서는 당연한 일이었다. 계몽주의자들은 공자를 자신들의 후견인으로 숭배하며 연구하였다. 계몽기 전후에 유교에 관심을 갖고 있었던 사상가들로는 몽테뉴, 말르브랑슈, 베일, 라이프니츠, 볼프, 몽테스키외, 디드로, 엘베시우스, 케네 그리고 아담 스미스를 들 수 있다. 이들은 철학, 정치제도, 교육제도 등 중국의 문화와 제도에 매료되었고, 유교를 유럽문화에 나타난 불합리성을 검증하는 거울이자 정치와 도덕 개혁의 모델로 삼았으며 그리스도교 가치관을 대신할 새로운 규범체계로 인식하였다. 하지만 계몽철학자들의 중국문화에 대한 관심은 유교에 한정되었고 도교와 불교에 대한 연구는 선교사들의 입장을 비판없이 수용했다. 이들의 유교 해석은 당시 계몽주의의 관점에서 바라

공부자 국학 안에 묘사된 공부자. Philippe Couplet et al의 Confucius Sinarum philosophus(Paris 1687) p. cxvi에서 인용.

보는 정치철학과 동양에 대한 유토피아적 시각에 한정되었다. 그럼에도 불구하고 유교가 서구 계몽철학에 미친 영향은 간과할 수 없는 것이었다.

　인간적인 영역, 특별히 고유한 자아에 관심을 기울인 몽테뉴(Michel Euquem de Montaigne, 1533~1593)는 그의 『수상록』에서 확실하고 궁극적인 지식에 대한 불확실성과 세계의 무한한 다양성 그리고 도덕적 교훈의 보편성에 대한 신념을 지지하기 위해 중국의 사례를 언급하였다. 몽테뉴는 세계와 인간은 어떤 특정한 질서가 아니라 예측 불가능한 형상이나 삶의 형식에 의하여 진행되는 것이므로 개방적인 자세를 갖고 삶을 성찰하기를 요구하였다. 그에게 중국은 유럽인들이 미처 인식하지 못했던 인간의 다양한 삶 가운데 하나였다.

말르브랑슈(Nicolas de Malebranche, 1638~1715)는 몽테뉴 이후 중국에 대한 관심이 높아졌으며 지적 사유에 깊이 개입하기 시작하였음을 그의 저작에서 밝히고 있다. 그의 논문 『신의 실존과 본성에 대한 기독교 철학자와 중국철학자의 대화』에서 유교를 스피노자주의 형식으로 제시하며 당시 계몽 철학자들이 그러하듯 자신의 철학적 목표인 데카르트주의에 관한 자신의 독특한 해석을 관철시키기 위하여 전략적으로 이용하였다.

베일(Pierre Bayle, 1646~1706)은 중국에 대한 몽테뉴의 관심을 발전시켰다. 그는 반권위주의적 회의주의를 견지하면서 중국의 고대성을 인용하여 전통적인 성서 연대기를 전복시키고 낭트 칙령의 취소에 따른 종교적 불관용과 박해를 공격한 자유사상가였다. 베일은 무엇보다 진리를 억압하는 형이상학과 종교적 요소를 공격하였다. 그는 그의 저작 『역사 및 비평사전』에서 관용의 일반원리를 수립하는 가운데 같은 계몽철학자인 스피노자와 라이프니츠의 형이상학적 체계에 대해서도 의문을 제기했다. 그는 그리스도교의 유신론이 도덕규범을 확립하기 위한 필수적인 선행조건이 되지 못함을 증명하고자 하였다.

베일과 동시대인인 라이프니츠(Gottfried Wilhelm Leibniz, 1646~1716)는 계몽철학자 가운데 예수회 선교사들과 가장 빈번한 교류를 갖고 있었다. 그의 중국에 관한 중요한 두 저작은 예수회 선교사들의 보고서와 편지의 요약문에 서문을 실은 『현대중국』(1697)과 중국철학에 관한 논문 『중국의 자연신학론』이다. 여기서 라이프니츠는 중국은 계시보다는 이성에 바탕을 둔 자연종교를 형성하고 있음을 확인했다. 그는 서양의 계시종교와 중국의 윤리와 자연신학이 대등하게 조화를 이루는 보편적 종교의 토대를 마련하려고 했다. 그가 『단자론』에서 언급한 바와 같이, 우주의 모든 양상이 타자와의 상관적 관계에서 서로 조화롭게 작용하며 우주를 반영한다는 사유는 그의 철학에 나타난 중국철학과의 연관성을 발견하기에 충분하다. 라이프니츠의 이성적 낙관주의와 조화의 사상은 보편어인 잃어버린 아담의 언어를 되찾는 모색에서 드러난다. 단순하며 명백하고 통일된 언어체계를 찾으려는 그들의 노력은 수학적이고 실증적인 원리에 기초를 둔 논리적이고 과학적 언어를 재구성해보려는 학자들의 옹호를 받게 된다. 이러한 움직임은 중세부터 연원을 갖고 있었지만 프란시스 베이컨이 보편언어Real Characters의 필요성을 제기함으로써 박차를 가하였고 보일(Robert Boyle, 1627~1691), 베일, 샤프츠베리(Anthony Ashley Cooper 3rd Earl of Shaftesbury, 1671~1713) 등이 보편 학문의 발전과 회의주의 타파를 위해 종교와 국가를 초월한 인간언어lingua humana를 연구하였다. 이 입장을 따라서 라이프니츠 역시 서로 다른 언어간의 이해를 원활히 하고, 엄밀한 인식과 판단의 도구로서 '보편학술어Ars characteristica universalis' 체계를 구성해 보려는 시도에서 중국문자가 가지고 있는 사유의 논리적 조합가능성과 문자의 사유상징성Alphabetum cogitationum humanorum에 깊은 관심을 갖게 되었다. 중국문자와의 만남은 라이프니츠에게 아리스토텔레스 이후 전통적으로 단순히 사유의 이차적 전달도구로만 인식되어온 문자에 대한 의미론적 반성을 불러일으켰으며, 중국문자를 자신이 구상하고 있던 보편학술어의 모델로 삼게 되었다. 그러나 이 시도는 자연어와 조어의 의미론적 차이를 고려하는 데까지 이르지는 못하였다. ·

라이프니츠는 자신과 학문적 교류를 갖고 있었던 예수회 선교사 부베를 통하여 신비한 고대 중국 텍스트인 『역경』을 소개받고서 학문적으로 크게 고무되었다. 그는 『역경』이 단순히 점을 치는 책이 아니라 도덕적 지침을 제시하기 위하여 효爻와 괘卦로 구성된 복잡한 상징체계를 갖추고 있음을 발견하였다. 이는 중국의 상징체계를 여는 열쇠이며 보편과학의 토대가 되었음을 알게 되었다. 그는 또한 보편언어를 구상하는 가운데 발견한 자신의 이진법 체계가 보편타당성이 있음을 확신했다. 따라서 그의 『중국의 자연철학론』에서 신유학의 철학개념인 이理와 기氣 개념을 서구의 철학개념과 밀접하게 비교할 수 있었으며 이러한 기초 위에 공통적인 철학 신념을 형성하기를 기대하였다. 라이프니츠는 런던과 파리 과학아카데미에서 중요하고 광범위한 교류를 통해 이러한 학적 관심사를 구체화하였으며, 이를 바탕으로 베를린 과학아카데미의 설립에 기여하게 되었다.

중국에 관한 라이프니츠의 학적인 관심사는 후대의 학자들에게 많은 영향을 주었다. 특별히 라이프니츠의 제자이자 독일 합리주의 철학을 대표하며 칸트가 마음의 문제에 관심을 갖게 된 것과 연관지어 그에게 사숙한 크리스티안 볼프(Christian Wolff, 1679~1754)를 주목할 필요가 있다. 볼프는 라이프니츠와 칸트를 잇는 독일 계몽기의 중요한 철학자로서 라이프니츠의 형이상학을 논리학으로 환원시켰다. 베를린 아카데미회원으로서 그는 라이프니츠와 마찬가지로 중국선교사들의 보고서와 자료를 접하게 되었다. 볼프는 유교를 상세히 연구했고 특별히 그가 관심을 갖게 된 "신이 없더라도 항상 유효하게 남을 수 있는 도덕체계"를 구축하려 하였다. 이러한 시도가 선교사를 통하여 새롭게 접한 "신이 없는 상태에서 도덕체계를 유지하고 있는 유교"의 영향이었음을 부인할 수 없다. 그는 1721년 할레 대학에서 행한 "중국인들의 실천철학에 관한 언급"이라는 연설에서, "공자에 의해서 나타난 중국인들의 (도덕적) 확신으로서 (인간이) '자연스러운 능력'을 얼마나 강력하게 발휘할 수 있는지를 이보다 더

170

잘 보여준 예는 일찍이 어디에도 없었다"고 하였다. 즉, 유교의 도덕적 가르침은 계시보다는 자연이성의 빛에 바탕을 두지만 그리스도교의 가르침과 동등하다고 선언하였다. 결국 그는 예수와 공자를 비교함으로써 동료들의 비난을 샀으며 마침내 할레를 떠나게 되었다. 칸트(Immanuel Kant, 1724~1804)는 볼프의 철학을 교의적 이성주의dogmatischen Rationalismus라고 비난하였지만 도덕체계에 관한 볼프의 관심은 칸트에게 유산되어 발전하였다고 볼 수 있다. 칸트의 다음의 언급은 볼프와의 연관성을 찾기에 충분하다. 그는 『순수이성의 한계 내에서의 종교』에서 "도덕은 …… 인간이 의무를 깨닫기 위하여 인간 이상의 어떤 다른 존재의 관념도 필요하지 않으며, 인간의 의무를 완수하기 위한 법칙을 떠난 다른 어떤 동기에 관한 관념도 필요로 하지 않는다. …… 따라서 도덕은 도덕을 위하여 결코 어떤 종교를 요구하지 않으면서 순수 실천이성에 의해 자족적이다"라고 논의를 시작하고 있다.

이 시기 프랑스의 중국 예찬론자의 대부는 볼테르(Voltaire, 본명 Francois Marie Arouet, 1694~1778)였다. 볼테르는 중국인에 관한 글에서 "그들의 공자는 그들에게 새로운 관점이나 규범을 가져다 준 것이 아니다. 그는 영적인 존재나 예언자로 나타난 것이 아니다. 그는 단지 옛 도를 가르치는 지혜로운 사람이었다. …… 그는 단지 덕을 권했을 뿐이지 고유한 신비를 설파한 것이 아니다"라고 하였다. 그는 자신의 저술 『습속론』에서 중국인의 도덕철학과 합리적 원리에 바탕을 둔 중국 정치체제의 우위성을 주장하며 당시 구체제의 폭정과 완고한 미신과 불관용의 종교에 맞서 싸웠다. 볼테르는 앞선 예수회 선교사들로부터 공자가 이상적 철학자이자 정치가로서 종교적 독단으로부터 자유로운 정치철학을 제시했을 뿐 아니라 중국을 지배하는 조화로운 정치질서의 토대를 세운 원형적 합리주의자임을 배웠다. 그리스도교의 위대한 신학적 체계를 미신과 현란한 의식 그리고 부패한 제도로 파악한 볼테르는 유교도를 이신론자理神論者로 보았으며, 그들의 신앙을 최고의 신성에 관한 신앙에 바탕을 둔 것이 아니라 이성의 자연권에 기반한 것으로 이해하였다. 또한 조상들에 대한 제례의식에는 미신적인 요소가 없으며 고인에 대한 존경의 표현으로 사회에 도덕적 질서를 부여하는 효과적인 종교적 기능을 갖추고 있다고 인식하였다. 그는 예수회원의 가르침을 따라 도교와 불교를 경멸하였지만 유교에서 타종교에 대한 관용정신을 발견하였다. 또한 보편사 구성에 관심을 보여 온 볼테르는 그의 여러 저작에서 비유럽 국가와 중국에 유럽과 대등한 문화적 성취를 이룩한 문명이 있음을 밝혔다. 이러한 급진적 문화 상대론은 백과전서파들에게 영향을 주어 급진적 오리엔탈리즘의 입장에서 기존의 그리스도교 문명을 극복해야 할 '구체제'로 인식하게끔하였다.

백과전서파와 밀접한 교류를 갖고 있었던 케네(Francois Quesnay, 1694~1774)는 중농주의 경제 이론에서 중국의 정치 체계를 옹호하는 이론을 전개하였다. 그가 말하는 중농주의physiocracy는 문자 그대로 '자연의 규칙'을 의미한다. 그는 자신의 『경제표』에서 국가의 부는 궁극적으로 땅과 농업으로부터 나오며 부의 이용과 분배는 시장의 자연법칙에 따르도록 하였다. 이는 규제와 조세의 부담을 줄이고 인위적으로가 아니라 자연적이고 자발적으로 생산활동에 참여케 함으로써 조화와 균형을 이루게 하는 것이다. 따라서 황제는 직접 경제를 조정하는 것이 아니라 그의 덕을 통하여 자연의 섭리를 보장해야 한다. 자연은 조작을 가하지 않는다면 스스로의 법칙에 따라 만인을 위한 최선의 결과를 내므로 존중받아야 한다. 그러므로 고대의 성군은 자유방임Laissez faire으로 이해되는 '무위'의 정책

172

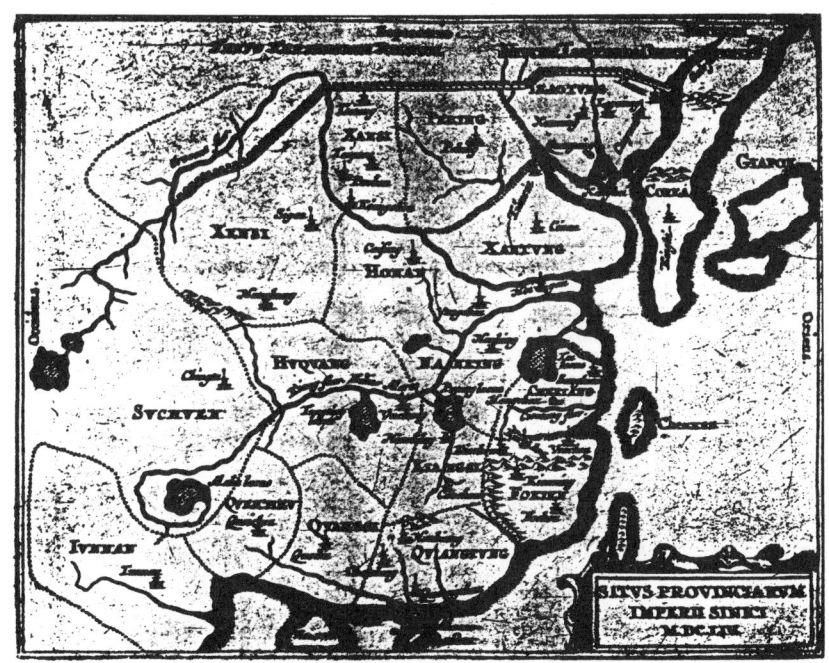

중국지도1 1654년경 중국 지방의 경계를 나타낸 지도.
Martino Martini의 *De bello tartarico* (Amsterdam, 1655)에서 인용.

을 폈던 것이다. 그의 경제이론은 아담 스미스(Adam Smith, 1723~1790)의 자유시장이론에 영향을 미쳤다. 그는 당시 '유럽의 공자'라고 불릴 정도로 중국문화에 깊은 관심을 갖고 있었는데 그에게 중국의 정치제도는 합리적인 전제정치의 모델이었다. 사회가 전제군주 개인의 관심사에 따라 움직이는 것이 아니라, 법의 지배에 따라 군주가 국민의 복지와 사회적 안정을 추구하는 사회를 유럽이 따라야 할 이상사회로 간주하였다. 케네는 중국의 과거제도와 교육제도를 높이 평가하였으며 이 제도는 후에 영국과 프랑스에 도입될 정도로 공직자 선발에 깊은 영향을 주었다.

중국에 호기심을 크게 보인 영국의 지성들은 '이신론자들'이라 할 수

중국지도2 상세한 중국지도, Martino Martini의 *Novus atlas Sinensis*(Amsterdam, 1655)에서 인용.

있다. 그들은 중국학자들이 본질적으로 일치한다고 주장하며 중국을 인용하였다. 데이비드 흄(David Hume, 1711~1776)은 중국인들을 "우주에서 유일한 이신론자들의 수도자 집단"으로 묘사했으며, 모든 인간에게 부여된 '이성의 빛'에 바탕을 둔 자연종교를 믿었던 허버트(Edward Herbert, 1583~1648)는 합리주의에 바탕을 둔 종교적 신념들은 인류가 보편적으로 지니고 있는 것이며 이는 모든 제도화된 종교들의 기초가 된다고 주장하였다. 영국 이신론자들 가운데 가장 학식이 뛰어난 틴달(Deisten Matthew Tindal, 1657~1733)은 유교의 도덕적 가르침이 계시에 토대를 둔 그리스도교와는 달리 합리성에 바탕을 두고 있음을 강조하였다. 그에게 공자는 도덕적 가치 수준으로 폄하되었던 그리스도교 복음의 이상적 판본이었다. 그는 "나는 공자와 예수 그리스도와의 차이를 다음과 같이 생각한다: 공

174

자의 명백하고 단순한 뛰어난 가치가 예수 그리스도의 분명치 않은 고결함을 깨우쳐주도록 돕는다"고 하였다. 이렇듯 유럽의 계몽기에 공자는 기원전 희랍 도덕철학자 소크라테스와 스토아 철학자들보다 높은 권위를 점하고 있었다. 중국문화에 대한 관심은 종교와 철학뿐만이 아니라 문화, 예술에도 확대되어 중국미술은 바로크와 로코코 양식에 깊은 인상을 주게 되었다.

그러나 칸트의 비판 철학과 헤겔(Georg W. F. Hegel, 1770~1831)의 변증법적 사유를 통해서 중국에 관한 관심은 표면적으로 그 철학적 근거를 상실하게 된다. 계몽사상가들의 관심의 대상이었던 단순성, 근원성, 예언성이 거부되었고, 포괄적인 세계관은 헤겔의 사유 안에서 통일되고, 견고한 모든 현상의 주체가 되는 '실체적substantiellen'인 개념에 함몰되었다. 몽테스키외(Baron de La Brede et de Montesquieu, 1689~1755)는 『법의 정신』에서 이미 그 당시 지성들의 중국 붐으로부터 어느 정도 거리를 두고 있었다. 헤르더(Johann Gottfried Herder, 1744~1803)는 공자를 교화적인 정치 도덕가로 이해하였다. 공자에 대한 이러한 폄하는 계속되는 연구 경향에 영향을 미치게 되었다. 막스 베버(Max Weber, 1864~1920)에게 공자의 철학은 단순히 "사회 적응을 위한 도덕"으로 이해되었다. 독일 관념론의 영향 아래 서 있는 그의 방법론은 이후의 중국 연구에 지대한 영향을 미치게 되었다.

계몽과 관념론적 이해를 넘어서

철학의 어떤 분야보다도 윤리학은 계몽철학자들이 중국에 보였던 관심의 한가운데에 있었다. 당시에 보였던 그들 지식의 정확도가 어느 정도인지에 관계없이, 중국에 대한 그들의 관심은 후대 연구자들보다 훨씬 진지했다. 그들에게 중국은 어떤 임의적이고 주관적인 논제가 아니었고, 공통의 관심사인 이성의 승리 속에서 그들을 지탱해 줄 새로운 사유의 기반이었다. 하지만 계몽주의 지식인들이 중국에 매혹되었다 할지라도 당면한 문제인 다른 문화들에 대한 관심의 체계적인 기초는 그 중요성을 남기고 있었다. 즉, 근대 중국의 운명과 그것에 관한 부정적인 평가의 영향 아래에서, 중국의 문명에 열광하는 것이 모두 정당화될 수 있는가의 여부에 대해 의문이 제기됐다. 과연 공자는 프랑스 중농주의자들 이후의 문명적 전제주의를 위한, 혹은 자유를 희생시킨 대가를 보상할 만한 가치를 가지고 있는가? 아시아 전반의 경우처럼, 중국이 찬양받은 정신은 실제로 노예의 정신에 불과하다는 몽테스키외의 의심은, 프랑스 혁명이 그때까지는 뜻밖이었던 진보의 관점을 제시한 이래 바로 서구사상의 주류를 형성하는 새로운 여론으로 등장하게 된다.

몽테스키외는 처음으로 '질서의 통일' 개념으로 중국을 해석해 오던 서구의 진부한 자세에 부정적인 평가를 내렸다. 계몽철학자들은 자연의 질서와 도덕적인 인간 질서의 통일을 다룬 스토아학파의 이론에 감명받아 왔고, 이 이론적 토대를 위한 자료를 이어서 알려진 중국 문헌으로부터 수집되었다. 그러나 중국에 대한 몽테스키외의 비평에서 그러한 통일 개념은 '전제주의의 정신'에 생기를 불어넣는 자연적인 풍조로서의 문화 현상인 관습, 제도, 법, 그리고 종교에 대한 전반적인 고려를 야기했다. 그는 "보잘 것 없는 대안조차도 없는 사회적 구조의 고착성 때문에 중국에는 어떠한 발전도 없다"고 보았다.

권력을 분산시키자는 몽테스키외의 새로운 견해는 앞에서 언급한 변변

176

치 못한 통합기능으로 점차적으로 무너져가는 전제주의 전형을 대체했다. 독일의 관념론과 낭만주의는 18세기 우호적으로 수용되었던 중국 사상에 결정타를 먹였다. 칸트의 비판철학은 철학적으로 중국에 호의적이었던 사람들에게 마지막 보루였던 이성과 자연의 통일이라는 신념을 파괴했다. 또 다른 '대중의 정신' 의 개별성이 나타난 낭만주의적 탐구는 계몽적 세계주의를 위협했다. 양자의 발전은 중국 윤리학에 대한 평가의 근거로 존재했던 스토아 시대에 종말을 고하게 하였다. 18세기 유행하던 두 단어, '자연' 과 '세계주의자' 의 쇠락과 함께, 중국의 시대도 퇴락하기 시작했다. 서구 이성주의는 증가하는 비이성적인 본질적 감성으로부터 자신을 분리했다. 세계정신weltgeist으로서의 헤겔의 '절대 이성' 과 그것의 역사적 양태는 칸트학파와 낭만주의적 특징의 어떤 화합을 의미했다. 그러나 헤겔의 만물을 포용하는 새로운 체계 내에서, 중국은 중국 자체를 통과하고 그것을 뛰어넘어 발전하는 단순한 시작점이 되었다. 중국은 무지개 빛 선입견에서 벗어나 서양에 그 자체로서 다가섰던 것이다.

중국문명에 대한 계몽철학자들의 긍정적인 이해와 몽테스키외와 독일 관념론자들의 부정적인 견해는 서구적 관점의 중국에 대한 두 가지 형태의 해석이라 할 수 있다. 하지만 이러한 상반된 평가의 패러다임은 훗날의 평가를 위해 근본적인 것을 남겨 놓았다. 오늘날의 압도적인 중국이해의 패러다임은 부정적이 아닌 중립적이거나 혹은 긍정적인 변형이라 할 수 있다. 그것은 전일주의 또는 타율성을 자각하게 하는 형태로 인식된 유교 윤리학에 대한 단순한 긍정적 인식을 넘어섰다. 이 점은 로에츠 Heiner Roetz가 구분한 바와 같이 ① 사유와 언어 형태, ② 사회경제와 정치적 관점, 그리고 ③ 종교의 관점에서 설명될 수 있다.

① 사유와 언어 형태의 관점

'중국적인 사고'는 근대 서구적 삶의 방식의 지루함이 도를 넘어설 때 그저 신비로운 질 낮은 도구일 뿐이었다. 부정적으로 언급된 이 개념은 주로 "세계로의 신비한 관계" 혹은 "극복되지 못한 자연으로의 세속화된 기본적인 신비한 관계" 등으로 지칭될 수 있다. 독일 관념론의 후계자들에게 이러한 설명은 윤리적으로 중요성을 갖는다. 사람과 자연 사이에 경계를 긋지 않는 사고는 독립적인 입장에서 마주보는 사회를 이루지 못한다. 그것은 둘 사이의 차이점을 인식하는 것도 그 자체의 타율성도 아닌, 우주의 움직임 안으로 묻혀가는 듯한 방식으로 사회 내의 기억 속에 묻히게 된다. 이러한 전일주의적인 우주 내에서 의례의 규칙은 세부적으로 세계의 일반적 순서와 일치한다. 그라네(Marcel Granet, 1884~1940)는 제도의 신비한 본성에 대한 뒤르켐(Emile Durkheim, 1858~1917)의 연구에 힘입어 중국에 대한 서구의 전통적 관점을 새롭게 조명하였다. 그는 중국사회가 뒤르켐이 말하는 '집단적 무의식'을 잘 보여주는 전형적인 사회라는 데 매력을 느꼈다. 그리고 '집단적 무의식'의 기원은 바로 헤겔이 중국에 지정한 역사의 첫 번째 단계에서의 나누어지지 않은 '일반적인 것'으로 평가했던 것이다.

중국 윤리학은 또한 사고에 잠재된 '신비한magic' 형태와 관련해 자주 언급되었다. 베버가 "순수하게 신비한 종교의 안전하며 계속적인 존재"라고 가정하였을 때, 유교의 "세상에 대한 조건 없는 긍정과 조정의 원리"는 그에게 중국을 이해하는 열쇠였다. 그러나 베버는 유교가 단지 내성耐性이 있는 신비함인지 그것에 의해 그 자체가 고취되는 것인지는 결론을 내리지 못했다. 이러한 망설임을 물리치고 트라우체텔Trauzettell은 "세상에 대한 신비한 관계"가 "유교가 참여했던 고대중국의 공동의 문화적 자산"임을 강조하였다. 사유의 신비한 형태가 개체성과 자율에 대해 단지 장애물이었던 것은 아니었다.

'신비' 위주의 접근을 변화시키는 것이 핑가레트Herbert Fingarette에 의해 제안되었다. 핑가레트에게 있어서 '신비로움'은 종교의식과 관습 그리고 언어에 의한 일상적 삶에서 자발적으로 일어나는 기적이라 할 수 있다. 핑가레트는 인간의 행동이 '신비로운 기능'을 가지고 있으며 이러한 사실을 우리에게 알려준 사람이 바로 공자라고 보았다. 핑가레트의 이러한 논지는 사상의 뒤쳐진 형태가 아닌, 참여자들의 잠재적인 노력 없이도 사회적 관계가 그 자체를 구성한다는 '보이지 않는 손'의 역할을 주목한 것이다. 여기에서 중요한 것은 인간이 자기 자신을 찾게 되고 무엇보다 자신에 의해 의도적으로 창조될 필요가 없는 사회적 맥락이다. 핑가레트의 논지는 베버학파의 학설의 부정적인 논점이 어떻게 실용적인 학설에 의해 인계되고 긍정적으로 재평가되는지를 상세히 보여주었다.

언어학 연구를 통해 전임자들의 문법적인 무관심을 교정하려고 한 사람은 훔볼트Wilhelm V. Humboldt였다. 훔볼트에 따르면 모든 언어에는 유일한 세계관을 담고 있다. 언어는 수동적인 도구라기보다 생각의 구조적인 기관이다. 훔볼트는 문장을 구성하는 문법적인 방법에서 언어들 사이의 중요한 차이점을 찾았다. 그는 중국어는 어형론의 부족으로 어형 변화를 하는 언어보다 생각을 덜 고무시킨다고 보았다. 이와 함께 처음으로 언어의 구조가 중국과 서양 사이에서 사유구조의 차이를 야기하는 것으로 인정되었다. 철학에서 훔볼트의 논지는 사유의 일반적인 형식에 대한 그의 가정으로 인해 언어 상대주의로 발전되었다. 여기서 표면적으로는 부족해 보이는 중국어가 다양한 결손을 보여주는 예로 사용되었다. 이러한 결손은 무엇보다도 과학, 특히 자연과학의 발전을 지연시켰다. 더구나 도덕적 측면이 역시 연결되어 있고 양쪽의 차원, 과학적 차원과 도덕적 차원이 상호 보완적이기 때문에 중국어는 윤리적으로도 문제를 가지고 있다고 보았다. 중국어의 문장이 명확한 주어를 포함하고 있지 않다는 사실이 윤리학적으로 포르케Alfred Forke에 의해 '집단 사고적 경향'과 연결되었고, 차르너V. Tscharner에 의해 '완전한 개인적 성향의 부재'와 연결되었다.

중국인의 언어에 관한 그라네의 분석은 중국어 단어에 중점을 두었다. 그것은 간단히 말해서 신비한 힘으로 바로 표출되는 표준화된 행동의 '상象'으로 이해되었다. 자신의 한계를 한정짓지 않고 끝없이 물어 나아가려는 사람에게 한계는 없다. 넥트Negt에게 중국어는 순수한 발화 매개적인 언어의 모델이었다. 그것은 논쟁적 의사소통의 수단이 아니라 행동을 직접 이끌기 때문이다. 단어를 발음하고 글자를 쓰는 것으로서의 언어는 역사적 경험상 항상 올바른 것들을 전달했다. 마법과 같이 행동을 이끄는 언어의 수행력은 윤리를 대신하였다. 수행적 언어관은 핑가레트Herbert Fingarette에게서 더욱 구체화되었다. 그는 오스틴J. L. Austin의 이론을 원용하여 유가의 수행적Performative 언어관을 언급하였다. 예와 관련지어 언어의 수행성을 강조하고 있으며 언어를 예를 실행시키는 핵심으로 보았다. 왜냐하면 올바른 언어의 사용은 물리적 행위와 마찬가지로 효율적으로 행위를 구성해내며 그 자체가 행위를 확인시키기 때문이다. 그가 인식하는 공자의 가장 중요한 업적은 공자가 중국에서 자기 이전에 누구도 한 적이 없었던 방법으로 예를 새롭게 인식하여 인간존재에 정신적 도덕적 영역이 존재함을 밝히고 그것을 자각시켰다는 것이다.

이와 더불어 한센Chad Hansen은 중국 언어의 특징은 사유를 분석하고 논리정연하게 표현하기보다는 행위의 효과를 이끄는 잠재적인 요구의

180

가치를 갖고 있다고 하였다. 그의 분석적인 언어—실용주의적 접근은 전일적이고 타율적이며 자유, 개인주의, 개별적 존엄성과는 거리가 있다는 중국인에 대한 그의 도덕적 관점과 맥을 같이하고 있다. 그의 분석을 몇 가지로 나누어보면 첫째, 중국어 명사는 단수/복수의 구조가 아니라 부분과 전체의 구조를 이루고 있는 집단 명사라는 가정이다. 그는 이것을 추상적 전체나 보편개념의 사유를 제한하게 한 원인으로 보았다. 둘째, 문장을 명칭의 묶음들로 인식한다. 셋째, 고대 중국인들은 명제적 진술을 하지 않는다는 것이다. 이는 중국인들의 진술이 도덕적 행위를 내포하고 있는 사회적 태도를 언급할 뿐 단순히 지적 내용을 언급하지 않는다는 것이다. 모든 진술은 공동체 수행Community Practices과 밀접히 관련되어 있다는 것이다. 이것을 그는 언어의 실용적 측면이라고 하였다. "사태에 대한 인식knowing that"을 넘어서 "도덕적 행위에 대한 인식knowing how"에 우선권을 두는 원리는 실용주의의 중심테마를 이룬다.

한센의 입장에 대하여 로에츠Heiner Roetz는 중국어 진술을 더욱 세밀하게 분석하여 명제적 진술의 가능성을 제시하고 있다. 그는 "보편타당성 개념common validity concepts"은 적절성의 표현을 넘어서 분명히 명제적 진리와 관련이 있다고 보았다. 또한 '올바름'과 관련된 언급은 단순히 관습적인 언어사용이나 행동으로 보지 않았다. 그는 시是/비非, 정正/사邪, 정情, 가可, 의宜, 당當, 연然, 고固, 실實/허虛 등의 개념을 의미론적으로 분석하여, 한센의 이론으로부터 문맥과 관련지어 진리Truth의 기술양식constative mode, 정당Rightness한 규제양식regulative mode, 성실Sincerity한 표현양식 expressive mode 등 세 가지의 진술형태로 구분하여 확장하였다. 이것이 그가 중국 언어의 해석학적 전망을 갖게 한 논의의 기반이다.

② 사회경제와 정치적 관점

막스 베버는 자본주의 발생론에 초점을 맞춘 사회경제학적 분석에서 청교도와 유교의 합리성의 차이를 규명하였다. "청교도들의 합리성은 세상에 대한 지배를 의미하고 있으며 유자들의 합리성은 세상에 대한 적응을 의미한다"는 것이다. 청교도들은 그들의 내세적 구원 확신을 금욕적인 현세 생활을 통하여 나타냈고 이것은 사회적 자본의 축적을 가져온 동시에 확대 재생산의 기반이 되었으나, 유자들의 생활은 현세적이고 소비 지향적인 생활로 인해 사회적 자본 축적의 기회를 갖지 못하고 말았다고 보았다. 베버는 그의 사회경제학적 분석에서 사회 영향력의 중요성을 강조하였다. 그가 파악하기에 사회적 윤리의 전달자인 중국의 지식 계급은 독립적인 계층이 아니었다. 그들은 조정에 대한 관계에 의해 조성된 그들의 지성을 사용해 품위 있게 봉사하는 것을 목표를 삼았다. 그들은 유교 안에 적용하는 정통성을 가진 지위계급이었다. 지위계급으로 가는 관문은 부단한 공부를 통해 현존하는 사상에 대한 동화와 사고 능력을 보여주는 데 적합한 시험을 통과함으로써 도달할 수 있었다. 교육과 규칙의 복잡한 사슬에 의해 세상에 던져지는 의문에 대한 어떤 관심도 쓸모없는 것이었다. 사유의 비판적인 형태는 오히려 사회적 진보에 대한 전망이 없는 평민 계급 사이에서 더욱 쉽게 발전하였다.

빗포겔Wittfogel에게 중국의 사회경제학적인 조건은 중국의 운명을 이해하는 열쇠이다. 그가 주장한 '수력의 사회'는 '주어진' 사회 형태를 당연하게 여기는 전제정치를 만들어냈다. 전제정치는 개인의 해방을 가로막았다. 그런데 왜 다른 문화에서 큰 발전을 가능하게 했던 다른 형태의 권력의 힘을 중국에서는 확인할 수 없는지가 궁금하였다. 하지만 이러한 의구심 뒤에는 동아시아의 자본주의의 급성장이 서양의 사회경제적인 이론에서 간과한 여러 사회적 요소들에 더 많은 설명을 남겨두고 있다.

　1948년 세계인권선언은 1970년대 중반, 시민과 정치 그밖에 경제, 사회, 문화적 권리에 대한 인권협약으로 발전 조인되었다. 1960년대 말 중국에서는 문화혁명이 일어났고, 1989년의 천안문 사건은 다시 중국인의 삶에 나타난 인권문제를 환기시켰다. 이 과정에서 서구인들이 지속적으로 관심을 가진 것은 인권에 대한 중국인들의 전통적인 이해였다. 트위스Sumner B. Twiss는 사회, 경제, 환경권에 대한 점진적인 공동 관심사로 인해 인권에 대한 새로운 이해가 서로 다른 도덕과 문화 전통 안에서 인권의 보편적인 근거를 찾고 발전할 것을 기대하였다. 그는 공자가 인권에 대해서 직접 언급한 바가 없다고 해도 유교 전통으로부터 현대적 의미의 인권을 암시하는 다양한 언급을 제시할 수 있다고 하였다. 이에 반해 로즈몽Henry Rosemont은 일반적으로 알려진 인권이 개인의 급진적인 자율성에 기초하고 있음에 주목했다. 그는 이것이 비현실적 전제라고 생각하였다. 그는 전체 인권 프로젝트가 잘못되었다고 보았다. 왜냐하면 서방에서의 인권 개념은 산업자본주의와 개인의 재산권 보장이 밀접하게 결합된 개인의 자율과 자유민주주의의 이념으로부터 발원하기 때문이다. 여기서는 자유자본간에 일어나는 분쟁과 모순을 해결할 수 없다. 그는 인권 개념이 오히려 공자가 말하는 공동체적 의미에서 정의된 도덕적 심성을 내포한 '유가적 인격주의Confucian personalism'의 의미로 전환되어야 한다고 제안하였다.

　한편 블룸Irene Bloom은 보편적 인간성의 도덕적 평등에 있어서 맹자가 말하는 보편적 인간성이야말로 전통적인 종교와 철학적 관념 그리고 현재의 인권 개념을 연계할 수 있는 유일한 것으로 보았다. 그는 인간이 본성에 있어서 평등하다는 점에서 17, 18세기의 자연법 사상가들과 매우 유사함을 발견하였다. 다른 점은 이러한 평등이념이 서구에서는 신속하게 구체화되어 법 앞에 평등한 것과 법에 의해 동등한 보호를 받는 것으로 발전한 것이다. 블룸은 남을 존경하고 존경받을 것을 요구하는 맹자에게서 심리적이고 도덕적으로 서로 상보적인 것으로 이해했다. 피랜붐 Randell Peerenboom은 유가의 예와 서구의 권리 개념이 서로 다른 목적을 위해 있으며, 어느 정도 서로 보완적인 것으로 보았다. 대부분의 예의 경우에 인간 상호 행위에 있어서 도덕적 차원을 전제로 권리에 의해서 제한된 법적 관계를 뛰어넘고 극복할 것을 제안하면서 권리를 보충할 수 있다고 하였다. 그는 역사적으로 공자가 자유민주주의, 국민주권, 민주적 선출, 시민적 자유권 등과 같은 것을 전혀 제안하지 않았지만, 간접적인 사회적 연대에 대한 강조는 조화에 대한 지속적인 기여를 가능하게 한다고 보았다. 프랑스와 줄리앙Francois Jullien은 서양 사유의 오랜 과제로 남아 있는 물에 빠진 어린아이를 구하는 도덕심성의 직관적이고 순수한 행위의 근거를 밝히기 위해 맹자의 측은지심으로의 우회detour를 시도한다. 줄리앙은 이러한 심성을 루소가 말하는 "사회성에 기반을 둔 연민"으로 이해할 수 없다고 보았다. 여기에는 "선뜻 행하는 자연스러움Spontaneity"이 들어설 수 없기 때문이다. 또한 쇼펜하우어가 말하는 "다른 사람의 고통을 내가 느낄 수 있는 연민" 또한 다른 사람과 나의 심성의 차이를 배제하기 때문에 측은지심의 신비를 풀 수 없다고 하였다. 도덕은 실제로 한 개인으로부터 시작되기 때문이다. 칸트 역시 도덕성의 근거를 경험으로부터 단절된 보편적 이성에 의존하였지만, 결국 인간의 의지를 결정짓는 모든 동기를 제거하고 말았다는 것이다. 여기서 줄리앙은 맹자와의 대화를 시도한다. 중국인들의 삶의 실재에 대한 사고는 세계와 고립된 자아와의 대립보다는 오히려 상호관계의 과정을 통해서 현실화된다. 그렇기 때문에 맹자는 측은지심을 도덕을 보장하는 것이 아니라 하나의 시발점으로 인식하고 있었다. 다른 한편 도덕적 행위는 개인 관심사의 결과가 아니라 다른 사람과의 관계의 표징이기 때문에 모든 경험에 앞선 의무와 일치하게 된다. 이때 이성과 감성을 넘어서는 행위가 가능하다. 남은 일은 도덕적 심성을 전체로 확장하는 것이다.

③ 종교적 관점

헤겔은 그의 『종교철학강의』에서 '자유의 종교'와 대비되는 '자연종교'라는 시각에서 중국을 다루었다. '자연'은 헤겔이 이미 『역사철학강의』에서 중국에 기인하는 '본질적인 것'을 의미한다. 종교의 차원에서 자연종교는 어떤 외부적인 것으로 대체될 수 있는 양심의 '결정적 자기성찰'의 부재를 의미한다. 중국인들의 천은 지상에서 독립된 실체를 형성하는 세계가 아니다. 셸링Schelling은 중국에서 가부장제의 원리가 수 천년 동안 영향력과 힘을 유지해 온 까닭을 이해하는 열쇠는 국가의 신격화 속에서 나타난 천天의 종교적 변화에 있다고 보았다. 이러한 절대적인 종교원리의 세속화는 인지되지 않는 무신론으로 귀결된다. 그러나 다른 한편으로 그것은 핑가레트가 '신성한 세속인'이라고 표현한 제도에 종교적인 아우라를 부여한다. 이러한 변이가 어떻게 설명될 수 있는지가 셸링에게는 모호했다.

중국에 대한 베버의 분석은 일원론적인 이데아의 가공할 만한 집요한 해설이었다. 베버에 따르면 중국에는 서양의 유대교와 후에 나타난 금욕주의적인 프로테스탄티즘에 보이는 근본적인 신의 초월성과 더불어 결정적인 혁신적 가능성이 결여되어 있다. 중국에는 금욕주의적인 활동에서 물질적인 것을 지배하고 정복하도록 인간을 추진시킬 수 있는 세상 밖의 창조자는 없다는 것이다. 그 결과는 어떤 종말론이나 구원의 선언, 혹은 초월적인 가치와 운명을 극복하려는 노력이 없이 세계 적응에 대한 조건 없는 긍정만이 있을 뿐이다. 그러나 모든 대변혁에도 불구하고 중국인들은 거듭되는 동요를 계속 관리했다. 정치조직은 다른 신성한 권위의 측면에서 자체를 정당화시키기보다는 그 자체가 신성했기 때문에, 그로부터 정치적으로 조직된 중국의 문화가 살아 남을 수 있었다는 결론이 나오게 된다. 신에 대한 주 초기의 개념에는 초월적인 특성이 없지 않았다. 중국인에게 '천'은 현세의 힘을 제어할 가능성을 가진 권력이다. 하지만 이러한 잠재력이 상대적으로 미미하였음을 부정할 수 없는데, 이는 무엇보다도 교회와 같은 독립적인 조직으로부터의 제도상의 지원이 없었기 때문이었다. 천은 또한 정부에 대항하는 비판적인 유자들에 의해 드러날 수 있었다. 그러나 천에 대한 봉사는 왕의 특권으로 남겨져 있었다.

다음 세대의 서양학자들의 관심은 종교와 연관되어 있는 윤리와 철학과 과학과의 상관성에 대한 이해로 확장되지 않을 수 없었다. 그것은 다음과 같이 세 가지 질문으로 요약할 수 있다.

1. 주체와 객체의 관계: 성스러운 입법자의 개념을 차례로 전제한 자연법의 가정을 기초로 하지 않고 어떻게 대상으로서의 자연과학이 발달할 수 있었을까?
2. 주체와 다른 주체의 관계: 초월하는 표준의 규범이 획득될 수 있었을까? 특히 가족과 국가에 대한 효과적인 균형을 유지하게 하는 초월적인 규범은 어떻게 획득될 수 있는가?
3. 주체 자체에 대한 관계: 초월적인 신과의 직접적인 의사소통이라는 의미 없이 어떻게 사회적 역할로부터 분리되고, 세계에 대응하는 소우주 이상

의 자기 정체성을 형성할 수 있을까?

　이는 서양사유를 초월적 신과 관련하여 추구한 러셀에게 보이는, 갈등
의 세 가지 종류이자, 하버마스가 세계에 대한 활동자의 세 가지 관계라
고 한 것과 관련한 질문이다. 인간이 그 자신을 찾는 데서 세계 전체와 관
련하는 방식이다. 이것은 또한 문화적인 발전의 수준을 구성한다. 이 삶
의 전체성은 신의 초월성의 문제에 의해 영향을 받는다. 그런데 이 세 영
역이 중국에서는 결함으로 지적되었다. 과연 그러한가?

　중국문화의 해석에 대한 종교적인 접근이 어떻게 평가될 수 있는가? 종
교에 의존하는 것이 그들의 언어나 사유 방식보다는 더 융통성이 있으며
덜 규정적이다. 게다가 종교의 유리한 관점으로부터 몇몇 날카롭게 지적
되는 문제들은 진보한 것처럼 여겨질 수 있다. 신의 초월성은 인습 아래
활동 중인 윤리의 어떤 형식에 없어서는 안될 것처럼 보이는 사례이다.
그것은 위에 기술된 표본의 종교가 사상과 세계 사이의 차이를 만들어내
는 데 필수적인 전제조건으로 나타난다. 그러나 그리스도교의 호교론적
인 종교연구를 벗어나 모든 종교현상을 실증적이며 객관적 대상으로 다
루는 시도를 한다면 계시적이고 초월적인 서구 종교와 전혀 다른 현세적
인 유교의 종교현상은 이해의 차원에서부터 다양한 시각의 연구 방법론
을 요구하고 있음을 인식할 수 있다. 이것은 더 나아가 인간과 초월적 신
의 문제를 넘어서 다시금 개인과 사회의 갈등구조를 재현한 서구문화가
기존의 종교적 관점에서 이해한 윤리와 정치와 과학에 대한 고정관념과
이해구조를 반성적으로 되돌아보지 않으면 안된다는 것을 의미하는 것
이다.

- 예수회 선교사들의 보유론적 적응주의의 문제점은 무엇인가?

- 계몽주의자들의 유교 이해는 어디에서 나타났는가?

- 중국 정치 문화에 나타난 개인과 국가 사이의 매개체는 무엇인가?

제2부

유학의 영원한 이상理想

Hic et Nunc Confucius

중국 유학의 연원과 전개

고대古代 유교문화의 태동과 형성

유교문화는 고대 중국의 하夏·은殷·주周라는 삼대문화를 기반으로 형성되었다. 삼대문화 이전에도 요堯임금을 대표로 하는 당唐 왕조와 순舜임금을 대표로 하는 우虞 왕조가 존재했었다는 사실이 『서경書經』에 기록되어 있다. 요와 순은 고대 왕조의 제왕이었으며, 민심民心을 헤아리며 이상적인 도덕정치를 몸소 실천한 성자聖者로서 공자와 맹자에 의해 추숭받았다. 이후 '요순시대'는 안정과 평화가 깃든 태평성대의 상징이 되었고, 후일 공자를 비롯한 모든 학자들은 이 요순을 성인과 군자의 이상적 모델로 삼았다. 특히 요와 순의 왕위계승은 부자세습이 아니었다는 사실에 주목할 필요성이 있다. 재위기간 중에 나라 안에서 학식과 덕망이 높은 인재를 선출하여 통치경험을 쌓게 한 후, 차후의 왕위 계승자로 지명해서 대를 잇게 하였는데, 이러한 형식을 선양禪讓제도라고 한다. 공자는 이 선양제도를 왕위계승의 이상으로 삼았는데, 이것은 곧 지금의 부자세습을 유교의 모든 것인 양 착각하는 현대인들에게 경종을 불러일으킬 만한 화두일 것이다. 이미 이천여 년 전에 공자는 혈연·지연·학연을 배제한 인재 등용이 가장 공정하다는 것을 선포한 셈이다.

요순으로 시작하는 고대 유교문화는 하夏왕조의 우禹임금과 은殷왕조의 탕湯임금을 거쳐 기원전 1122년경에 주周나라 무武왕에 의해 통일되었다. 주나라는 본디 문文왕이라는 어진 임금이 일으켰는데, 본인이 직접 정벌을 나선 것이 아니었으며 그의 아들인 무왕이 은나라의 마지막 군주였던 주紂왕의 폭정을 잠재우며 천하를 통일하기에 이른 것이다. 이후 무왕의 아우였던 주공周公은 학문이 깊고 심성이 어질며 정치경륜이 뛰어난 사람으로서, 요→순→우→탕→문→무로 이어져 온 유교문화를 집대성하여 새롭게 체계화하고 그것을 현실에 직접 적용시키는 명실상부한 유교儒敎—인문주의人文主義 문화를 형성하기에 이른다. 이 주공의 사상과 업적은 공자에게 지대한 영향을 끼치게 되었고, 공자는 주공을 사모한 나머지 꿈속에서라도 주공을 다시 만나고 싶다고까지 말한 바 있다. 요임금에서 주공에 이르기까지 성군들이 남긴 도덕규범과 문물文物 전장典章을 익혀 어지러운 세상을 구해보려 했던 사람이 바로 공자였다.

공자는 기원전 551년 노나라 추읍이라는 땅—지금의 산동성 곡부현—에서 태어났다. 태어났을 당시 머리의 모양이 움푹 파여 이름을 구丘라 하였다. 세 살 때 부친 공흘을 여의고 홀어머니 안징재安徵在 슬하에서 자랐지만 15~6세에 어머니마저 돌아가신 뒤에는 외가에서 성장한 것으로 알려져 있다. 공자가 누구에게서 사사事師하였는지는 알 수 없으며, 다만 일찍이 어려서부터 제사놀이를 즐겨했고 빈곤한 가정환경이었지만 배우기를 게을리 하지 않았으며 다예다능多藝多能했다고 전해진다. 공자는 혼란한 당시의 상황을 사람과 사람 사이에서만 흐를 수 있는 '사랑'에 호소했는데 이것이 곧 '인仁'을 창도하고자 노력했던 이유이다. 모든 사람에게 갖추어져 있는 사랑[仁]의 덕성[德]을 바탕으로 사회규범의 예禮를 일으켜 사회 질서를 바로잡아야 한다고 생각했다. 위정자는 인仁의 덕을 베풀 줄 알며, 모든 사람들은 서로의 믿음[信]을 지켜야 하고, 각계각층의 모든 구성원들이 자기에게 부여된 이름[名]과 그 이름에 걸맞는 분수를 지켜 안정과 화합 그리고 발전을 도모해야 한다는 '정명正名'을 강조하였다.

이같은 공자의 인문주의 정신은 고대 왕조 요순을 비롯한 성자의 도덕의식과 문물전장으로부터 전수된 것이었기에, 공자 스스로도 옛것을 좋아하고 믿음으로써 가능하다고 말한 바 있다. 오래된 것은 모두 낡은 것이라는 생각보다는 옛것에서 새로운 것을 찾아내려는 그의 창조적인 정신을 본받아야할 것이다. 『논어論語』와 『중용中庸』에서 바로 그 흔적과 자취를 느낄 수 있는데, 『논어』 「술이」 편에는 "나[공자]는 요임금과 순임금을 바로 내 조상처럼 여기어 서술했으며, 문왕과 무왕을 본받아 빛낸 것뿐이다"라고 되어 있고, 중용 30장에서는 "공자께서는 요와 순을 제일 성자로 계승하시고 문과 무를 본받아서 그 법도를 밝히셨도다"라고 전하고 있다.

도덕실천을 강조한 공맹유학孔孟儒學

공자의 자字는 중니仲尼였다고 전한다. 후일 공자의 제자는 삼천이 넘었다고 하는데, 『사기史記』에서는 이 공문孔門에 대한 설명을 중니제자열전仲尼弟子列傳에 자세히 기록하고 있다. 공자의 사승師承관계는 정확히 전해지지 않지만, 요·순·우·탕·문·무·주공으로 이어지는 성군聖君들을 최고의 이상향으로 삼아 명실공히 인문주의人文主義 문화를 개창한 것으로 알려져 있다. 혼란했던 주나라 말기로부터 춘추시대까지는 공자에게 있어서 암울한 사회 그 자체였으며, 어떻게 하면 과거 요순의 태평성대를 다시 구가할 수 있느냐가 그의 최대 과제이자 숙원 사업이었다. 공자는 수많은 제자들과 함께 여러 열국을 돌아다니며 제후와 패권자들에게 유세하였지만, 나이 50세 전후에 고국 노魯나라에 들어와 대사구(大司寇, 지금의 법무장관)라는 관직에 몇 년을 임직한 게 고작이었다. 이후 그의 정치적 행보는 없었다. 그는 부와 권력을 가졌던 지배계층을 변호한 인물이 아니라, 세상의 모든 사람들에게는 교육이 필요하며 서로 어울려서 살아가는 동안의 현실적 규범이 필요함을 역설하였다. 그것이 곧 인仁에 바탕을 둔 덕치德治로서의 예禮 문화였다.

공자는 사람과 사람 사이, 즉 인人과 인人 사이[間]에 흐르는 '사랑'을 강조하였다. 그래서 유교문화에서는 사람을 인人이라 하지 않고 인간人間이라고 하며, 인간과 인간 사이에 누구나 가지고 태어나는 덕성으로서의 마음을 인(仁, 사랑)이라 규정한다. 나아가 그는 사회규범이자 사회적 질서 개념이라 할 수 있는 예禮를 일으켜 혼란했던 사회를 바로잡고자 노력한 교육자로서 만세사표萬世師表라 할 수 있다. 공자는 배움 앞에 차별은 없으며, 사람이라면 누구나 배움으로써 수기修己에서 머물지 않고 치인治人[安人]으로 나갈 수 있는 진정한 선비가 될 것을 강조하였다. 이러한 이상적 인간상을 유가에서는 '군자유君子儒'라고 부르게 되었다.

공자는 주유천하周遊天下의 길을 68세로 마감하고 고국 노나라에 돌아와 제자들을 가르치며 경전을 편찬하는 데 온 힘을 기울이게 된다. 제자들을 가르치는 교과목으로는 주로 예(禮: 예절) 악(樂: 음악) 사(射: 활쏘기)

어(御: 말타기) 서(書: 글쓰기) 수(數: 산수) 등의 '육예六藝'가 중심이 되었고, 경전의 편찬은 『시경詩經』과 『서경書經』 그리고 『예기禮記』를 손질하고 악樂을 바로잡았으며 『춘추春秋』를 저술하였다. 경문經文을 정리하고 경문에 대한 해설서들을 차례로 지어 경문 뒤에 첨기함으로써 『역경』의 체제를 새롭게 정비하였다. 따라서 우리들이 흔히 오경五經이라고 부르는 시경·서경·역경·예기·춘추는 모두 공자의 손에 의해 완성된 것이라 할 수 있다. 그런 까닭에 '경經'의 명칭은 성인聖人의 작作이어야만 붙일 수 있는 단어가 된 셈이다. 공자는 73세로 그의 일기를 마쳤는데, 그의 제자가 무려 3천여 명을 헤아렸다고 하며 육예에 통달한 자만도 72인이었다고 하니, 그의 학문세계를 가히 짐작할 수 있을 것이다.

공자 사후, 제자들과 문인들이 스승의 언행을 기록한 서적을 출간하니 이것이 곧 『논어』라는 것이다. 이 책에는 주로 공자의 언행과 제자들과의 대화 또는 제자들끼리 오갔던 대화들이 수록되어 있다. 그 내용은 마치 꼴라주처럼 되어 있으며 기재되어 있는 내용이 논리적이거나 체계적이라고는 할 수 없지만, 사상적 의미와 가치는 형언할 수 없을 정도로 방대하며 대단하다. 지금도 동서고금의 명저로 추숭되는 것은 물론이고, 세계적 지도자로부터 일반 국민에 이르기까지 읽고 있다는 사실에서 그 가치를 짐작할 수 있다. 『논어』를 통해 공자의 사상을 모두 포괄해 낼 수는 없겠지만, 그 언설言說 방법이 대화하는 상대방에 따라 맞는 가르침을 주었고, 또 일반인들의 일상이나 현실로부터 괴리되지 않은 실용적이고도 매우 친근감 있는 교육적 요소가 있었다는 점에서 『논어』는 몇 천년이 지난 지금에도 간과할 수 없는 서적임에 분명할 것이다.

유교문화의 침체기 한당유학漢唐儒學

유교문화는 춘추전국시대 이후 제자백가들이 출현하게 되어 서서히 여러 학파와 사상적 대립을 맞이하게 된다. 공자가 생존했던 춘추시대, 맹자와 순자가 공존했던 전국시대가 사회적으로 비록 혼란했다고는 하지만, 사상과 학술적 측면에서는 오히려 만개할 수 있었다. 동시에 주나라 봉건제의 붕괴와 철기문화 출현 등 급격한 사회혼란 시기에 다양한 학파들이 활동하게 되었는데, 사마천은 이러한 백가쟁명百家爭鳴 분위기 가운데에서도 왕성한 활동을 보였던 학파로서 '유가 · 도가 · 묵가 · 법가 · 명가 · 음양가' 등을 거론한다. 이 가운데 공자의 후학이었던 유자들은 인의仁義의 도덕적 가치를 제일第一의 보편원리로 제시하여 인도주의人道主義 사상을 강조하였다. 이 시기의 유학은 일반적으로 원시유학 · 근원유학 · 시원유학이라 부르며, 진시황 통일 이전의 유학이라 하여 선진유학先秦儒學이라 칭하기도 한다.

선진유학이 공자와 맹자 그리고 순자에 의해 인성론人性論을 중심으로 전개된 반면, 진秦나라 이후 한漢대로부터 위진남북조 시대 그리고 수당오대에 이르는 천여 년 동안 유교문화는 대체로 침체기에 접어들게 된다. 진시황의 갱유분서坑儒焚書 이후 사회 전면에 드러날 수 없었던 유학사상은 한대漢代에 동중서의 건의로 유교문화가 왕조건국과 체제 정비를 위한 정책에 호응하는 형식을 일시적으로 취하였으나, 이 역시 활발하였다고는 할 수 없다. 그러나 오경박사五經博士를 두어 유학을 장려하고 또 경학經學에 전념할 수 있었던 사실은 주목할 만하다. 이 시기에 선진시대와 같은 사상계의 자유로움이나 제자백가와 같은 독창적인 사조의 출현은 기대할 수 없었다는 것이 아쉬움이라 할 수 있다. 왜냐하면 한대의 유학자들은 진시황의 분서로 인해 소실된 자료들을 수집 정리하는 것이 중요한 과제이자 업무였고, 이는 자연스레 훈고학訓詁學 학풍을 발전시키기에 이르렀다. 그리고 오랜 전쟁과 정치적 속박 속에서 염증을 느낀 사람들은 노자老子의 무위자연과 황노黃老사상을 손쉽게 받아들였는데, 위진시대 노장의 현학玄學이 이를 입증해 준다. 이 시기에는 순수한 유교적 관점에서 일관된 학설을 전개한 자가 드물었으며, 유교경전에 대한 해석도 노장의 입장에서 접근하여 풀이하는 모습을 보여준다.

유학사상은 당唐 초기 국자학國子學과 태학太學 등의 교육기관을 설치하여 유학자들을 양성시키는 한편, 공영달孔穎達이라는 사람으로 하여금 오경정의五經正義를 편찬케 함으로써 유교문화의 재건을 이루려는 의도를 보였다고 할 수 있다. 왜냐하면 이 오경정의는 유교적 관점과 논지에서 벗어났던 제해석을 배제시키고, 유교경전의 해석을 유학적 관점으로 통일시킨 것이기 때문이다. 한동안 이러한 경서를 통하여 새로이 배출된 인재들로 왕조를 구성하여 유교문화의 부흥을 꿈꾸는 듯했다. 그러나 당 왕조는 육조시대의 겉만 화려하고 천박한 기풍을 이어받게 되었는데, 이것이 곧 시詩와 문文으로만 인재를 등용시킨 것이다. 따라서 이 시기 학자들은 시문詩文의 암송에만 열중하는 사장학詞章學에만 열중했을 뿐, 민생의 안정과 현실적 타개책을 궁구하려는 유학에는 소홀함으로써 사상적 깊이는 물론이고 균형된 정치질서는 찾아볼 수 없었다.

당나라 말기에 접어들면서 불교문화가 융성하게 되었는데, 그럼에도 불구하고 중국 고유의 전통사상으로서의 유교문화를 회복하여 불교를 비판하는 학자들이 등장하게 된다. 대표적인 사람으로 한유韓愈와 이고李翺를 거론할 수 있다. 한유는 당나라 현종이 불타의 유골 일부를 전시하기 위하여 장안(長安, 당나라 수도)으로 가져오려 하자, 이를 반대하는 상소문을 올리는가 하면, 배불론排佛論과 관련된 많은 저술을 남긴다. 한편 이고는『복성서復性書』라는 저서를 내놓았는데, 이는 불교정신으로『중용中庸』과『주역周易』을 해석함으로써 유학사상의 새로운 학문사조—이학理學—를 탄생시키는 데 가교 역할을 하였다.

이와 같이, 한당시기는 유학과 외래사상이 갈등과 반목을 거듭하면서도 전통문화로서의 유교사상을 잃지 않으려는 노력들이 보이기도 하였다.

유교사상의 부흥과 유교문화의 재건을 꿈꾸는 송명유학宋明儒學

육조시대 이래로 노장사상과 불교사상이 성행하여 침체의 늪에 빠져 있던 유학은 당나라 말기 한유와 이고가 유교적 이념과 사상을 달리하며 새로운 학문사조를 열게 함으로써 바야흐로 유교문화를 부흥시키는 획기적인 시대에 돌입하게 된다. 송나라 태종의 유학 권장으로부터 일신하게 되는 유학은 북송의 다섯 학자에서 남송의 주희朱熹에 이르기까지 하나의 새로운 장르로서 유학을 만든다. 이 시기의 학문을 신유학新儒學·성리학性理學·송학宋學·정주학程朱學·주자학朱子學이라 부르지만, 그 내용면에서는 대동소이大同小異하다고 할 수 있다.

송대에 이루어진 학문이라는 뜻에서 '송학'이라고도 하고, 북송시대의 정명도 정이천 형제의 학문을 남송시기 주희가 받아들여 완성된 학문이라고 할 때는 정씨와 주씨를 합쳐 '정주학'이라고 명칭한다. 또 공자 이래 선진유학의 도덕실천적 학문사조를 좀더 형이상학화하여 치밀한 이론구조를 만든 새로운 장르의 유학임을 강조할 때는 '신유학'이라고 부르며, 인간의 본성을 탐구하고 논하는 학문적 성격을 강조할 경우에는

198

'성리학' 이라 일컫는다. 인간의 본성이 곧 리理라는 성즉리性卽理 주제가 신유학의 핵심 명제이기에 성리학이라고 칭하는 것이다.

[성리학 탄생과정의 주요 인물 상관관계]

| 주자朱子 | ⇦ 간접 '師弟' 관계 ⇨ | 이정二程(程明道·程伊川) | ⇦ 직접 '사제' ⇨ | 주렴계周濂溪 |

⇧

'친척' 이면서 '동료'

⇩

| 장횡거張橫渠 | ⇦ '동료' 관계 ⇨ | 소강절邵康節 |

　　북송시기 다섯 명의 학자들—주렴계·소강절·정명도·정이천·장횡거—은 성리학 형성과정에서 주도적인 역할을 해낸 인물로서, 이들의 학문적 주요 관심사는 주로 하늘의 이치(천리天理)와 인간의 본성(인성人性) 문제에 귀착한다. 즉 공맹유학이 인간으로 하여금 착하게 살아가야만 하는 당위성(소당연所當然)을 강조하는 학문이었다면, 송대 성리학은 맹자 이래 줄곧 논쟁으로 부각되었던 인간의 본성과 천명 사이의 관계를 규명함으로써, 왜 인간이 선한 삶을 영위하여야만 하는지에 대한 이치(소이연所以然)를 연구하는 학문이라 할 수 있다. 나아가 인간이 모든 인간과 더불어 선한 삶을 추구하기 위해서는 어떠한 노력이 수반되어야 하는가 하는 수양修養철학이 그 중심내용을 이루게 된다.

[시대별 주요 논점 변화]

　　선진유학 인도人道로서 인仁을 현실 사회에 어떻게 투영하여 실현시킬 것인가?

　　한당유학 인간의 문제보다는 우주와 자연의 도道에 관심이 많아, 인간의 문제를 초월한 보편법칙을 탐구하고자 한다.

송명유학 천도天道의 자연률自然律과 인도人道의 도덕률道德律을 어떻게 합일시킬 것인가? 즉 인간이 하늘의 이치(天理)에 본질적으로 어떻게 합일合—될 수 있을 것인가?

성리학의 천인합일天人合— 과정을 논하는 과정에서 대표적으로 거론되는 용어들은 태극太極·무극無極·이기理氣·동정動靜·인심人心·도심道心·성경誠敬 등이다. 이러한 용어들은 공맹孔孟의 선진유학을 철학화—형이상학—하는 작업에 수반된 성리학의 핵심개념이다. 본디 유교경전들은 일상과 밀접하게 관련된 실제적인 교훈들로 구성된 것이었는데, 북송의 다섯 학자들이 형이상학적인 이론체계들을 부여하기 시작하여 새롭게 재구성한 것이 바로 성리학이라 할 수 있다.

성리학을 단언하기는 무척 곤란하지만, 굳이 그 개념을 정의한다면 성리학은 이기理氣의 개념을 중심으로 우주와 인간의 생성과 구조를 해명하고 현실사회에서의 인간의 참된 도리에 관하여 깊이 사색함으로써 과거 한당대 훈고학이 이르지 못했던 경지를 개척한 학문이라 정의할 수 있다. 따라서 성리학은 우주와 인생, 보편과 특수를 일관하는 방대하고도 심오한 학문체계를 자랑하며, 그 이론의 핵심으로는 태극론太極論·이기론理氣論·심성론心性論·우주론宇宙論·성경론誠敬論 등으로 대별할 수 있다.

그러나 이 성리학은 격물치지格物致知와 독서궁리讀書窮理 그리고 경전학습經傳學習 등 공부—방법론적인 측면에서 지리支離하다는 폐단을 낳기 시작하였는데, 남송시기 육상산陸象山 형제로부터 적지 않은 공격을 받게 된다. 당시 주자와 육상산 사이를 교유하고 있던 여조겸은 주자와 주자문인 그리고 육상산 형제들의 만남을 주선하여 아호사鵝湖寺라는 절에 최초의 학술토론장을 마련해 주었는데, 이것을 '아호논쟁'이라 부르기도 한다. 아호논쟁의 주요 화두話頭는 공부방법론 상에서 '존덕성尊德性'과 '도문학道問學'의 관계를 어떻게 설정하는가에 관한 문제였다. 존덕성과 도문학이라는 용어는 본디 『중용』에 나오는 말로, 전자는 도덕심성의 함양을 나타내는 것이고, 후자는 경전연구를 포함하는 외면적인 공부방법론을 의미하는 것이다. 주희와 육씨 형제의 아호논쟁은 공맹유학의 세계관과 가치관을 뒤흔든 본질적 논쟁은 아니었다. 단지 수양하는 공부방법론 상에서 대립함으로써 끝내 합치되지는 못했지만, 유교의 강상윤리綱常倫理를 지탱하고 공맹유학의 도통을 이어 유교문화를 부흥하려는 송대 성리학의 근본취지와 같은 입장이었다.

송대 이후 몽고족이 세운 원元나라는 주자학 중심 체제로 이끌어져 왔는데, 명대에 들어와 왕수인王守仁이 제창한 학문이 새롭게 수면 위로 떠오르게 된다. 왕수인이 제창한 학문은 그의 호인 양명陽明을 따 양명학이라고 불리는데, 명 중기 이후 주자학과 쌍벽을 이루는 학설로 발전한다. 명대에도 주자학은 관학官學으로서 학계의 독보적인 위치를 차지하고 있었는데, 관학이라는 성격 때문에 고식화되어 가고 있었다. 왕수인도 처음에는 주자학을 수학修學하였지만 점차 회의를 품고 독창적인 학설을 제시하기에 이른다. 본디 존양存養을 수양론으로 삼는 도덕론이라는 점에서 주자학과 양명학은 같다고 할 수 있지만, 정주학의 존재론적 사유인 이기理氣의 문제로부터 인식론적 문제인 심성心性의 문제로 학문의 중점이 전환되었다고 하는 점에서 정주학을 이학理學이라고 하고 양명학을 심학心學이라고 하여 구별하기도 한다. 양명학의 종지宗旨는 "내 마음(心)에 우주 만물의 이치가 내재되어 있으며, 우리가 행하는 모든 행위의 표준이 이 마음 안에 갖추어져 있다"는 학설이다. 그러므로 학문이란 자기 자신의 마음을 구하는 것일 따름이며, 유학이 본래 심학心學이고 맹자의 양지양능良知良能을 본원으로 하는 전통철학이라고 한다. 이 외에도 『대학』과 『중용』 등 경전에 대해서도 그의 관점은 기존 주자학과 많은 부분에서 이견異見을 보이게 되었고, 결국 명대 중기 이후 새로운 학문 장르로 부각되었다. 그러나 명 말기에 접어들어 양명의 제자들은 학문적 뜻을 달리하면서 많은 분파로 갈라지면서 다시금 송명이학의 어두운 그림자 속으로 접어들게 된다.

실용지학實用之學을 내세운 청대유학

명말까지 양명학이 성행했지만 공리공담空理空談의 폐단이 드러나게 되었고, 청조의 왕조교체와 함께 당시의 학자들은 이 폐단을 교정하고자 노력했는데, 이 시기에 발흥한 학문사조를 고증학考證學이라고 한다. 고증학은 한대경학漢代經學을 존중하였기 때문에 청조한학淸朝漢學이라고도 칭한다. 이 학풍이 발흥하게 된 배경은 송명 성리학이 주로 이기심성에 대한 논의에 치우침으로써 현실문제를 도외시하는 폐단을 드러냈다는 데 있었다. 더욱이 명말의 사회적 변동은 당시의 학자들에게 이민족의 위협 앞에서 중국민족의 정통성을 수호하고 민생을 안정시키기 위한 학문적 기초의 정립을 요구하였지만, 이미 말류의 폐풍에 젖어버린 성리학과 양명학에서 이것을 기대하기란 힘들었다. 이에 고염무 · 황종희 · 왕부지 등을 대표로 하는 학자들은 송명대의 학풍을 배격하면서 경세經世를 위한 실용지학實用之學을 표방하고, 사적史的 실증과 박학博學을 통한 실천 중시의 경학經學과 사학史學을 강조하게 되었다.

202

그러나 청나라 조정은 경세치용經世致用과 만주족에 대한 반발감정이 정치적 억압으로 퇴조하게 됨으로써, 보다 객관적인 실사구시實事求是의 학풍만을 학문적으로 용인하여 고증학을 꽃피우게 된다. 왜냐하면 청조의 위정자들은 중화민족이 아닌 만주족이었기 때문에 학자들의 반청사상과 반만주족 감정을 무마시키기 위하여 고증학을 적극 장려해야만 했었고, 강희제는 그 대표적 황제로 평가되기도 한다. 청 고종 시기에 각종 서적을 수집하여 편집한 총서로서 『사고전서四庫全書』 같은 방대한 서적이 출판됨으로써, 학문의 전문화를 보이기 시작하며 사상적으로도 큰 변화를 가져오게 된다.

　청나라 중기 이후, 중화민족을 중심으로 하는 민족감정과 민족의식이 배청의식과 함께 맞물려 청나라 왕조에 대한 반발이 조직적으로 봉기하게 되고, 이런 분위기 속에서 공양학파公羊學派—오경 가운데 하나인 춘추春秋를 해석하는 한 학파—가 등장한다. 공양학파는 본래 그 학문적 성향에 복수주의復讐主義가 팽배하였기 때문에 한민족漢民族에 대한 만주족滿洲族을 배척해야 한다는 의식으로 자연스레 연결되어 청말까지 지속되었다. 그리고 청말의 강유위康有爲가 서양의 근대사상을 받아들이자는 움직임을 나타내고 혁명정신을 강조하게 되자 결국 중국은 신해혁명을 단행하게 된다.

한국 유학의 맥脈과 흐름

유학의 수용과 한국사상의 원형原型

한국은 고대로부터 다양한 외래사상外來思想을 수용하여 우리 문화와 풍토에 맞도록 이를 토착화土着化하여 왔다. 그 결과 우리나라에는 유불도儒佛道 삼교三敎를 비롯하여 실로 다양한 사상과 종교들이 공존하여 왔다. 그 중에서도 유학의 수용은 한국사상사에 있어서 가장 주목할 만한 일이다. 유학이 우리나라에 정확히 언제 수용되었는지는 알 수 없으나, 한자漢字의 전래와 함께 이식되었다고 볼 수 있다. 이미 고구려 소수림왕 2년(372)에는 유학대학인 태학太學을 세워 자제들을 교육하였다고 하니, 이 무렵 유교는 전통사상으로 확고한 위상을 잡고 있었음을 의미한다. 이런 점으로 미루어 볼 때 유학사상은 외래사상 중에서 가장 이른 시기에 한국에 수용된 사실이 확실하다고 하겠다. 그것은 무엇보다 우리나라가 유학의 발흥지인 중국과 접하고 있어서 다른 사상보다 비교적 수월하게 습합하고 토착화할 수 있었던 까닭이라 하겠다.

그리하여 유학은 고구려 백제 신라의 삼국시대에 접어들면서 정치, 사회, 문화, 예술 등 다방면에 걸쳐 한국 고대사회 전반에 절대적인 영향을 미치게 되었다. 특히 조선시대에는 송대 성리학을 수용하여 명실공히 '유학의 나라'를 건설하였고, 나아가 우리 근세 문화의 특징을 결정하였을 뿐만 아니라 오늘날에 이르기까지 한국인의 심성과 문화 전반의 터전으로 작용하게 되었다.

하은주夏殷周 삼대三代의 문화를 집대성한 공자를 중심으로 하여 성립된 교학사상敎學思想인 유학은 진한秦漢의 통일 제국을 거치면서 다양한 사상들 중에서 중국의 대표적 사상으로 채택됨으로써, 이후 한국은 물론 일본, 월남 등 동아시아 지역 문화권의 중심이 된 사상이다.

이러한 유학의 한국 전래와 수용은 그 시기별로 크게 네 가지 정도의 특성을 보인다. 첫째, 은말주초殷末周初에 은의 멸망과 함께 그 유민들이 동쪽으로 이주하는 민족의 대이동에 따라 자연스럽게 선진 유교가 전래된 시기를 들 수 있고, 둘째, 중국의 진한秦漢시대에 공자의 '육경六經' 사상이 들어오던 시기, 셋째, 여말선초麗末鮮初에 들어오는 성리학(주자학)의 전래 시기, 넷째, 조선 후기의 실학사상이 발흥하는 시기로서, 청초의 실사구시實事求是 학풍과 청을 통해 유입된 서학西學의 전래로 새로운 서구문명이 우리나라로 유입되는 과정이 그것이다. 이렇게 볼 때 유학은 고대는 물론 구한말까지 한국 전통 가치관의 주류를 이루어 왔음을 알 수 있다.

중국에서 유학사상이 한국으로 전해 오기 이전에 우리 민족에게는 고유의 사상이 있었다. 한국 민족의 의식 저변에 공통적으로 형성되어 있는 고유한 사유 원형 내지 민족적 정서의 근원은 단군신화檀君神話에서 비롯된다. 일찍이 최치원崔致遠은 단군신화의 고신도古神道 사상에서 비롯되어 외래 사상이 전래되어 왔을 때 발현되어 나온 민족적 본유사상의 내용을 '풍류도風流道'라고 규정한 바 있다. 이 풍류도는 한국 고대인들의 고유한 사상과 신앙원리로서 가장 특징적인 것이었다. 최치원은 '난랑비서鸞郎碑序'에서 우리나라에 중국과 다른 현묘玄妙한 도道가 있다고 규정한 다음, 풍류도에는 이미 유교와 도교와 불교의 사상적 종지宗旨를 포괄적으로 수용할 수 있는 넉넉한 특성이 내재해 있다고 하였다. 외래사상이 전래되기 이전에 그러한 사상들을 받아들일 수 있는 한국적 특성을 지닌 고유사상이 우리 사회에 이미 존재하고 있었다는 의미이다. 그리하여 풍류도는 유교는 물론 다른 외래사상을 큰 마찰이나 충돌 없이 수용할 수 있는 터전이 될 수 있었던 것이다.

이러한 한국적 사유의 특성은 중국인들도 충분히 인식하고 있었다. 중국의 여러 사서史書에는 한국인의 의식구조와 사상적 원형을 알 수 있는 많은 기록들이 남아 있다. 중국인들은 우리 한민족을 동쪽에 사는 오랑캐라 하여 동이족東夷族이라 불렀지만, 그들 스스로가 "동이東夷는 군자君子의 나라이며, 어진 사람들이 모인 곳"이라고 평하였다. 중국인들의 동이족에 대한 평가는 실로 다양한 문헌에서 찾아볼 수 있다. 『산해경』에도 역시 '군자의 나라'라는 표현이 나오고, 『후한서』에서는 "성품이 어질고 유순하며 도를 아는 우수한 민족"으로 찬양하면서 '군자불사지국君子不死之國'으로 기술하고 있다. 『논어』에도 공자가 도가 행해지지 않는 것을 한탄하며 구이九夷에서 살고자 하였다는 기록이 보이고, 또 뗏목을 타고 바다를 건너고 싶다고 말하기도 하였다. 맹자孟子는 공자 사상의 중심 개념인 '인仁'을 곧 '인人'이라고 설명하였는데, 이 인仁의 원형은 동방족의 인人에서 유래한 것이라는 내용은 갑골문甲骨文을 통하여 이미 증명된 바 있다. 이것은 유교사상이 역사적으로 인방족, 즉 동이족과의 관계에서 이루어졌음을 논증한 것으로서 중요한 의미를 갖는다. 또한 『한서漢書』「지리지」에도 우리 민족은 천성이 유순하여 다른 나라 사람들과는 다른 면이 있음을 명확히 한 바 있다. 이 밖에도 『이아爾雅』와 『회남자淮南子』 등에도 우리 민족이 어진 민족이고, 우리나라를 군자국이라고 하는 표현이 나타나 있다. 이와 같이 중국은 예부터 문화적 자부심이 강한 나라임에도 불구하고 지난 수천 년 동안 유독 우리 민족에 대해서는 이른바 '동방예의지국東方禮義之國'이라 하여 문화적 우수성을 인정하였다. 이러한 내용들을 종합해 보면 고대 중국인들에게 투영된 우리 민족의 원형적 특성인 '동이족'을 한결같이 '호양부쟁好讓不爭'의 어진 '군자'로 생각했음을 확인할 수 있다.

유학의 토착화와 전통사상으로의 보편화

중국에서 수용되어 전통사상으로 토착화되는 한국 유학은 크게 다음 다섯 가지 흐름의 변화와 특성을 보였다. 첫째는 한대漢代의 오경사상을 수용하여 위정자들이 국가의 통치이념으로 받아들이는 삼국시대이다. 둘째는 여말선초의 역사적 전환기에 사회적 혼란과 사상적 침체 상황을 극복할 수 있는 사회개혁이론으로 채택된 주자학의 도입시기이다. 셋째는 조선 중기의 퇴계와 율곡을 중심으로 하는 성리학 융성기이며, 넷째는 조선 후기 근대적 지향으로서의 실학사상이 대두되었던 시기이다. 다섯째는 외세의 침략에 대응하는 구한말의 유림 운동기를 들 수 있다. 이 분류에 따라 각 시대별 사상적 특징과 그 시기에 학술을 주도하였던 인물을 중심으로 살펴보기로 한다.

일찍이 우리나라에 수용되어 전통사상으로 자리잡기 시작한 유교는 삼국 시대에 이르러서는 국가의 정교政敎의 이념적 기반으로 자리잡는 모습을 보이는 등 확고한 발전단계에 접어 들었다. 그리하여 삼국이 고대 국가의 기틀을 다지는 4세기 후반에 들어서면 고구려에서는 이미 유학을 기반으로 하는 국립대학國立大學이 설립되는 성장을 보이게 된다. 인접한 중국 문명을 일찍부터 수용한 고구려는 삼국 중 처음으로 국가 차원에서 대학을 세워 주체적인 교육을 시작하였다. 고구려의 태학에서는 자제들에게 『논어論語』와 『효경孝經』을 직접 가르쳤다. 또한 왕경이란 사람은 낙랑 출신으로 『주역』에 능통하였으며 천문과 역법을 잘 알아, 한나라 명제 때에 치수에 많은 공을 세워 노강태수라는 벼슬을 받기도 하였다. 뿐만 아니라 고구려인들은 유학의 오경五經과 『삼국지』 등도 읽었다. 담징은 일본에 건너가 불후의 명화를 그렸을 뿐 아니라, 『일본서기』에 의하면 그가 유학사상을 대표하는 오경에 능통하고 회화에 능했으며, 종이와 먹과 색채와 맷돌을 만들었다고 한다. 이 시기에는 오경을 중심으로 하는 유학사상이 발달했음을 알 수 있다.

신라에서는 선덕여왕 9년(640)에 당태종이 국학을 증축하고 장려하자 중국으로 유학생을 보내어 적극적인 유교 수용 의지를 보였다. 그러나 국학설립은 다소 늦은 신문왕 2년(682)에야 실시되었다. 국학의 교과내용은 『삼국사기』 「국학조」에 자세히 기술되어 있는데, 그 내용은 주로 유교 경전이었다. 특히 『논어』와 『효경』은 각급 학생의 필수 교양과목이었다. 이 것은 당시 국학생들의 유학에 대한 이해 정도를 알 수 있는 중요한 단서가 된다. 비록 그 이해의 정도가 다소 낮은 단계라 할지라도 유교 윤리의 실천에 근본이 되는 효와 일상적인 예의 규범을 중요한 관심사로 여겼다는 점을 통하여 이론보다 실천에 치중하는 시대 정신을 파악할 수 있다.

삼국통일의 기초를 다진 진흥왕대에는 특히 화랑제도花郎制度가 발달하였다. 그의 순수비에는 고신도적 요소도 있지만 『논어』의 '수기이안백성修己以安百姓'을 정치철학의 핵심 내용으로 삼고 있는 모습이 보인다. 이것은 국왕으로서의 통치의 정당성과 본분을 유교의 왕도 정치사상에 입각하여 밝히고 유교적 도덕을 백성들에게 널리 권장하는 것을 의미한다. 또 경주 부근에서 발견된 〈임신서기석壬申誓記石〉은 융성기 신라인의 시대정신을 보여준다. 화랑으로 보이는 신라의 두 청년이 『시경』『상서』『예기』『춘추좌전』 등의 유교 경전을 3년 내에 차례로 습득할 것을 맹서하는 내용으로 유명하다. 이를 통하여 신라 국학 성립기를 전후하여 신라 청년들이 유교경전을 존숭하고 국가에 대한 강건한 충성심을 가지고 있었음을 확인할 수 있다. 당시 시대에 부응하는 신라 청년의 젊은 기상을 엿볼 수 있는데, 그런 정신은 화랑도花郎道의 근본 정신이 되었다. 또 정치제도나 토지제도의 개혁에도 상당 부분 유학적 원리가 응용되었다. 신라 성덕왕대에 '비로소 백성에게 정전을 나누어 주었다'고 하는 예가 그것이다. 공자 사상을 계승·발전시킨 맹자는 "어진 정치는 반드시 토지의 개혁으로부터 시작한다"고 선언한 바 있는데, 우리나라 고대 국가인 삼국시대에는 이러한 맹자의 정치 사상에 기반한 유교정치가 수용되고 있었음을 알 수 있다.

당시의 유학자 중 특히 강수强首는 신라인으로서 최초의 자각적인 유자이자 학도역행學道力行하는 도덕주의자였다. 그는 유불儒佛 중 무엇을 공부하고 싶은지를 묻는 아버지의 질문에 '인륜지학人倫之學'인 유학을 배우고 싶다고 하여, 우리 역사상 처음으로 유학을 주체적으로 신념화하는 지식인상을 보여준 바 있다.

또한 설총薛聰도 경술經術과 문장文章으로 일세一世의 유종儒宗이 된 인물로서 당시 유학의 발전에 큰 공헌을 하였다. 그가 왕에게 지어 올린 화왕계花王戒는 '군자를 가까이 하고 소인을 멀리하라' 는 유교적 정치윤리를 진언하는 것이었다. 이는 유학자의 정치적 역할이 어떠하여야 하는가를 보여준 상징적인 일로서 의미를 갖는다. 유불도 삼교를 전체적인 견지에서 통찰하여 근본적인 관점에서 상호 조화와 융합을 강조한 최치원과 함께 설총은 문묘文廟에 종사되어 그 사상사적 위상을 인정받고 있다.

백제에서도 학교 설립 연대는 알 수 없으나, 고이왕 62년(285)에는 왕인이 『논어』와 『천자문』, 『주역』, 『산해경』을 가지고 일본으로 건너가서 황태자를 교육하고 문자와 유교 사상을 처음으로 일본에 전한 바 있다. 백제의 유학이 일본에 전파되어 일본 문화 발전에 기여하였음은 고구려나 신라의 경우에 비해 하나의 특색이라 할 수 있다. 이러한 사실로 볼 때 신라나 고구려 못지 않게 백제 사회에도 유학사상이 널리 수용되어 적용되고 있었음을 알 수 있다.

백제의 정치 제도 중 6좌평 제도가 유명한데, 이 제도는 『주례周禮』의 육관에서 연유된 것으로 알려져 있다. 특히 백제의 정치 기구 중에서 유학과 관련하여 중요한 의미를 지닌 남당南堂도 잘 알려진 제도이다. 이 정치제도는 삼국시대 부족 집회소가 발전한 중앙 정치 기구이다. 남당의 기원은 일반적으로 『예기禮記』에서 비롯된 것으로 보이는데, 『논어』에서 제왕이 만민을 정치하는 용어인 '남면南面' 과 관련된 것이다. 이는 유가의 왕도정치를 상징하는 용어로서 당시 정치가 지향하는 바를 짐작할 수 있는 내용이기도 하다.

백제 유학의 경우 학술문화의 발달에 상당한 진전이 있었던 점은 이미 언급하였다. 이미 4세기 후반에 이르러 아직기阿直岐와 왕인 등을 일본에 보내어 한학을 전할 수준이었으며, 이 무렵 박사 고흥高興에 의해 국사인

210

『서기書記』를 편찬할 정도였다. 또 일본의 기록에 따르면 백제에 오경박사제도가 있었음을 알 수 있다. 이와 같이 백제의 유학 문화는 일본에 전해져 그들의 정신문화와 물질 문명을 계발하는 데 큰 기여를 하였다. 일본 유학의 비조鼻祖가 되었던 백제의 유교는 당시 학문적 역량과 수준이 상당하였음을 충분히 알 수 있다.

이상으로 볼 때, 삼국시대에는 유학 중심의 중국 학제나 법제를 수입하여 이를 토착화하고, 정치사상이나 교육사상 등 제반 사회사상에 폭넓게 응용하면서 유학의 보편화를 추구하고 있었음을 알 수 있다.

여말선초麗末鮮初의 사상적 전환과 '유학의 나라' 건국

고려 말에서 조선 초기에 이르는 역사적 전환기는 한국유학사에 있어서 매우 중요한 시기에 해당된다. 송대에 이르러 유교는 성리학으로 고도의 철학적 전환을 이룬다. 그리하여 인간 본성에 대한 이치와 객관적 실재를 동시에 규명하는 것을 학문적 본령으로 삼는다. 특히 신유학은 인간 내면에 대한 주체적 성찰과 보다 구체적인 측면에서 현실 사회의 문제를 아울러 중시하는 역사의식을 강하게 내포함으로써, 단순히 윤리적이고 합리적인 차원에만 머물지 않고, 국가 사회적인 문제에도 적극적인 관심을 가지는 현실지향적 특성이 매우 강한 새로운 경향의 이데올로기였음을 의미한다.

한국에 수용된 성리학은 새로 개창된 조선 왕조의 정교이념政教理念이 됨으로써 근세한국의 학술문화와 사상에 획기적이며 절대적인 영향을 끼쳤다. 성리학은 고려 말기인 충렬왕 때 안향安珦 등에 의해 원元으로부터 수용되었다. 당시 고려는 내부적으로 오랜 무신집권으로 인해 사회경제적 모순이 심화되고 사상계가 혼미하여 학풍의 침체가 계속되는 등 위란이 가중되고 있었다. 대외적으로도 원의 멸망과 명明의 발흥 등 긴장과 혼란의 상황에 처해 있었다. 이 무렵 수용된 주자학은 정치·사회적 변화를 갈구하던 당대의 학자들에게 열렬한 환영을 받았다. 그 당시 불교와 도교는 신비주의에 빠져 종교적 구실을 제대로 못하였고, 기존의 유교도 크게 쇠퇴하여 한계를 드러내고 있었다. 당시 신진사대부는 성리학을 정치적 혼란과 경제적 피폐, 사상적 침체를 극복할 수 있는 유일한 대안으로 간주하고 신념화하여 역사적 변화를 모색하였다.

그런데 고려 말 신진사대부들은 성리학으로 노불을 비판하며 국가 건설을 위한 전환을 도모하는 입장은 같았지만, 역사 해석과 현실 인식에서는 상당한 입장 차이를 보였다. 그리하여 마침내 고려 지식계층은 두 계열로 분열·대립하는 양상을 보였다. 한 계열은 더 이상 고려왕조의 유지가 불가능하다고 판단한 삼봉三峰 정도전鄭道傳을 중심으로 하는 신진세력이었고, 다른 계열은 고려 왕조를 계승하면서 개혁과 중흥을 도모하려는 포은圃隱 정몽주鄭夢周를 중심으로 하는 보수세력이었다. 그들은 한결같이 신유학을 신념화하였다는 공통성이 있었으나, 역사인식과 현실 판단에서는 큰 견해차를 보였다. 두 신진사류의 대립양상은 여말선초의 사회적 모순에 대한 개혁 과정에서 정치적 노선 차이를 드러냄으로써 결국 신왕조 개창을 전후하여 완전히 길을 달리하고 말았다. 정도전의 학문과 사상은 양촌陽村 권근權近 등의 훈구파勳舊派 정치인에 의해 더욱 보강되었고, 조선 왕조 개창의 역사적 전환을 이룩하는 주역이 되었다.

그런데 조선조 유학의 특성을 인식하는 데 있어서 그 사상적 정통은 왕조 개창을 주도했던 정도전 계열이 아니라, 오히려 고려왕조에 의리와 충절을 표했던 정몽주 계열의 학맥을 조선조 유학의 이상적 연원으로 삼았다는 점을 이해하는 것이 매우 중요하다. 조선은 개국 후 곧 숭모해야 할 이상적 정신 모형으로 왕조 개창론자들의 정신보다는 춘추 의리 중심의 윤리관을 채택하였다. 그리하여 이를 조선조 후기에 이르기까지 오백여 년에 걸쳐 사상적 정통으로 삼음으로써 한국정신사에 지대한 영향을 미쳤다. 혁명론에 기반하여 새 왕조를 개창하였지만 개국 후 바로 강상론을 중심으로 역사적 정당성을 추구하는 국시國是의 전환을 도모했던 것이다.

조선조 개국과 함께 불교에서 유교로의 입국이념의 전환이 있자마자, 죽음으로써 고려조에 지조를 지킨 정몽주는 한국 도학의 시작을 알리는 대표적 유현으로 추종되었고, 결국 한국 유학의 정맥正脈으로 자리매김되었다. 그리하여 조선조 전기 유학의 가장 중요한 특징인 도학적道學的 전개 양상을 나타내게 되었다. 정몽주의 사상은 길재吉再와 김숙자金叔滋, 김종직金宗直, 김굉필金宏弼, 조광조趙光祖 등에게 전승되어 한국 도학의 큰 흐름을 이루었다. 그러한 도학적 전통은 조선조 후기 구한말까지 강상과 대의, 충절과 자주의 의리정신으로 계승되어 역사를 추동하는 일대 정신적 지주가 되었다.

퇴계와 율곡의 출현과 한국 성리학의 융성

16세기 중반 이후 한국 유학은 큰 전환을 보게 되었다. 조선 전기의 도학적 전개에서 인성론적人性論的 전개로의 전환이 바로 그것이었다. 거듭된 사화士禍로 인하여 실천 궁행을 중시하던 도학자들이 혹독한 참화를 겪은 후 학풍과 사습이 크게 쇠락해짐으로써 선비들의 은일 풍조가 사회 전반에 만연하였다. 정계로 나가 도학적 이상을 실현하기보다는 산림에서 학문적 탐구와 성찰에 전념하려는 분위기가 확산되었다. 이를 계기로 조선 중기 이후 한국 유학은 사단칠정四端七情을 중심으로 하는 인성론적 탐색에 치중하게 되었다. 그 결과 이론적이고 사색적인 학풍이 조성되어 철학적으로 매우 수준 높은 차원에서 인간성 문제를 구명究明하게 되었다. 특히 퇴계退溪 이황李滉과 율곡栗谷 이이李珥 같은 대학자의 출현으로 한국 성리학은 중국보다도 심화된 인성론적 발전을 이룩하였다. 중국의 학자들이 주로 자연이나 우주를 중심으로 이기론을 전개했다면, 한국의 성리학자들은 인간의 내면적 성정性情과 도덕적 가치의 문제를 깊이 탐구하였다.

퇴계와 율곡에 앞서 화담花潭 서경덕徐敬德과 회재晦齋 이언적李彦迪이 수준 높은 성리학적 담론을 펼쳤던 것도 사상사적으로 의의가 있다. 화담은 자득적自得的 성격이 강한 기철학자로 유명하였는데, 특히 기氣의 실재성을 강조하고 현존하는 모든 실재를 기로 파악하는 유기론적 입장을 펼쳤다. 그는 기의 사실성을 떠나 이理를 관념적으로 추상화하는 것은 무의미하다고 하였다. 그의 사상은 「원리기原理氣」, 「이기설理氣說」, 「태허설太虛說」, 「귀신사생론鬼神死生論」 등 수준 높은 철학적 저술에 잘 표현되어 있다.

비슷한 시기에 남쪽에는 회재 이언적이 유교 경전에 대한 깊은 조예를 바탕으로 학문적으로 큰 업적을 이루고 있었다. 회재는 『대학장구보유大學章句補遺』, 『속대학혹문續大學或問』, 『중용구경연의中庸九經衍義』, 『구인록求仁錄』 등 많은 경학 관련 저술을 남겼다. 특히 망기당忘機堂 조한보曺漢輔와의 '무극태극논변無極太極論辨'을 통하여 성리학의 본령에 대한 깊이 있는 철학적 논변을 전개함으로써 이후 한국 성리학의 중요한 특성 중 하나인 철학 논변의 시초를 열었다. 화담과 회재의 학문적 업적은 각각 퇴계와 율곡에게 적지 않은 영향을 끼쳤을 뿐 아니라 16세기 중반 이후 절정기 성리학의 발전을 가져오는 초석이 되었다.

퇴계와 율곡은 한국 성리학을 최고의 철학적 수준으로 끌어올림으로써 한국적 특색을 높이 드러낸 위대한 성리학자로 숭앙받는 선현들이다. 세계 철학사를 통하여 보더라도 조금도 손색이 없을 정도로 위대한 학문적 성취를 이루었다. 퇴계와 율곡은 동시대를 살면서 직접 만나 밤새워 학문적 토론을 펼친 적도 있는데, 이론과 실천의 중시, 인격적 성찰과 성숙 등 여러 가지 면에서 두 학자는 우열을 논하기 어려운, 명실공히 16세기 한국 지성의 두 거봉이었다. 한국의 성리학이 중국보다 인성론적인 측면에서 깊이와 폭을 더할 수 있었던 것도 두 선현의 공로라 해도 과언이 아니다. 퇴계와 율곡은 정통 성리학자라는 점에서는 다르지 않지만, 구체적인 학설이나 삶의 태도 등에서는 다소 차이를 보이기도 하였다.

공자에서 시작되고 맹자에 의해 발전된 유학사상은 주자에 이르러 그 철학적 체계가 완성되었다. 송대 신유학의 근본적인 관심은 천리天理와 인성人性이 어떻게 합일合一할 수 있는가 하는 문제였다. 그 점에서 주자는 인간의 본성을 본연지성本然之性과 기질지성氣質之性으로 구분하였다. 또 이기론에서 이理는 우주 만물의 근본이 되는 본질 혹은 이치로서 기가 활동하는 근거가 되며, 기氣는 만물을 구성하는 재료로서 사물을 낳는 도구라고 하여 엄격하게 구별하였다. 주자의 견해를 존숭한 퇴계는 "이理는 원리적 개념으로서 절대적으로 선하고 존귀한 것이며, 기氣는 현상적 개념으로서 선과 악이 섞여 있는 것이다. 기에 내재한 선善의 요소는 이理의 순선純善으로 수렴할 수 있는 가능성이 있다"고 주장하였다. 이와 같이 퇴계는 이와 기를 엄격히 구분하여 사단과 칠정을 대치 관계로 규정하고 이기호발설理氣互發說을 주장하였다. 이후 기대승과 논변을 통해 퇴계는 칠정도 이理와 관련 속에서 발생되는 것이라고 자신의 입장을 다소 수정하였으나, 사단과 칠정에는 분명 서로 다른 점이 있다는 입장에는 변함이 없었다. 퇴계 이기론의 핵심은 '사단은 이가 발한 것[四端 理之發]'이고, 칠정은 기가 발한 것[七情 氣之發]' 이라는 것에서 출발하였으나, 이후 사단칠정논변을 거치면서 '사단은 이가 발하고 기가 거기에 따르는 것[四端 理發而氣隨之]'이고, 칠정은 기가 발하고 이가 거기에 타는 것[七情 氣發而理乘之]' 으로 일부 수정하는 것으로 정리되었다.

퇴계의 학문은 한결같이 사람의 마음은 대체 얼마만큼 깊어질 수 있는 것인지, 혹은 사람이 학문과 수양을 통하여 자신을 키워 나가면 대체 얼마만큼 커질 수 있을까에 전념하는 것이었다. 퇴계는 공맹 근본 유교의 본령과 정주程朱의 성리정신을 존숭하면서 주체적인 '경敬' 사상을 중심으로 인간의 내면적 진실성을 주체적으로 수렴하고 성찰하는 방향에서 성리를 탐구하였다. 뿐만 아니라 학문과 교육을 통하여 진리의 표준을 세우고 인격의 성숙을 도모함으로써 근본적이고 장기적인 안목에서 성리학적 진리를 부식하고자 노력하였다. 그리하여 인간 자아의 주체적 심화를 본령으로 하는 학문적 일가一家를 이루어 '퇴계학退溪學'의 완성을 봄으로써 오늘날 세계적인 존경을 받고 있다. 퇴계는 생애의 대부분을 이른바 '악화惡貨가 양화良貨를 구축驅逐하는' 가치 전도의 사화기士禍期에 보냈는데, 그런 점에서 특히 인간 본성의 존귀한 측면에 절대적 신념을 가지고 천리와 인욕을 판별하는 준극을 세우고 의義와 리利를 분변하고자 하였다. 그리하여 인심人心을 밝히고자 하는 노력을 조금도 게을리 하지 않았다. 특히 퇴계는 온유돈후하고 고매한 인격을 바탕으로 도덕과 감화력을 지닌 스승으로서의 품격을 잃지 않았다.

반면 율곡은 '이理는 보편적인 것으로 모두에게 통하는 것이며, 기氣는

216

특수한 것으로 일부에 국한된 것[理通氣局說]'이라는 주장을 펼쳤다. 율곡은 이와 기를 확연히 구분하기보다는 기는 발하는 것이고, 이는 발하게 하는 근거로 보아 호발설을 부정하고 기발氣發만을 인정하였다. 칠정 뿐만 아니라 사단도 기가 발하고 이가 그 위에 탄 것이라 하여 '기발이승일도설氣發理乘一途說'을 주장하였다. 기질지성 속에 본연지성이, 칠정 속에 사단이 내재하므로, 칠정 속의 선일변이 사단일 뿐이며 사단이라는 정이 따로 존재하는 것은 아니라고 하였다.

율곡은 무엇보다 진리와 경세經世의 근본적 합일을 중시하였던 사상가였다. 그는 이념적 측면과 현실적 측면을 통합적으로 인식하여 근본적으로 반성하는 학문의 길을 걸었다. 그런 통합적 관점에서 이와 기를 동시에 긍정하여 '이기지묘理氣之妙'라는 독특한 관점을 도출해 내었다. 그리하여 인간의 이성과 신체적 활동이 실질적으로 분리되지 않는다고 인식하였다. 율곡은 성리학에 정통하면서도 불교, 노장 철학, 양명학 등 제가諸家의 학설에도 깊은 조예가 있었고, 진리와 실제의 조화를 꾀하는 실용적인 경세론을 펼침으로써 학자로서의 모범을 보였다. 무엇보다 율곡은 정치, 경제, 사회 전반에 걸쳐 당대의 어떤 정치가나 사상가보다 획기적인 선견先見을 제시하였을 뿐 아니라 민생과 사회 제도 개혁의 실천적 토대를 명확하게 제시하였다. 또한 당시 국제 정세에 대한 정확한 인식과 적극적인 국방론을 제안하기도 하였으며, 진리의 추구와 그것의 철저한 현실 적용으로 조선조 후기 실학정신을 배태하게 하였던 점은 오늘날까지도 크게 주목받고 있는 내용이다.

퇴계와 율곡은 단지 중국 성리학을 답습하는데 그치지 않고 인간의 주체적인 내면의 성실성을 깊이 성찰하고 현실적으로 구현하고자 하였던 점에서 공통점이 있었다. 그러나 퇴계는 순수 성리학에만 전념한 반면,

율곡은 성리학에 정통하면서도 다른 제반 학문과 사상을 두루 섭취하였다. 또 퇴계가 자기 수렴적·구심적·주체적 학문 경향을 보였다면, 율곡은 사회지향적·외향적 현실 적용에 더욱 관심을 보였다. 퇴계의 이기이원론은 현실 견제적 성격이 강하였던 반면, 율곡의 이기일원론은 현실 개선적 성격이 강하였다고 볼 수 있다. 퇴계는 결코 역사적 흐름 속에서 묻혀 버릴 수 없는 인간 정신의 깊은 샘을 마련함으로써 모든 사람이 진지하고 성실하게 자신의 삶을 성찰할 수 있는 길을 터 놓은 측면이 돋보이는 반면, 율곡은 아무리 위대한 이념과 이상 혹은 진리일지라도 현실을 토대로 하고 현실의 삶을 개선하기 위한 지향이 아니라면 무의미함을 강조한 면이 특징이다.

이와 같이 송대 성리학은 고려 말 우리나라에 수입되어 퇴계와 율곡과 같은 위대한 사상가들을 만나 우리 역사상 가장 훌륭한 학문적 꽃을 피웠다. 특히 퇴계와 율곡과 같은 한국의 성리학자들이 인간의 감성과 이성의 본질을 깊이 탐구하고 이를 바탕으로 전인적 경지에 이르고자 하는 철학적 성찰을 보였던 점은 세계사상사적으로 매우 큰 의미를 지닌다고 하겠으며, 현대인의 마음과 삶에도 거울이 되기에 부족함이 없다고 하겠다.

조선 후기 근대로의 지향과 실학의 대두

그러나 조선조 후기에 이르러 삶의 현실 문제는 성리학적 담론에만 전념하기에 너무 피폐한 상황에 직면하게 되었다. 특히 임진왜란과 병자호란은 국가적 역량은 물론 백성들의 삶의 터전조차 위협하는 극한적 도탄을 가져왔다. 한마디로 온 나라가 거의 도탄에 빠지는 곤경과 위기를 맞고 있었다. 특히 조선 중기 이후 거듭된 사화와 당쟁으로 정치 기강이 문란해졌고, 성리학은 유학의 근본정신을 망각한 채 공소한 이론에 빠져 절박한 현실 문제를 구제하기에는 무력해져 있었다. 이 무렵 중국을 통해서 청대의 고증학이 전해지고 서양의 기독교 문명과 과학정신도 소개됨으로써 변화와 전환을 모색하는 분위기가 고조되고 있었다.

그리하여 피폐한 시대적 · 사회적 당면 현실을 구체적으로 개선하고 실제 생활의 모순을 타개하기 위하여 새로운 경향의 학술사상이 대두하게 되었으니, 이것이 바로 실학사상實學思想이었다. 실학은 조선조가 건국이념으로 채택한 주자학이 더 이상 피폐된 사회 · 경제적 모순을 광정하지 못하고 있는 점에 대하여 비판과 반성을 제기하면서, 당시 사회의 모순을 근원적으로 제거하고자 하는 방향에서 시작되었다. 성리학의 역사적 한계를 인식하고 극복하고자 하는 새로운 학풍이 대두됨으로써 정치, 경제, 사회, 문화, 과학 등 제반 분야에 걸쳐 개혁론이 제기되었다.

실학사상은 비판정신과 실용주의, 과학적이면서 실증적인 학문 방법론을 기반으로 하여 주체성과 개방성을 학문적 특성으로 하면서 전개되었다. 우리나라의 실학은 초기 실학자들의 생존 연대를 비교해 보면 상당부분 자생적 성격이 강하였다. 반계磻溪 유형원柳馨遠에 의해 학문으로서의 실학의 성격이 이루어졌고, 성호星湖 이익李瀷은 학파로서의 실학의 존재를 확인하였다. 다산茶山 정약용丁若鏞에 이르러서는 실학이 완전히 시대사조의 지배적 경향으로 뚜렷한 존재감을 갖게 되었다.

우리나라 실학의 학풍을 시대적 발전 단계로 정리해 보면 대략 다음의 세 학파로 구분된다. 첫째, 토지와 행정, 제도 개혁에 치중한 경세치용經世致用 학파를 들 수 있고, 둘째, 상공업의 유통과 기술개발을 추구하면서 중국의 선진 문물과 과학기술의 수용을 중시하는 이용후생利用厚生 학파,

셋째, 고증학과 금석학 등 실증을 통하여 진리를 밝히고 실천궁행을 중시하는 실사구시實事求是 학파가 그것이다. 대체로 경세치용학파의 경우 초기 실학자인 유형원과 이익이 해당되고, 이용후생학파에는 홍대용, 박지원, 박제가, 이덕무, 유득공 등 북학파 학자들이 대부분 해당되며, 실사구시를 중시한 학자로는 김정희와 정약용 등이 거론된다.

특히 북학파 실학자들은 서울의 도시적 분위기에서 상인과 수공업자들을 접촉하면서 상공업 발전의 필요성을 절감하였고, 유통의 확대와 기술개발을 통하여 생산 자체의 발전을 촉진시키고자 노력하였다. 그들은 대부분 빈번한 연행燕行을 통하여, 당시 사대부들이 명나라에 대한 보은과 춘추의리 정신에 치중하고 있을 때 청나라의 선진문물의 효용가치를 일찍부터 인식하고 이를 적극 수용하자는 주장을 펼침으로써 기존의 유교 사상으로부터 사상의 근대적 전환을 의미하는 매우 뜻깊은 변화를 주도하였다.

이러한 실학사상은 사상사적으로 몇 가지 중요한 의의를 갖는다. 무엇보다 현실과 유리된 성리학을 내적으로 극복하고자 하였던 점을 들 수 있다. 다음으로 시대 상황과 역사적 현실의 성찰을 통하여 정치 사회적 모순을 극복하고 탈출하고자 하였던 점을 들 수 있다. 그리고 조선조 사회가 극단적 폐쇄성에서 벗어나 근대적 사회로 전환하는 계기를 마련하였다는 점에서 큰 의의가 있다.

그러나 실학사상은 근대지향적 노력에도 불구하고 조선왕조가 외세 앞에 무력하게 침탈당함으로써 결국 현실적으로는 열매를 맺지 못한 채 한계를 드러낼 수밖에 없었다. 그리하여 우리나라 실학이 개화開化로의 성공적인 연결을 주체적으로 도모하지 못하고 일제 식민지로 전락해 버렸던 점은 사상사적으로 아쉬운 점이라 하지 않을 수 없다.

한말韓末 유림 운동과 심산心山의 지조志操

우리는 오랜 역사와 무구한 문화를 자랑하는 민족이다. 고유한 민족적 사유를 기반으로 보편성을 지닌 외래사상을 수용하여 한국적 토착화에 성공하여 심화·확대하는 문화적 역량도 지니고 있다.

그럼에도 불구하고 근대에 이르러 외세의 침탈을 당하여 국권상실國權喪失이라는 전대미문의 아픈 역사를 경험해야만 했다. 19세기 이후 서양과 일본 등 열강의 침략이 노골적으로 드러나고, 조선의 식자층은 위구심危懼心이 가중되는 가운데 존왕양이尊王攘夷의 척사위정斥邪衛正 운동이 전개되기도 하였다. 대표적인 척사위정론자로는 이항로李恒老, 기정진奇正鎭, 김평묵金平默, 유중교柳重敎 등을 들 수 있다. 이들의 운동은 전통사회에서 근대 사회로 전환하는 과정에서 개화의 흐름에 반대하는 형태로 전개되었다. 척사위정론자들은 역사적 위기 상황에서 성리학적 의리 사상을 구국의 신념으로 승화시켜 외세에 저항하고 의존적인 정치권을 견제함으로써 민족의 자주를 수호하려 하였다. 그런 점에서 민족주의 사상의 표본이라 하기에 부족함이 없을 것이다. 그들의 운동은 조선 말기 의병운동으로 실천에 옮겨졌고, 국권상실 이후에는 항일의병 운동과 독립운동으로 계승되어 자주민족의 정신적·사상적 초석이 되었다.

당시 척사위정론자들은 수구 집권 세력에 이용되는 면도 없지 않았고, 서양세계나 문물에 대하여 충분한 인식이 부족한 가운데 배타적인 고집을 보임으로써 근대화를 다소 지연시키는 부분도 있었다. 그러나 근본적으로 민족적 자강自强이 확보되지 않은 개방이란 붕괴를 자초할 수밖에 없을 것이라는 척사론자들의 인식 자체가 잘못된 것은 아니었으며, 그런 점에서 그 의의는 오늘날까지 이어진다고 하겠다.

국권상실기 유림의 활동은 다양한 양상을 띠었다. 기존의 유교를 불변의 절대 진리로 인식하여 수구적인 자세를 견지하는 보수적인 유림도 있었고, 과거 유교에 대한 개신 내지 개혁을 주장하는 유림도 있었다. 식민 치하에서도 유교계 내부에서는 조선을 병탄한 일제 침략자들에 대하여 끝까지 대응하는 양심적인 선비도 명맥을 유지하고 있었다. 민영환閔泳煥, 최익현崔益鉉, 유인석柳麟錫 등은 을사조약 이후 저항과 투쟁 운동으로 행동하는 태도를 견지하였다. 박은식朴殷植, 이병헌李炳憲 등은 유교 개혁과 종교화宗敎化 운동을 전개하고자 하였고, 정인보鄭寅普는 양명학陽明學을 선양함으로써 국권회복 운동을 도모하기도 하였다. 장지연張志淵은 유교를 우리나라 전통사상으로 보고 주체적 입장에서 평가하고 언론 활동 등을 통한 애국계몽운동을 주도하였다. 장지연의 개혁론과 자강론의 기반은 역시 유학사상이었다.

일제시기 신학문을 배운 지식인들은 유교로 인하여 나라가 망하고 식민지로 전락하였다는 극단적인 부정 인식을 보임으로써 유교는 도태되고 청산되어야 할 구시대의 유물로 인식되고 말았다. 일제시대 유교계는 이러한 부정적 인식이 확산되고, 거기에 식민사관植民史觀의 등장으로 인해 크게 쇠퇴할 수밖에 없었다. 특히 일본의 어용학자御用學者 다카하시(高橋亨)의 활동과 왜곡된 유교 인식을 우리나라 학자들이 비판없이 그대로 수용하였다. 일제시대 조선의 개조와 갱생을 논하면서 유교 공격에 앞장섰던 지식인으로는 이광수李光洙, 최남선崔南善, 최현배崔鉉培 등을 들 수 있다. 이들의 유교 비판은 국권상실기에 조선조 오백년 동안의 이데올로기에 대한 반감으로 인하여 올바른 검토와 성찰없이 공격일변도로 흐른 면이 있었다.

1945년 광복과 동시에 유교계의 재편과 유림운동을 주도적으로 전개한 대표적 인물은 성균관대학교를 설립한 심산心山 김창숙金昌淑이었다. 심산은 일찍이 이승희李承熙를 스승으로 하여 배우고, 의병운동을 주도했던 곽종석郭鍾錫의 문하에도 출입하였다. 심산은 1905년 을사조약乙巳條約이 체결되자 바로 스승과 함께 상경하여 '오적五賊'을 참수하라는 상소를 올림으로써 항일운동을 시작했다. 1908년에는 고향에서 〈대한협회大韓協會〉 성주星州 지부를 결성하여 문벌 타파와 노비 해방 등 구습 혁파에 힘을 쏟았다. 다음해에는 일진회一進會 등에서 일제의 조선합병의 필요성을 주장하고 나서자, 이를 성토하는 격렬한 글을 지어 중추원과 각 신문사에 보냈다. 이 일로 심산은 왜경倭警에게 체포되어 8개월의 옥고를 겪어야 했다. 출옥 직후 심산은 향리에서 성명학교星明學校를 세워 신교육을 통한 애국 운동을 시작하였다.

조선이 일본에게 강제 합병당하자 심산은 망국의 울분을 참지 못해 활동을 중단한 채 집 밖을 나서지 않았으나, 모부인母夫人의 훈도에 힘입어 독서하며 유학儒學에 정진하였다. 3·1 운동이 일어나자 33인 중에 유림 지도자가 빠진 것을 통분하게 여겼고, 해외로 나가 독립운동을 펼치기로 결심하고 상경하였다. 망명에 앞서 심산은 영남과 호서 유림 137명을 규합, 조선의 독립을 청원하는 '유림단진정서儒林團陳情書'를 받았다. 이어 중국 상해로 건너가 프랑스 파리만국평화회에 파견 중인 김규식에게 우송하였다. 이것이 이른바 '제1차 유림단사건'인데, 이후 심산은 대한민국임시정부 의정원 의원으로 피선되었다. 이듬해에는 중국의 공교회원孔敎會員과 함께 〈사민일보四民日報〉를 창간하였고, 1922년에는 신채호申采浩와 함께 천진에서 독립운동지 〈천고天鼓〉를 발행하였다. 북경에서는 박은식과 〈사민보四民報〉를 발간하여 민족의 독립정신 고취에 전념하였다. 심산은 중국의 손문孫文을 비롯한 중국 국민당 인사들과도 교제하며 한국의 독립운동을 후원하도록 하였다.

이후 심산은 국내에 잠입하여 독립운동 자금 모집을 주도했고, 이를 왜경이 감지하여 6백여 명에 달하는 유림이 체포·구금되는 사건(제2차 유림단 사건)을 당하기도 하였다. 이어 심산은 백범白凡 김구金九와 동양척식회사 투척 사건을 주도하였고, 이듬해 상해에서 체포되어 징역 14년을 선고 받고 복역 중 고문으로 인해 두 다리가 마비되자 풀려났다. 심산의 민족 광복을 위한 불굴의 투쟁은 일제에 대한 전면적인 비타협·불복종 운동으로 계속되었다.

해방 이후 심산은 김구와 함께 남한만의 단독정부 수립에 반대하고, 강대국의 신탁통치로 인한 민족 분열을 막고 통일 정부 수립을 위해 혼신의 노력을 다하였다. 1946년 심산은 동아일보에 〈조선공산당朝鮮共産黨에 보내는 경고문〉을 통해 찬탁 행위를 준엄하게 공박하여 민족 통합의 정당성을 확보하고자 하였다. 당시 심산은 전국유림대회를 통하여 성균관장으로 추대되어 분열된 유교단체를 통합하고 유림조직을 재편하였다. 심산은 평소 늘 구상해 오던 유교의 현대화와 유학 이념에 입각한 육영 사업을 실시하기 위해 성균관대학 설립에 노력을 기울였다. 마침내 1946년 9월 성균관대학의 설립 인가를 받았고, 초대 학장에 취임하였다.

한국전쟁 이후 심산은 이승만 정권의 독재에 투쟁하다가 투옥당하였으며, 테러를 당하기도 하는 등 '반독재 투쟁의 상징적 존재'로 꺾이지 않는 민족의 자존 그 자체로서의 삶을 살았다.

심산은 세상을 떠날 때까지 독재와 부정부패에 항거하며, 조국 통일과 민주 회복을 위해 대의명분에 입각한 실천적 유학자상을 남김없이 보여 주었다. 고고한 인품과 우뚝한 절개를 지녔던 심산은 조선의 마지막 선비였다. 반침략·반분단·반독재의 표상이자 교육자로서 억세고 질기게

224

민족적 지조志操를 지켰고, 예리하고 절실하게 지성知性을 발휘하여 우리 정신사의 고귀한 유산인 유학儒學의 맥脈을 수호하고자 하였다. 누구보다 진보적이고 개혁적인 유림지도자였던 심산의 지조와 얼은 오늘을 사는 우리에게도 민족적 자존을 지키는 빛으로 살아 있다.

|原文 익히기 |

『大學』

- 大學之道, 在明明德, 在親(新)民, 在止於至善.

- 物有本末, 事有終始, 知所先後, 則近道矣.

- 德者 本也, 財者 末也.

- 財聚則民散, 財散則民聚.

- 仁者 以財發身 不仁者 以身發財.

『論語』

- 子曰 學而時習之 不亦說乎, 有朋自遠方來 不亦樂乎, 人不知而不慍 不亦君子乎.

- 子曰 由 誨女知之乎, 知之爲知之, 不知爲不知, 是知也.

- 子曰 父母之年 不可不知也, 一則而喜 一則而懼.

- 子曰 弟子入則孝 出則弟, 謹而信 汎愛衆而親仁, 行有餘力則以學文.

- 子曰 朝聞道 夕死可矣.

- 顏淵問仁, 子曰 克己復禮 爲仁. 一日 克己復禮 天下歸仁焉, 爲仁 由 己而由人乎哉. 顏淵曰 請問其目. 子曰 非禮勿視, 非禮勿聽, 非禮勿 言, 非禮勿動.

- 貧而無怨 難, 富而無驕 易.

- 子曰 君子 求諸己, 小人 求諸人.

- 子曰 性相近 習相遠也.

『孟子』

- 孟子見梁惠王, 王曰 不遠千里而來, 亦將有以利吾國乎. 孟子對曰 王
  何必曰利, 亦有仁義而已矣.

- 老吾老 以及人之老, 幼吾幼 以及人之幼, 天下 可運於掌.

- 老而無妻曰鰥, 老而無夫曰寡, 老而無子曰獨, 幼而無父曰孤. 此四者
  天下之窮民而無告者.

- 民之爲道也, 有産者有心, 無産者無心. 苟無心, 放邪侈, 無不爲已. 及
  陷乎罪, 然後從而刑之, 是罔民也. 焉有仁人在位, 罔民而可爲也.

- 孟子曰 君子有三樂, 而王天下不與存焉. 父母俱存, 兄弟無故, 一樂也.
  仰不愧於天, 俯不於人, 二樂也. 得天下英才而教育之, 三樂也. 君子有
  三樂, 而王天下不與存焉.

『中庸』

- 天命之謂性, 率性之謂道, 修道之謂教.

- 仲尼曰, 君子, 中庸, 小人, 反中庸.

- 子曰, 道之不行也, 我知之. 知者, 過之, 愚者, 不及也.

- 君子, 素其位而行, 不願乎其外.

- 仁者人也, 親親爲大. 義者宜也, 尊賢爲大. 親親之殺, 尊賢之等, 禮所
  生也.

226

유학의 이상: 자아의 성숙과 세계평화

동양철학과 유학

흔히 철학哲學이라고 하면 우리는 아주 자연스럽게 소크라테스 혹은 아리스토텔레스, 플라톤 등을 떠올리게 된다. 언제부터인지 우리에게 철학이란 곧 서양철학을 의미하게 되었다. 그래서인지는 몰라도 우리의 전통사상이나 고유의 철학에 대해서는 반드시 '동양東洋'이라는 말을 붙이는 것이 불문율이다. 이것은 동양철학이 서양철학보다 완전하지 못한 것으로 오해되는 주된 이유가 되기도 한다. 그러나 이렇게 민감하게 생각하지 않더라도 최소한 철학에 대한 이러한 이해는 적어도 서양철학과 동양철학의 차이를 설명하는 또 다른 표현으로 이해할 수 있다.

유학은 동양철학에 속한다. 여기에서 '동양'이란 '서양'에 상대되는 개념이며, '철학philosophy'이란 '지혜sophia에 대한 사랑philos'을 의미한다. 그러나 유학을 서양철학적 논리로 설명하기란 쉽지 않다. 왜냐하면

서양철학에서는 어떠한 가설假說이나 문제제기에 대해 해답을 이끌어내는 일련의 논증과정, 혹은 그 논리전개 자체를 철학이라고 부르고 있는 반면, 동양철학에서는 그러한 논리의 전개과정보다는 실제적인 체득이나 지식을 통한 인격완성에 학문의 목적을 두고 있기 때문이다. 예를 들면, 『논어論語』에서 공자孔子는 "배우고 때때로 익히면 얼마나 기쁜지 아는가? 친구가 오랜만에 찾아오면 얼마나 즐거운지 아는가? 다른 사람이 나를 인정해 주지 않아도 화를 내지 않으면 진정한 군자君子가 아니겠는가?"라고 말하고 있다. 여기에서 공자는 그토록 하기 싫고 힘든 공부가 왜 기쁜 것인지에 대해서는 자세하게 설명하지 않는다. 다만 '기쁘다'라고 선언하며 그러니 '한번 해보라!'는 식이다. 어떻게 보면 공자는 참으로 불친절한 사람이다. 이왕 말할 바에야 한두 마디 덧붙여서 좀더 쉽게 설명하면 좋을 텐데, 왜 그렇게 짧은 말로 설명했는지 도무지 이해할 수 없다. 더욱 이해하기 어려운 것은 이러한 불친절한, 그래서 종종 비논리적으로 보이기도 하는 공자를 고대로부터 현대에 이르기까지 동양의 성인聖人으로 칭송하고 있다는 사실이다.

사실 공자의 이러한 불친절함은 그에게서 끝나지 않는다. 공자 당시 유가儒家와 사상적으로 대립했던 도가道家의 『장자莊子』에서도, "북쪽 바다에 물고기가 있는데, 그 이름이 곤鯤으로 얼마나 큰지 모른다. 변하여 새가 되니 붕鵬으로서 등의 길이는 몇 천 리이며 날개는 하늘에 구름과 같이 크다"라는 식이다. 여기에서도 무슨 말을 하는지 납득할 만한 설명을 찾아 볼 수가 없다. 어떻게 물고기가 새가 되며, 그 새의 날개가 몇 천 리가 되는지 알려주지 않는다. 다만 그저 장자 자신이 하고 싶은 말을 할 뿐이다. 어찌 보면 동양철학은 서양철학에 비해 매우 비논리적인 학문이라고 말할 수 있을지 모른다. 그러나 여기에 동양철학의 특징이 있다. 즉 동양철학에는 자신의 몸으로 직접 체득한 것, 그것이 바로 참 진리眞理이며, 그것만이 자신에게 진정으로 의미가 있는 것이라는 믿음이 깊이 배어 있는 것이다. 본 장에서는 이러한 개인적·실제적 체험을 통해 진정한 지식을 체득하여 자신의 인격을 완성하고, 더 나아가 사회질서와 세계평화를 지향하는 유학의 특징에 대해 살펴보도록 하겠다.

군자와 소인

유학은 수기치인修己治人·수기안인修己安人을 학문의 목적으로 삼는다. 즉 '자기를 완성하고 남을 다스리는' 군자는 우선 부단한 자기수양을 통해 인격을 완성하고, 그 다음 타인을 교육·지도해야 할 의무가 있다. 이것은 교육자인 동시에 지도자이기도 한 군자의 자격요건인 셈이다. 그렇다면 과연 자기를 완성한 군자는 구체적으로 어떠한 모습을 지니고 있을까?

공자는 제자인 자하子夏에게 "너는 군자君子다운 선비가 될 것이지, 소인小人같은 선비는 되지 말아라!"라고 훈계하고 있다. 이처럼 공자는 군자와 소인을 엄격히 구분하여 설명하고 있는데, 『논어』에 있는 군자와 소인의 특징을 공자의 말로 요약하면 다음의 표와 같다.

공자는 도덕적·인격적 완성자로서 군자를 설명하면서 소인과의 차이점을 부각시키고 있다. 즉 매사에 공평하고 의리와 도덕을 중시하면서 관용을 베풀고 주위 사람들과 조화를 이루는 사람이 군자인 반면, 매사에 공평하지 못하고 자신의 이익과 욕심을 위해 상대방을 헐뜯으며 분열을 조장하는 사람을 소인으로 규정하고 있는 것이다.

군 자	소 인
① 공평함 ② 이치를 추구함 ③ 덕과 법을 중요시함 ④ 옳은 일에 민감함 ⑤ 마음이 안정됨 ⑥ 남의 장점을 살려줌 ⑦ 뚜렷한 주관을 가지고 있으면서도 남들과 조화를 이룸 ⑧ 편안한 마음을 유지하면서도 겸손함 ⑨ 문제가 생기면 자신의 탓으로 돌림.	① 치우침 ② 욕심을 추구함 ③ 안일함과 혜택을 중요시함 ④ 이익에 민감함 ⑤ 늘 불안해 함 ⑥ 남의 단점을 부각시킴 ⑦ 뚜렷한 주관이 없이 단지 남들을 따라하는 데 급급함 ⑧ 거만하면서도 마음이 편치 못함 ⑨ 문제가 생기면 남의 탓으로 돌림.
① 周而不比 ② 上達 ③ 懷德 懷刑 ④ 喩於義 ⑤ 坦蕩蕩 ⑥ 成人之美 ⑦ 和而不同 ⑧ 泰而不驕 ⑨ 求諸己	① 比而不周 ② 下達 ③ 懷土 懷惠 ④ 喩於利 ⑤ 長戚戚 ⑥ 成人之惡 ⑦ 同而不和 ⑧ 驕而不泰 ⑨ 求諸人

그러나 이처럼 군자와 소인을 도덕적인 의미로만 한정지어 설명할 수는 없다. 왜냐하면 군자란 본래 고대에 정치에 종사하는 사대부士大夫를 가리키는 개념으로 일반 서민庶民을 의미하는 소인과 계급적으로 구별되어 사용되는 경우도 있기 때문이다. 그러나 본래 계급적 호칭이었던 군자는 점차 시대의 변천에 따라 그 의미가 점차 확대되어 결국 정치 지도자 및 위정자의 자격요건인 '도덕적 완성' 혹은 '완전한 인격'이라는 의미를 갖게 되었다.

한편 공자는 지인용智仁勇을 갖추고 있는 군자를 "지혜로운 자가 남에게 속지 않고, 어진 자가 근심하지 않으며, 용기 있는 자가 두려워하지 않는 것"처럼 전인적全人的인 존재로 규정하고 있다. 아울러 이러한 세 가지 덕을 갖춘 군자는 "멀리서 바라보면 위엄이 있고, 가까이 있으면 온화하며, 말을 들어보면 명확한 사람"으로 결코 한 가지에 국한된 융통성 없는 사람과는 다르다고 주장된다. 따라서 무궁무진한 능력을 지닌 군자에 대해 공자는 "군자는 그릇과 같이 한계가 분명한 존재가 아니다"라고 결론짓고 있는 것이다. 공자는 다양한 능력을 소유한 군자가 되기 위해서는 예악사어서수禮樂射御書數(예의범절 · 음악 · 활쏘기 · 수레몰기 · 글쓰기 · 셈하기)라는 육예六藝에 대한 공부가 필수적이라고 주장한다. 육예란 공자가 제자들을 가르쳤던 6가지 과목을 가리키는 것으로 일종의 커리큘럼 같은 것이다. 즉 공자는 몇 가지 과목만을 잘한다고 해서 훌륭한 인격과 능력을 갖춘 것이 아니라, 다양한 학문적 소양을 함께 갖추어야만 진정한 군자가 될 수 있다고 본 것이다.

공자는 이처럼 군자의 인격에 대해 높이 평가하고 있지만, 유학에서 말하는 이상적인 인격체는 성인聖人이다. 그러나 성인이라고 한다면 어떠한 잘못도 용납하지 않는 완전한 존재이기 때문에 이미 보통 사람들처럼 일상생활에서의 수양이 요구되지 않는다. 따라서 공자 자신도 제자들 앞에서 감히 성인임을 자처할 수가 없었다. 당시 제자들에 의해 공자가 성인으로 받아들여지기는 했으나, 『논어』 어디를 보아도 공자가 그러한 제자들의 말을 그대로 인정한 적은 없다. 다만 공자는 제자들에게 "나는 나면서부터 아는 사람이 아니라, 옛것을 좋아하여 부지런히 찾아 배운 사람이다"라고 말하고 있다. 결국 공자는 평범한 인간이 성인이 되기 위해서는 자신과 같은 군자의 길을 걸어야 함을 강조하고 싶었던 것이다. 이처럼 군자의 길은 학문의 목표이자, 그 자체가 성인이 되기 위한 수양의 방법이기도 했다. 그러므로 군자의 도리, 즉 참인간의 도리인 진리를 얻는 것은 인생의 궁극적 의미를 깨닫는 것을 뜻한다. 이러한 맥락에서 공자는 『논어』에서 "아침에 도道를 들으면 저녁에 죽어도 좋다"라는 고백을 할 수 있었던 것이다.

자기완성의 길─修己之學

　수기치인을 학문의 목적으로 삼는 유학에서는 '타인을 가르치고 백성을 다스리는' 군자의 사회적 임무수행에 앞서 '군자 자신의 인격적 수양'을 더욱 강조하고 있다. 공자는 『논어』에서 "옛날의 배우는 자는 자기의 부족함을 채우기 위해[爲己] 공부하였지만, 지금 배우는 자는 남에게 보이기 위해[爲人] 공부한다"라고 비판하면서, 학문의 본래 목적은 무엇보다도 자기완성에 있어야 함을 강조한다. 그렇다면 여기에서 공자가 말하는 '자기완성'이란 과연 어떠한 과정을 통해 이루어지며, 그 의미는 무엇인지 살펴보자.

　공자는 '자기의 사사로운 욕심을 극복하고 사회의 질서를 회복한다'는 의미로서 인仁의 체현, 즉 극기복례克己復禮를 강조한다. 공자는 그 구체적인 방법까지 제시하고 있는데, 그것이 바로 사물四勿이라고도 하는 "예가 아니면 보지 말고, 예가 아니면 듣지 말며, 예가 아니면 말하지 말고, 예가 아니면 행동하지 말라"이다. 이처럼 보고 듣고 말하고 행동하는 인간의 기본적인 행위가 예禮에 부합하도록 끊임없이 노력함으로써 인간은 자기의 모든 행위를 도덕적인 표준에 부합시킬 수 있다고 본 것이다. 이러한 자기 욕망의 절제에 대한 경계의식은 시대의 변천에 따라 다양하게 해석되어 오다가 결국 송대宋代 신유학新儒學의 집대성자인 주희朱熹에 이르러 "천리를 보존하고 인욕을 제거한다[存天理 去人欲]"라는 윤리실천의 기준을 마련하게 된다. 이러한 윤리적 실천덕목은 이후 중국유학뿐 아니라 한국유학에도 지대한 영향을 주게 됨으로써 다양한 수양론으로 발전하는 계기가 된다.

　한편 공자의 손자인 자사子思가 지은 『대학大學』에는 삼강령三綱領·팔조목八條目이라는 개념을 통해 학문하는 목적과 그 세부방법에 대한 설명이 실려 있다. 우선 삼강령은, 명명덕明明德(자기 본래의 밝은 덕을 밝힘), 친민親民(백성들을 친밀하게 함―주희는 백성들을 새롭게 함[新民]으로 해석함), 지어지선止於至善(지극히 선한 경지에 머무름)이다. 이것은 자신의 도덕적 수양[明明德]을 통해 타인을 교육[親民]함으로써 궁극적으로는 그들과 함께 이상사회를 건설[止於至善]해야 한다는 유학의 이상을 표현하고 있는 것으로 이해할 수 있다. 한편 삼강령의 구체적인 실천방법인 팔조목은, 격물格物(사물을 연구함), 치지致知(앎을 이룸), 성의誠意(뜻을 성실히 함), 정심正心(마음을 바르게 함), 수신修身(자신을 수양함), 제가齊家(집안을 다스림), 치국治國(나라를 다스림), 평천하平天下(천하를 평화롭게 함)이다. 이것은 기본적으로 삼강령을 실천해 나아가는 구체적인 방법으로 우선 부지런히 공부하여 지식을 습득하고, 자기의 뜻을 성실하게 하여 바른 마음을 가지며, 이를 통해 자신을 완성하고 주위사람들과 국민, 더 나아가 천하의 모든 사람들을 평화롭게 만든다는 유학의 학문론과 정치론의 절묘한 조화를 표현하고 있는 것이다. 『대학』의 삼강령·팔조목을 통해 우리는 유학에서의 자기완성이 곧 이상사회의 실현을 위한 전제조건이며, 또한 이상사회의 구현이란 자기완성의 필연적인 결과임을 알 수 있다.

맹자孟子는 완성된 인격의 소유자로서 대인大人을 설명하면서, "대인은 갓난아기 때의 마음[赤子之心]을 잃지 않은 사람"이라고 정의한다. 대인이 갓난아기 때의 마음을 보존한 사람이라는 것은 무엇을 의미하는 것일까? 이것은 "만물이 모두 나에게 갖추어져 있다"라는 맹자의 말을 통해서도 알 수 있듯이, 인간은 본래 도덕적으로 완전한 존재로 태어나지만 일상생활을 통해 다양한 부정적 요인―욕심과 유혹―들로 인해 점차 그 온전함을 잃게 된다는 것을 의미한다. 따라서 맹자는 학문의 1차적인 목표는 하늘로부터 부여받은 선한 본성의 회복, 즉 '자기 본래성 회복[復其性]'이라고 주장한다. 왜냐하면 맹자는 공자가 말한 대로 "학문은 자신의 부족함을 채우고 자기완성을 위해 하는 것"으로 이해했기 때문이다. 따라서 맹자는 "학문의 길은 다름이 아니라 그 놓아버린 마음을 찾는 것[求其放心]이다"라고 결론짓고 있는 것이다.

정리해 보면, 잃어버린 자기 본래성을 찾는 학문의 길이란 맹자에게 있어서 하늘의 명령[天命]을 따르는 것이며, 곧 하늘과 하나가 되는 것, 만물일체의 본래성 회복을 의미한다. 이것을 천인합일天人合一이라고 한다. 이러한 천인합일의 경지는 『주역周易』에서 말하는 대로 "천지天地와 그 덕을 같이 하고, 일월日月과 그 밝음을 같이하며, 사시四時와 그 질서를 같이 하고, 귀신鬼神과 그 길흉을 같이하며, 하늘보다 먼저 하여도 하늘이 어기지 않고, 하늘보다 뒤에 하여도 천시天時를 본받는" 대인의 경지를 의미한다. 따라서 무한한 천지자연의 생명력을 본받아 만물과 조화를 이룰 수 있는 인간의 본래성이 회복된다면, 인간은 누구나 "자신의 목숨을 버리더라도 인仁을 이루는" 희생적이고 헌신적인 완전한 인격을 갖추게 된다는 것이다. 이렇듯 현재의 부족한 자기를 완성시켜 나아가는 과정에서 자신의 욕심과 욕망을 극복하고 모든 사람과 화합해 나아가는 것은 곧 만물과 하나됨을 위한 중요한 전제조건인 셈이다.

한편 『중용中庸』에서는 인간존재의 본질을 설명하면서 "하늘이 명命한 것이 성性이다"라고 정의한다. 즉 하늘의 속성은 본질적으로 인간의 본래성이 되어 인간 내면에 선천적으로 갖추어져 있다는 것이다. 그러므로 학문을 하는 것은 필연적으로 자기 본래성 회복과 자기완성에 초점을 두어야 한다고 주장한다. 이러한 점에서 공자는 『논어』에서 자신의 인생을 돌아보며 "나는 15세에 학문에 뜻을 두었고, 30세에 자립自立하였으며,

40세에 사물의 이치를 판단할 때 혼란을 일으키지 않았고, 50세에 하늘의 뜻[天命]을 알았고, 60세에 귀로 듣는 대로 모든 것을 이해하게 되었고, 70세에는 마음이 내키는 대로 행동해도 법도를 넘어서지 않게 되었다"라고 말하고 있는 것이다. 이처럼 공자에게 있어서 인생은, '학문에 뜻을 두기 시작한' 15세에서부터 '어떠한 행동을 해도 법도에 어긋나지 않는' 도덕적 절대자유의 경지인 70세에 이르기까지 한결같이 자기 완성에 초점을 두고 있음을 알 수 있다. 즉 인생의 긴 시간 동안 끊임없는 자기완성을 통해 궁극적으로 도달한 절대자유의 경지에 도달한 도덕적 인격체가 바로 공자가 말한 성인聖人인 것이다. 그러므로 수기지학으로서의 유학의 목적은 곧 자신의 본래성을 회복하고 그로 인해 자기완성을 성취한 군자·성인·대인으로 귀결됨을 알 수 있다.

문화창조의 사명—治人之學

수기지학에서 말한 바와 같이 "인간은 본질적으로 동일하다"라고 믿고 있던 유학에서도 현실사회의 차별적 상황은 인정하지 않을 수 없었다. 즉 인간은 부모에 따라 얼굴도 각기 다르고, 키와 피부색, 그리고 지능과 성격도 다르게 태어난다. 그리고 태어난 이후에도 나름대로 끊임없는 변화를 경험하게 된다. 이러한 인간의 현실적인 차이에 대해 공자는 "타고난 성품性品은 서로 가깝지만 익숙해진 버릇은 서로 멀다"라고 설명하고 있다. 즉 인간존재의 본질은 모든 사람이 동일하지만, 각기 부모 혹은 지역 그리고 시대와 환경에 따라 서로 달라질 수 있다는 것이다.

한편 공자는 "중간 정도 이상의 사람과는 높은 이상理想에 대해 말할 수 있으나, 중간 정도 이하의 사람과는 높은 이상에 대해 말할 수 없다"라고 하거나 "나면서부터 아는 사람이 으뜸이고, 배워서 아는 사람은 그 다음이고, 통하지 못해 배우는 사람은 또 그 다음이고, 통하지 못하면서도 배우지 않으면 사람으로서 최하가 된다"라고 말하면서 인간을 4단계로 구분하고 있다. 게다가 공자는 더 나아가 "가장 지혜로운 사람과 가장 어리석은 사람은 변하지 않는다"라고 말하기도 한다. 이것은 인간이 본질적으로는 동일한 존재이지만, 그렇다고 해서 영원히 고정불변하는 존재가 아니라, 오히려 다양한 요소들에 의해 현실적인 차이를 갖게 된다는 말로 이해할 수 있다. 그렇다면 본질적으로는 동일하지만 현실적으로는 다양한 수준으로 존재하는 인간이 과연 어떻게 동일하게 자기완성을 달성할 수 있을까? 가령 모든 사람이 군자나 성인이라고 한다면, 이 같은 일은 그다지 큰 문제가 되지 않을 것이다. 왜냐하면 이미 자신의 부족함을 알고 부단한 수양과정을 통해 자신을 완성시켰거나 혹은 적어도 완성시키는 과정에 있는 사람이기 때문이다. 그러나 소인인 경우에는 노력만으로 자신의 한계를 넘어서기가 쉽지 않다. 따라서 소인은 필연적으로 군자와 성인의 도움을 받지 않을 수 없다. 이러한 인간이해는 자연스럽게 인간의 본질을 문제 삼기보다는 오히려 현실적으로 드러나는 인간의 다양한 모습에 더욱 초점을 두게 된다. 이렇게 볼 때, 인간은 이미 본질적으로 하늘과 동등한 존재가 아니라, 오히려 욕망과 욕구를 가지고 있는 동물적인 존재에 불과하게 된다. 이러한 입장에서 인간을 이해한 사람이 맹자와 사상적으로 대립했던 순자荀子이다.

순자는 예禮의 기원과 인간에 대해 다음과 같이 정의하고 있다. "예는 무엇 때문에 생기게 된 것인가? 인간은 나면서부터 욕망을 가지고 있는데, 이 욕망은 채워지지 않으면 더욱 추구하게 된다. 추구하는 데에 일정한 범위나 한계가 없다면 다른 사람과 충돌하게 되어 다투지 않을 수 없다. 서로 다투게 되면 사회는 아주 혼란하게 된다. 고대의 성왕은 이러한 사회의 혼란을 걱정하여 예의禮儀를 제정하여 질서를 세우고, 사람들의 욕구를 충족시키고, 필요한 것을 공급함으로써 욕망에 비해 물질이 부족하지 않게 하고, 또 물질에 비해 욕망이 넘치지 않도록 하여 욕망과 물질이 서로 균형을 이루면서 증대하도록 한 것이다. 이것이 예의 기원이다." 여기에서, 인간의 욕망을 조절하고 사회의 안정과 질서를 찾기 위해서 예가 요구되었음을 알 수 있다. 이러한 인간이해는 필연적으로 성인[聖王]의 적극적인 사회적 역할을 요구하게 된다. 이처럼 순자에게 있어서는 '갓난아기 때의 마음'을 보존한다거나 혹은 '놓아버린 마음을 찾는' 성인의 모습은 찾아보기 힘들다. 오히려 성인은 인류문명과 문화를 창조하는 한편 적극적인 사회참여를 통해 인간역사의 발전을 일구어내는 역사발전의 주체로 묘사되고 있다.

한편 이러한 성인의 역할에 대해 『주역』에서는 ① 그물을 만들어 사냥하고 고기 잡는 법을 가르치고 ② 농기구를 만들며 ③ 시장을 만들어 교환하게 하고 ④ 옷을 만들어 입고 질서를 세우며 ⑤ 배를 만들어 운반하게 하고 ⑥ 수레를 만들어 편리하게 하며 ⑦ 문을 만들어 도적을 막고 ⑧ 절구를 만들어 밥을 먹게 하고 ⑨ 활과 화살을 만들어 외적을 막고 ⑩ 집과 관곽, 상례를 만들고 글자를 만들어 문화생활을 하게 만든 사람으로 설명하고 있다. 또한 한유韓愈의 『원도原道』를 보면, 성인은 ① 짐승과 벌레·뱀·금수 등을 몰아내어 인간의 주거를 땅에 확보하고 ② 옷을 지어 입어 추위를 막았으며 ③ 음식을 만들어 굶주림을 해결하고 ④ 집을 지어 주거를 해결하고 ⑤ 공업을 가르쳐서 기구를 풍부히 하고 ⑥ 상업을 가르쳐서 유통을 원활하게 하고 ⑦ 의약을 만들어 일찍 죽는 것을 구제하고

⑧ 매장·제사 등의 의식을 만들어 부모의 은혜를 갚도록 가르치고 ⑨ 예를 제정하여 사회의 질서를 보존하여 ⑩ 음악을 만들어 음울한 감정을 조화롭게 하고 ⑪ 정치를 행하여 태만과 게으름을 다스리고 ⑫ 형벌을 제정하여 강포한 사람을 제어하고 ⑬ 부절·도장·말·저울 등을 만들어서 서로 속이는 것을 막고 ⑭ 성곽과 군사를 두어 적을 막을 수 있게 한 사람으로 설명하고 있다.

정리해 보면, 학문의 길은 자기완성의 길[修己之學]과 문화창조의 사명[治人之學]으로 나누어 볼 수 있다. 우선 학문의 목적을 자기완성에 두는 경우에는 인간존재의 본질을 만물과 동일시하게 되며, 따라서 인간 본래성 회복이 곧 학문의 궁극적 목표이자 성인이 되는 유일한 방법이 된다. 반면 학문의 목적을 문화창조에 두는 경우에는 인간을 욕망을 가진 존재로 파악함으로써 필연적으로 야기되는 혼란을 극복하기 위해서 성인의 예에 기반한 인류의 문화창조를 요구하게 된다. 그러므로 유학에서는 이 두 가지 요소를 어떻게 하면 모순됨이 없이 조화롭게 통합할 것인가에 대해 오래 전부터 깊이 생각해 왔다. 그것이 바로 중용사상이다. 이 중용사상에 의하면, 수기지학과 치인지학은 어느 쪽도 소외됨이 없이 조화롭게 통합되어야 한다. 따라서 유학사상은 개인주의나 전체주의를 취하지 않고, 오히려 개인과 전체가 항상 유기적인 관계로 조화를 이루는 이상사회를 지향하게 된다. 즉 개인의 도덕적 완성과 인류역사의 발전은 불가분의 관계에 있기 때문에 상호보완 및 합일을 지향하고 있는 것이다. 이것이 바로 다름 아닌 왕도정치王道政治이며, 곧 대동사회大同社會의 이상인 것이다.

살기좋은 국가—왕도정치의 실현

이상에서 살펴본 바와 같이, 유학에서는 개인의 부단한 수양을 통해 도덕적 완성을 이루는 것뿐만 아니라, 개인이 사회와 국가발전에 적극적으로 참여하여 새로운 문화창조에 이바지하는 것 또한 자기완성의 과정이며 성인이 되는 길임을 알 수 있다. 개인과 사회의 관계에 대한 이러한 이해는 곧 가정윤리와 사회·국가윤리의 통합의식으로 발전하게 된다. 즉 개인의 도덕적 완성이 사회윤리의 완성으로 발전하게 되며, 궁극적으로는 국가윤리의 완성으로까지 확장된다는 것이다. 이러한 사고방식은 자연스럽게 국가를 이끌어가는 군주 역시 도덕적으로 군자가 되어야 한다는 왕도정치의 이상으로 구체화되기에 이른다.

왕도王道란, 요堯·순舜·우禹·탕湯·문文·무武 등 고대 성왕들의 정치이념을 가리킨다. 『서경書經』에서 처음 등장하는 이 개념을 구체화시키고 발전시킨 사람은 맹자이다. 맹자에 의해 이론적으로 완성된 왕도정치는 공자의 덕치주의德治主義에 기초한 것이었다. 공자는 정치의 방법에 대해 "법法으로써 이끌고 형벌刑罰로써 다스리면 백성들은 도망쳐서 형벌을 면하더라도 염치가 없게 된다. 그러나 덕德으로써 이끌고 예禮로써 다스린다면 백성들은 염치도 있게 되고 스스로 바르게 된다"라고 주장한다. 이처럼 공자는 도덕과 예를 세상에 실현하여 백성을 바르게 하는 것이 정치라고 생각했다. 따라서 공자는 "정치는 곧 바르게 하는 것이다"라고 정의하고 있는 것이다. 이러한 공자의 정치관은 제나라 임금이 정치에 대해 물었을 때, "임금은 임금답고, 신하는 신하답고, 아버지는 아버지답고, 자식은 자식다운 것이다"라고 대답한 것에서도 잘 드러난다.

덕치주의는 법치주의法治主義와 상대되는 개념으로 도덕에 의해 백성을 교화하고 예에 의해 백성을 다스리는 것을 의미한다. 따라서 덕과 예가 아닌 법과 형벌로 다스리는 것은 힘과 강제에 의한 통치행위로 공자의 눈으로 볼 때, 진정한 의미의 정치가 될 수 없었다. 한편 맹자는 법과 형벌, 힘으로 백성들을 다스리는 것을 패도覇道라고 규정한다. 맹자가 비판한 패도정치란, 인간을 도덕적으로 변화시키고 선도하는 것이 아니라, 힘과 법 등 강제적인 수단을 동원하여 위정자 자신의 목적을 달성하는 정치행위를 의미한다. 따라서 패도정치는 덕치주의보다는 법치주의에 가깝다고 볼 수 있다. 이렇게 볼 때, 덕치주의가 법치주의와 정면으로 반대되는 개념이라고 하기보다는 덕치주의와 패도정치가 상반되는 개념이라고 보는 것이 더욱 타당할 것이다. 왜냐하면 공자의 덕치주의가 법 그 자체를 부정했다기보다는 개인의 도덕적 자각을 보다 중시한 정치이념이기 때문이다. 공자의 덕치주의 이념은 맹자에게로 고스란히 계승된다.

『맹자』에 다음과 같은 일화가 있다. 맹자가 어느 날 양나라 혜왕을 만났다. 왕이 말했다. "선생님께서 천리를 멀다하지 않고 이렇게 와 주셨으니, 우리나라를 이롭게 해주실 좋은 계책이 있으시겠지요?" 맹자가 대답했다. "왕께서는 하필 이로움을 말씀하십니까? 사람은 누구나 인의仁義를 가져야 합니다. 왕께서 '무슨 계책으로 우리 나라를 이롭게 할까?'라고 생각하면, 대부들은 '무슨 계책으로 우리 집을 이롭게 할까?' 생각하고, 일반 사람들은 '무슨 계책으로 내 몸을 이롭게 할까?' 생각하여 결국 윗사람과 아랫사람이 모두 서로의 이익을 다투게 되어 나라는 위태로워질 것입니다. 전차 1만 대를 보유한 나라의 임금을 시해하는 자는 반드시 전차 1천 대를 보유한 공경公卿 중에서 나오고, 전차 1천 대를 보유한 나라의 임금을 시해하는 자는 전차 1백 대를 보유한 대부大夫 중에서 나옵니다. 이처럼 의로움을 가벼이 여기고 이익만을 추구한다면 빼앗지 않고는 만족하지 않을 것입니다. 어진 사람은 그 부모를 버리지 않을 것이며, 의로운 사람은 그 임금을 해치지 않을 것입니다. 왕께서는 인의仁義를 말씀하셔야지 하필이면 이익을 말씀하십니까?"

이처럼 맹자는 정치의 핵심을 '인의'로 규정하고 있다. 따라서 맹자는 "한 사람의 무고한 백성을 죽여서 천하를 얻는다고 하더라도 그것을 취하지 않겠다"라고 말할 수 있었던 것이다. 이러한 맹자의 왕도정치 사상은 이론적으로 그의 성선설性善說에 바탕을 두고 있다. 즉 맹자는 제나라 선왕과의 대화에서 "사람은 누구나 '차마 사람을 해치지 못하는 마음[不忍人之心]'을 가지고 있다. 선왕도 '차마 사람을 해치지 못하는 마음'을 가지고 있기 때문에 이 마음으로 '차마 남을 해치지 못하는 정치[不忍人之政]'를 행한다면 천하를 다스리는 것은 손바닥 위에서 움직일 수 있는 것이다"라고 말하고 있다. 이것은 위정자 자신이 인간 내면에 있는 인의예지仁義禮智에 따라 정치를 하면, 인간은 누구나 동일한 본래성을 가지고 있기 때문에 그것에 쉽게 따를 수 있다고 본 것이다. 이렇듯 맹자는 인간 내면에 있는 인성[仁義禮智]이 곧 왕도정치의 핵심이라고 보았다.

한편 맹자는 왕도정치를 설명하면서 경제적인 조건에 대해서도 강조하고 있다. 즉 맹자는 "백성들에게 안정된 물질적인 조건이 없다면 도덕적인 행위를 할 수 있는 마음도 없게 된다[無恒産 無恒心]"라고 말하면서, 인간의 도덕적 행위는 단순히 내면적 수양의 요구를 통해서만 이루어지는 것이 아니라 일정한 물질적 토대가 갖추어져야 함을 강조하고 있다. 따라서 맹자는 왕도정치의 출발점을 "백성들로 하여금 산 사람에 대해서는 잘 생활하도록 하고, 죽은 사람에 대해서는 장사지내는 데에 어려움이 없게 한다"는 것에서 찾고 있다. 더 나아가 맹자는 이러한 물질적인 조건을 매개로 한 상하上下의 인화人和를 중시하고 있는데, 이것은 추나라의 임금인 목공穆公과의 대화에서 잘 나타난다.

　목공이 맹자에게 물었다. "이웃 나라와 전쟁 중에 관리들은 33명이나 죽었는데, 일반 백성들은 1명도 죽은 자가 없습니다. 그 책임을 물어 백성들을 벌한다면 죽일 자가 너무 많고, 책임을 묻지 않는다면 앞으로도 그러한 일이 생길 텐데 어찌하면 좋습니까?" 맹자가 대답했다. "흉년이 들어 백성들이 굶어 죽거나 먹을 것을 찾아 사방으로 흩어졌는데도 임금의 창고는 가득 차 있었습니다. 그러나 그 실정을 임금께 보고한 관리는 한 명도 없었습니다. 윗사람이 자신의 임무에 태만하여 백성을 해친 것이니, 이제 와서 백성이 그것을 갚은 것일 뿐입니다. 임금은 벌하지 마십시오."

　이처럼 맹자는 물질적인 조건이 백성의 마음마저도 변하게 할 수 있다고 말하면서, 백성의 도덕적 행위 역시 물질적인 조건과 긴밀하게 연관되어 있음을 주장하고 있다. 이러한 경제적 토대의 중요성을 지적한 것은 『논어』에서 정치의 핵심에 대해 묻는 제자에게 "식량을 풍족하게 하고 군비를 충분히 하고 백성이 믿도록 하는 것이다"라고 말한 공자의 말을 통해서도 확인할 수 있다.

　이상과 같은 맹자의 왕도정치 이념을 현대정치와 연관지어 설명해 보면 다음과 같이 정리할 수 있다. 첫째, 정치지도자는 국민을 존중해야 한다. 맹자의 시대는 각국의 세력다툼 전쟁으로 인해 백성이 심한 도탄에 빠져 있었다. 따라서 당시 정치의 급선무는 바로 도탄에 빠져 있는 백성을 구제하는 것이었다. 따라서 맹자는 당시의 군주들에게 백성이 가장 귀중함을 역설하며, "백성이 가장 귀하고, 사직社稷이 그 다음이며, 임금이 가장 가볍다"라고 하여 백성의 중요성을 강조하고 있다. 당시가 철저한 봉건사회였다는 점을 생각할 때, 맹자의 이러한 위민爲民사상은 매우 혁신적인 것이었다. 둘째, 정치지도자는 민심民心을 얻어야 한다. 맹자는

"왕이 지위를 얻거나 잃게 되는 것은 모두 민심에 달려 있다"고 보았다. 따라서 맹자는 "걸桀·주紂가 천하를 잃은 것은 백성을 잃었기 때문이니, 백성을 잃었다는 것은 그 마음을 잃은 것이다. 천하를 얻는 데에는 방법이 있으니, 백성을 얻으면 천하를 얻을 것이다. 백성을 얻는 데에는 방법이 있으니 그 마음을 얻으면 백성을 얻을 것이다. 마음을 얻는 데에는 방법이 있으니, 원하는 바를 주어서 모이게 하고, 싫어하는 바를 베풀지 말아야 한다"라고 하여, 민심이 곧 정치의 필수조건임을 강조하고 있다. 셋째, 임금이 자신의 힘만을 믿고 백성을 업신여긴다면 백성의 한이 깊어져 마침내 그 지위를 잃게 된다고 경고하고 있다. 따라서 맹자는 민심이 바로 천명天命이기 때문에 민심을 잃은 임금은 한낱 한 사내[一夫]에 불과하므로 그를 죽이거나 축출하여도 된다는 것이다. 이것이 바로 맹자의 역성혁명易姓革命이다.

이처럼 맹자는 백성과 하나가 되는 지도자의 자세를 강조하게 되는데, 이것이 바로 여민동락與民同樂이다. 맹자는 "군주란 백성의 즐거움을 즐거워하고, 백성의 근심을 근심하여, 온 백성과 함께 희노애락喜怒哀樂을 같이 하여야만 한다"고 주장한다. 이처럼 '함께 하는 지도자의 자세'를 강조한 맹자의 왕도정치 이념은 현대의 리더십과 연관지어 설명할 수 있다. 현대 리더십에 관련한 미국의 탁월한 이론가인 번즈James M. Burns는 그의 저서 『리더십Leadership』(1978)에서 다음과 같이 말하고 있다. "추종자들의 욕구와 지도자가 중요시하는 가치가 서로 일치할 때, 지도자는 '목적 있는 리더십purposeful leadership'을 행사할 수 있는 강력한 잠재력을 갖게 된다." 번즈의 이 말은 정치지도자가 백성을 존중함으로써 민심을 얻고, 더 나아가 그들과 즐거움을 함께 나눈다는 맹자의 왕도정치 이념과 크게 다르지 않다. 이렇게 볼 때, 맹자의 왕도정치 이념은 2,500여 년이 지난 현재에도 여전히 그 의미를 갖는다고 말할 수 있다. 그렇다면 공자의 도덕정치와 맹자의 왕도정치를 통해 그들이 궁극적으로 이루려고 했던 이상적인 사회는 과연 어떠한 모습이었을까?

평화롭고 행복한 세상—대동사회의 구현

유학에서 말하는 참다운 인간[君子]이 되기 위한 학문의 길은 '자기완성'과 '문화창조'에 있다. 이러한 군자는 "자신이 하고 싶지 않은 일을 남에게 시키지 않고" "자신이 서고자 하는 곳에 남을 세우며, 자신이 도달하고자 하는 곳에 남을 도달하게 한다." 또한 "겨울이 된 뒤에야 소나무와 잣나무가 늦게 시듦을 알 수 있듯이" 위기의 상황에서 자신의 진가를 보이며, 궁극적으로는 "인仁을 위해 자신을 희생한다."

공자는 세 살 때 아버지를 여의고, 스무 살 즈음에 어머니마저 잃는다. 이처럼 불우하게 성장한 공자는 자신의 어려움을 이겨내고 끊임없는 노력을 통해 결국 자수성가自手成家하는 데 성공한다. 이것을 발판으로 공자는 한때 정치에 직접 참여하여 자신의 이상을 펼치려고 했으나 끝내 그 뜻을 이루지는 못한다. 현실정치의 좌절을 맛본 공자는 여기에서 포기하지 않고 13년간 여러 나라를 돌아다니며 자신의 이상을 펼쳐 보지만 이것마저도 실패로 돌아가고 만다. 결국 68세라는 나이로 고국에 돌아온 공자는 자신이 해야 할 마지막 일은 성현의 글을 정리하는 것과 제자를 교육하는 것이라고 생각한다. 이처럼 좌절할 수밖에 없는 상황에서도 굴하지 않고 평생을 살았던 공자는 말년에 제자에게 이렇게 말한다. "나를 알아주는 사람이 없구나!" 자공子貢이 물었다. "어찌 선생님을 알아주는 사람이 없겠습니까?' 공자가 대답했다. "하늘을 원망하지 않고, 사람을 탓하지 않는다. 낮은 것에서부터 배워서 위로 통달했으니 나를 알아주는 이는 오직 하늘일 것이다." 공자의 이러한 고백은 자신이 걸어온 길이 참으로 외롭고 힘들었음을 고백하는 말이면서 동시에 하늘은 자신의 마음을 알고 있기 때문에 언젠가는 이 땅에서 자신의 이상理想이 구현될 것이라는 깊은 신뢰와 기대를 표현한 것으로 이해할 수 있다. 그렇다면 공자가 꿈꾸었던 그 이상이란 구체적으로 무엇이었을까?

공자는 자신이 살던 춘추 말기의 혼란을 극복하는 방법을 찾기 위해 역사로 눈을 돌렸다. "옛것을 익히고 새것을 알면 사람들의 스승이 될 수 있다"라는 공자의 말을 통해서도 알 수 있듯이, 그것은 과거 역사에서 참고할 만한 것을 취해 당면한 문제를 해결하고 미래의 대안을 마련하기 위함이었다. 이 과정에서 공자는 주공周公의 예치禮治에 주목했다. 눈앞에 전개되는 현실이 혼란하면 혼란할수록 공자에게는 예禮의 회복이 급선무였다. 공자는 말년에 "나는 몹시 쇠약해졌다. 주공을 꿈에서 뵙지 못한 지 오래되었구나!"라고 자신의 안타까운 심정을 토로할 정도로 주공을 계승하고자 노력하였다. 공자가 생각하기에 역사에서 혼란을 안정으로 이끌었던 지도자는 은殷의 탕왕湯王, 주周의 무왕武王과 주공이었다. 그들이 이루었던 안정은 소강사회小康社會의 회복이었다.

그러나 소강사회가 공자의 이상사회는 아니었다. 왜냐하면, 공자는 역사를 통해 이상사회가 무너진 뒤 그 사회를 어느 정도 회복한 것이 소강사회이며, 그 혼란을 극복하기 위한 원리가 예禮라고 생각했기 때문이다. 즉 공자가 꿈꾸었던 이상사회는 요순堯舜의 대동사회大同社會였으며, 주공의 예를 회복하여 이룩하는 소강사회는 대동사회를 이루기 위한 중간 과정에 불과한 것이었다. 그러나 인류역사에서 대동사회가 무너지고 소강사회가 등장하였으며, 소강사회가 무너지고 춘추시대春秋時代가 도래하였다고 생각했던 공자에게는 대동사회를 이루기 위해서는 우선 소강사회를 이룩하는 것이 1차적인 목표로 이해되었을 것이다. 이러한 공자의 견해는 "순임금의 음악은 착함과 아름다움을 다했지만, 무왕의 음악은 아름다움은 다했지만 착함은 다하지 못했다"라는 말을 통해서도 짐작할 수 있다. 왜냐하면 공자의 눈으로 볼 때, 순임금은 인仁으로써 통치하였으므로 그 음악도 완전한 것이지만, 무왕은 인仁의 통치를 위해 어쩔 수 없이 무력을 사용하였기 때문에 순임금의 음악보다는 덜 완전한 것으로 이해되었던 것이다. 결국 공자는 순임금의 나라를 대동사회로 보고, 무왕의 나라를 소강사회로 보았던 것이다.

그렇다면 여기에서 대동사회와 소강사회의 모습을 살펴보자. 본래 대동이라는 개념은 『예기禮記』「예운禮運」에 처음 보인다. 그 내용을 정리하면 다음과 같다.

소강사회	대동사회
① 천하를 사유함	① 천하를 공유함
② 자신만을 위해 노력하고 권력을 세습함	② 전체를 위해 노력하고 공동으로 향유함
③ 성곽을 튼튼히 하고 예의를 기강으로 함	③ 누구에게나 노동할 수 있는 권리를 주고, 노약자를 보호함
④ 용기와 지략을 현명한 것으로 여김	④ 통치자는 어질고 능력있는 자를 등용하여 신의와 화목을 구현함
⑤ 자신이 세운 공을 자신이 소유함	⑤ 자기 가족뿐만 아니라 모든 사람을 사랑함
⑥ 간사한 모의가 생기고, 전쟁이 일어남	⑥ 음모와 모략을 배제함
⑦ 우·탕·문·무·주공 등 성인이 등장하여 옳지 못한 통치자를 정벌함	⑦ 도적질·횡령·전쟁 등이 사라짐

소강小康의 강康은 안安을 뜻한다. 따라서 소강이란 '조금 편안한 상태'를 의미한다. 이에 반해 대동大同이란 모두 하나가 된다는 뜻으로 '모두

편안한 상태'를 뜻한다. 우선 소강사회에 대해 살펴보면, 소강에서의 예禮의 실현은 현실적으로 인간의 긴장을 동반한다. 왜냐하면 현실적으로 인간은 타인과 경쟁하는 경향을 가지고 있기 때문에 이 경쟁의식이 과도하게 되면 투쟁·전쟁으로 발전하게 된다. 따라서 인간에게는 반드시 예 —도덕 및 규율—의 준수가 요구된다. 이것이 주공의 예치禮治이다. 그러나 이러한 긴장상태를 장기적으로 지속하기에는 현실적으로 엄연히 한계가 있다. 그러므로 결국 사회의 장기적인 안정을 위해서는 궁극적으로 인간의 본질을 회복하지 않으면 안 된다. 이처럼 인간의 본질이 회복된 상태, 그래서 너와 내가 둘이 되지 않고 하나가 되는 상태, 인仁이 회복된 사회가 바로 대동사회인 것이다. 이렇게 볼 때, 소강사회를 회복한 뒤에는 반드시 대동사회를 지향하지 않을 수 없다. 그러므로 소강을 거쳐 대동에 이르는 과정은 예禮를 거쳐 인仁에 이르는 과정이라고도 말할 수 있다. 그러나 대동사회가 되었다고 해서 소강사회에서의 예가 전혀 불필요한 것은 아니다. 왜냐하면, 소강이 외형적으로 안정과 질서가 유지되는 상태라면, 대동은 외형적인 질서는 유지하면서 동시에 내면적으로 모두가 하나가 되는 상태이기 때문이다. 대동은 소강의 단계를 거쳐서 궁극적으로 도달해야 하는 단계이지만, 대동사회가 이룩된다 하더라도 외형적인 질서는 계속 유지되어야 하기 때문에 소강의 예는 소멸되지 않고 대동사회에 포괄된다.

이상과 같이 공자를 중심으로 한 유학의 이상, 즉 자아성숙과 세계평화의 실현은 크게 두 가지로 구분하여 설명할 수 있다. 우선 내면적·도덕적으로는 부단한 자기수양과 자기완성을 통해 소인→군자→성인으로의 발전을 목표로 한다. 이것을 수기지학修己之學이라고 한다. 또한 이러한 수기지학을 바탕으로 외면적·사회적으로는 새로운 문화창조에 이바

지함으로써 인류역사의 환경을 혼란→소강→대동사회로 발전시키려고 노력한다. 이것을 치인지학治人之學이라고 한다. 이러한 수기지학과 치인지학이라는 두 가지 요소는 유학에서 말하는 성인의 모습인 내성외왕內聖外王과도 깊이 연관되어 있다.

　유학의 이러한 두 가지 측면은 당시 유가儒家에 대항했던 도가道家와 비교해 볼 때, 그 특징을 더욱 명확히 이해할 수 있다. 왜냐하면 도가에서도 개인의 도덕적 완성을 주장하고는 있지만, 개인의 도덕에 대한 사회적 실현에 대해서는 그다지 관심을 기울이지 않았기 때문이다. 즉, 도가에서는 개인이 진리眞理를 깨닫고 참다운 인격을 소유하는 것은 중요하지만, 그것을 사회적으로 실현하는 것은 그다지 의미 있는 일이라고 보지 않았기 때문이다. 따라서 그들은 공자의 말년의 노력에 대해 "어차피 실패할 것을 알면서도 부질없이 헛수고만 하고 있다"며 비웃었던 것이다. 그러나 공자는 그들의 조롱에 굴하지 않았다. 즉 도덕을 갖춘 인간으로서 자신이 도덕적인 행위를 하는 것, 그리고 그것을 사회와 국가, 더 나아가 세계에 실현하기 위해 노력하는 것이야말로 그 자체로서 옳은 일이며, 또한 하늘로부터 인간에게 맡겨진 고귀한 사명[天命]이라고 생각했기 때문이다. 이러한 공자의 신념은 "하늘에 죄를 지으면 빌 곳조차 없다" 혹은 "하늘이 나에게 덕德을 주었다"라는 말을 통해서도 잘 드러나고 있다. 이처럼 공자에게 인간의 '도덕적 완성'과 '대동사회 건설'이라는 목표달성의 성패는 오직 하늘에 달려 있는 것으로서 결코 인간이 간여할 일이 아니었다. 공자 당시만의 성과를 가지고 평가한다면, 공자의 평생의 노력은 실패라고 말할 수 있을지도 모른다. 그러나 2,500여 년이 지난 오늘날에도 공자의 꿈과 이상이 여전히 의미가 있고, 유학의 영원한 이상Utopia으로 기능하고 있음을 생각할 때, 공자와 유학의 이상은 실패가 아니라 오히려 성

248

공 그 이상의 의미를 갖는 것이 아닐까?

|생각해 볼 문제|

• 공자와 맹자의 삶의 태도와 가치관 등에 관해 이야기해 보고, 현재 자신이 가장 존경하는 사람은 누구인지, 그리고 그를 존경하는 이유는 무엇인지 발표해 보자. 아울러 자신의 가치관 및 인생관에 대해 이야기해 보자.

• 왕도정치王道政治는 성인정치聖人政治라고도 할 수 있다. 그렇다면, 고대 그리스의 철학자 플라톤Platon이 주장한 철인정치哲人政治와 왕도정치의 내용을 비교해 보고, 왕도정치를 현대 리더십leadership과 연관지어 설명해 보자.

• 유학의 대동사상大同思想은 동양의 이상Utopia으로서 많은 사상가들에 의해 계승되었는데, 이 중에서도 특히 청말淸末의 강유위康有爲와 담사동譚嗣同에 의해 계승된 대동사상에 대해 살펴보자.

• 우리 나라에서는 조광조趙光祖의 지치주의至治主義 운동이 대동사상과 관련이 있다고 볼 수 있는데, 조선조 지치주의 운동의 발생배경과 전개과정 및 그 의의에 대해 살펴보자.

• "청산靑山은 어찌하여 만고萬古에 푸르르며, 유수流水는 어찌하여 주야晝夜에 그치지 아니하는가, 우리도 그치지 말아 만고상청하리라"라는 퇴계의 「도산십이곡陶山十二曲」을 읽어보고, 자신이 알고 있는 학문을 권장하는 시詩 혹은 명언名言들에 대해 이야기해 보자.

『論語』

- 子謂子夏曰, 女爲君子儒, 無爲小人儒.

- 子曰, 君子, 成人之美, 不成人之惡, 小人, 反是.

- 子曰, 君子, 求諸己, 小人, 求諸人.

- 子曰, 君子不器.

- 子曰, 君子之德, 風, 小人之德, 草, 草上之風, 必偃.

- 子曰, 古之學者, 爲己, 今之學者, 爲人.

- 子曰, 道之以政, 齊之以刑, 民免而無恥. 道之以德, 齊之以禮, 有恥且格.

- 子曰, 我非生而知之者, 好古敏以求之者也.

- 子曰, 吾十有五而志于學, 三十而立, 四十而不惑, 五十而知天命, 六十而耳順, 七十而從心所欲, 不踰矩.

- 子貢問政, 子曰, 足食, 足兵, 民信之矣. 子貢曰, 必不得已而去, 於斯三者, 何先. 曰, 去兵. 子貢曰, 必不得已而去, 於斯二者, 何先. 曰, 去食, 自古, 皆有死, 民無信, 不立.

『孟子』

- 孟子曰, 大人者, 不失其赤子之心者也.

- 孟子曰, 萬物皆備於我矣.

- 孟子曰, 學問之道無他, 求其放心而已矣.

- 孟子曰, 民爲貴, 社稷次之, 君爲輕.

- 孟子曰, 桀紂之失天下也, 失其民也, 失其民者, 失其心也. 得天下有道, 得其民, 斯得天下矣. 得其民有道, 得其心, 斯得民矣. 得其心有道,

250

所欲, 與之聚之, 所惡, 勿施爾也.

• 孟子曰, 君子有三樂, 而王天下不與存焉. 父母俱存, 兄弟無故, 一樂
也. 仰不愧於天, 俯不怍於人, 二樂也. 得天下英才而敎育之, 三樂也.

유학의 생태 친화적 자연관

하나인 우주를 향한 '삶의 노래'

이 세상을 지탱하는 가장 기본적인 원리는 살리는 정신이다.
天地之大德曰生.

1997년 나사NASA의 무인 우주 탐사선 패스파인더호가 화성에 착륙한 이래 과연 화성에도 생명체가 존재하는가의 물음에 답하고자 하는 과학자들의 행보가 일반인들 사이에서도 심심치 않게 화제로 등장하게 되었다. 2004년 초에는 화성에 간 오퍼튜니티호가 그곳에 물의 흔적이 있다는 소식을 전송해 옴으로써 생명체의 존재 가능성을 한층 더 높여주고 있다. 2004년이 저물어가는 12월에 들은 소식에 의하면 물의 흔적뿐 아니라 홍수와 가뭄이 반복했던 징후까지 발견되었다고 한다. 올 한 해 오퍼튜니티호의 활약이 눈부시다. 안방에 앉아 다른 별의 소식을 들을 수 있는 그야말로 첨단과학의 시대에 우리가 살고 있다.

우리는 이제 '성장의 세기'였던 20세기를 지나 21세기의 처음 몇 년을 보내고 있다. 새로운 세기의 명암을 점치는 것으로 분주하였던 몇 년 전이 어느새 저만치 있는 것 같다. 20세기가 시작될 무렵 사람들은 새로운 세기에 대해 여러 가지 희망적 전망을 내어 놓았다. 대량생산체제의 개막과 과학기술의 발달이 그러한 전망을 가능하게 한 근거였다. 물론 20세기의 인류는 그것들의 혜택을 유감없이 받을 수 있었다. 오퍼튜니티호와 같은 결과물도 그 연장선에서 이해할 수 있다. 그러나 한편으로는 '성장의 세기'에 따르는 부정적인 영향도 외면할 수 없는 현실로 부각되었다. 지구의 오존층에 구멍이 뚫리고 이산화탄소를 비롯한 온실가스에 의한 지구의 온난화가 가속화되고 있으며 서식지의 침식 등으로 생물종은 급격히 감소되고 산성비의 영향으로 호수가 죽어가며 온대 숲이 사라지는 등 환경위기와 관련된 몇몇 보고들은 우리의 미래를 어둡게 하고 있다. 그래서 사람들은 21세기의 화두로 '환경'을 들지 않을 수 없었던 것이다.

양적인 성장에만 주목하다 보면 거기에 수반되는 부정적인 작용들을 돌아보기 어려울 때가 있는 법이고 결과적으로는 양적 성장조차도 더 이상 성장이 아닌 현실과 만나게 될 수 있다. 이것은 개인의 삶에서도 경험할 수 있는 것이며 지난 세기 인류의 행보를 통해서도 확인할 수 있는 교훈이다. 어느 시대에도 위기감이 없었던 시대는 없었고 문제없던 역사는 존재하지 않지만 오늘 우리가 당면한 환경 위기는 인류의 생존과 직결된 사안이라는 점에서 어느 시대의 위기보다 한층 위험하고도 중요한 문제이다.

환경위기를 초래한 원인을 좀더 구체적으로 살펴보면 20세기 폭발적으로 증가한 인구와 자원고갈, 환경 파괴적 기술의 개발, 사람들의 과다한 욕망(지구상의 모든 생물이 고루 누려야 할 터전을 인간만이 독점하려는 욕심), 기계적이며 인간중심적인 세계관, 사회구조(대량생산 체제와 소비욕망을 자극하는 산업주의체제) 등을 들 수 있을 것이다. 이 중에서 가장 근간이 되는 문제는 역시 세계관의 문제이다. 한 사람의 생각이 그 사람의 행동을 결정하는 것처럼 한 사회의 중심 철학이 무엇인가에 따라서 그 사회의 방향이 결정되는 것이기 때문이다. 20세기의 중심 사유는 18세기 이후 만들어진 서구의 기계 중심적 세계관이었고, 여기서는 아는 것이 힘이고 양적 팽창이 우선이라는 인식이 자연스럽게 도출되었다.

이제 21세기의 사람들은 20세기에 이룩한 과학기술문명의 혜택을 순조롭게 이어 받아 최첨단 과학기술문명의 수혜자가 되었다. 그와 동시에 기술문명의 이면에 존재하는 부정적 효과도 피할 수 없는 현실이기에 이 문제를 지양함으로써 인류의 지속적인 생존을 도모해야 한다는 과제를 안고 있다. 이러한 문제의식 앞에서 세상의 원리를 죽음의 논리가 아닌 '삶의 정신'으로 파악하였던 동양적 사유, 특히 유학의 생각을 화제에 올려볼 필요가 생긴다. 공자는 "이 세상을 지탱하는 가장 기본적인 원리는 살리는 정신"이라는 구절을 설명하면서 이것이 바로 인(仁, 사랑)이라 하였다. 유학에서 말하는 인은 모두가 하나 되어 잘 살 수 있는 대동의 세계로 나아가는 자산이다. 그리고 이것은 옆에 있는 것을 밟고 내가 올라가는 식의 독점적이며 경쟁적인 방향이 아니라 주변의 존재를 살림으로써 더불어 내가 잘 살 수 있다는 상생의 논리이다.

자연과 인간을 연관된 전체로 바라보는 자연관—
천인합일天人合一의 자연관

유학의 사유에 근거하면 인간과 자연은 동일한 원리를 지닌 전체 우주의 부분이다. 그런데 그들은 우주를 구성하는 부분인 동시에 세상의 원리를 내재한다는 점에서 우주 전체와 등치될 수 있다. 그러니까 인간과 자연은 부분인 동시에 전체인 것이다. 그래서 사람을 '소우주'로 표현하였다.

이 세상을 하나의 운동방식으로 묶어주는 원리가 인간에게는 덕德으로 내재한다. 공자는 "하늘이 내게 덕을 주었다"고 했다. 여기서 말하는 하늘은 주재적이며 인격적인 신의 개념이 아니라 전체 자연의 질서로 이해하면 된다. 그러므로 '주었다'는 말도 그 내재성을 설명하는 것에 불과하다. 동양의 자연관에서는 제1원인자를 따로 정의하지 않는다. 어떤 하나의 운동원인에 의해 존재가 생성되고 변화하는 것이 아니고 처음부터 변화하는 역동적 상황이었다는 점에서 우주자연의 질서를 설명하였다. 그러니까 동양적 자연관의 전제는 변화 속에 놓여있는 현상, 그 자체인 것이다. 어떤 원인자에 의한 창조에서부터 출발하는 것이 아니다.

그리고 그 변화 운동을 추동하는 동력은 음과 양이라는 두 속성이다. 음양의 상호작용에 의해 세상의 모든 변화가 구체화된다. 그것은 물리적 인간의 특성이나 사회상황 혹은 자연물에 이르는 모든 존재들의 공통점이다. 우주 안에 존재하는 만물을 같은 맥락으로 파악하는 사유에 근거하면 한 존재가 다른 존재를 배려하고 존중하는 의식은 결국 나를 배려하고 존중하는 길이라 한다. 반대로 타 존재를 압박하고 왜곡하는 것은 자신의 생을 부자연스럽게 만드는 결과를 낳는다고 본다. 같은 원리를 지닌 유기체적 관계망으로 세계를 설명하는 논리이기 때문에 그러하다.

천인합일天人合一이라는 말은 유학 자연관의 이러한 특성을 간명하게 드러내준다. 인간과 자연을 하나의 동아리로 파악하고 상호 관계성을 강조하는 유학의 자연관은 지구 생태계 전체를 하나의 유기체로 파악하는 생태론ecology적 사유와 일맥상통하는 것이다. 21세기의 문턱을 막 넘어서면서 전 지구적 문제로 등장한 생태계 환경 파괴를 치유해야 할 우리는 유학의 자연관(세계관)에서 어떤 긍정적인 자료를 취할 수 있을 것인가?

주요 개념

역易

역易은 바뀐다, 변한다는 의미를 지닌다. 역이라는 이름의 유래에 대해서는 여러 가지 설이 있지만 그 가운데 대표적인 설을 들어 보기로 한다.

『설문해자說文解字』에는 역이라는 글자에 대해 다음과 같은 설명이 나온다. ① 도마뱀을 상형하는 상형문자. 역易이라는 글자의 日은 둥근 머리를, 勿은 네 발을 본 뜬 것이다. 도마뱀붙이는 잘 변하기 때문에 여기서 바뀐다는 뜻의 역이 나왔다. ② 日+月의 회의문자로 파악함. 해와 달은 항구불변하고 끊임없이 돌고 돌며, 차고 이지러지는 과정을 반복하기 때문에 이로부터 끊임없이 변하면서도 항구 불변한 원리를 지니는 역이라는 글자가 생겨났다. ③ 勿 깃발, 세 가닥 깃발의 모습이다. 깃발은 고정된 깃대에 매달려서 끊임없이 흔들린다.

한편 갑골문甲骨文에서 역易이라는 글자는 역일易日, 불역일不易日 등의 단어로 연결되어 사용되었고, 날씨와 관계 있는 기록에 사용되었다. 역의 본래 의미는 변경, 변화, 대체라는 뜻이다.

결국 역이란 삼라만상, 우주와 인간사 모든 것의 변화를 추상적으로 일컫은 말이다. 책이름에 역이라는 글자가 들어가면 변화를 다룬 책이라는 의미를 갖는다.

천인합일天人合一

동양철학에서 보이는 세계관은 서양의 그것 못지않게 다양하지만 예외에 속하는 몇몇 철학자를 제외하면 일관된 흐름을 공유한다. 그것은 천인합일天人合一이라는 용어로 표현되는데, 인간과 자연을 동일한 차원에서 바라보는 사유형태이다. 멀리는 신화의 세계관에서 고대의 제자백가사상, 중세의 주자학은 물론이고 근세의 양명학에 이르기까지 동양사상의 기저에는 천인합일의 사상이 면면히 흐르고 있다. 동양의 사상가라면 공통적으로 이 문제에 관심을 가지고 자연과 인간을 아우를 수 있는 통일적 체계를 수립하기 위해 노력했다는 점에서 인간과 자연을 동일시하는 태도야말로 동양적 세계관의 특징이라 할 수 있다.

유가 철학자들은 자연을 인간 도덕의 근거로 보며 인간은 자연과 대등한 존재가 되기 위해 끊임없이 노력해야 한다고 주장하였다. 물론 그 근거는 인간과 자연이 유기적으로 연결되어 있는 동일성을 선험적으로 규정한 명제에서 비롯된다.

성性

자연계의 각 존재가 자신의 내재적 본성으로 부여받은 성향을 말한다. 성이라는 글자는 『시경』이나 『서경』에서도 보이지만 철학적 범주가 된 것은 춘추시대부터이다. 각 개별자에게 부여된 이 본성은 전체 자연의 원리를 그대로 반영했다는 점에서 천인합일 의식이 도출된다.

태극太極

만물 생성의 근거가 되는 궁극적 실체이다. 『주역』의 「계사전」에서는 이것을 음양으로 나뉘기 이전부터 존재하는 실재 곧 통체統體를 가리키는 것으로 사용하였고 이로부터 본체론의 중심개념이 되었다. 이것은 인간과 자연 모든 존재에 그 존재의 원리로서 내재되어 있다고 한다.

음양陰陽 · 오행五行론

우주와 인간사회의 모든 생성과 변화를 상반된 성격을 가진 음 · 양과 서로 다른 성격을 가진 목木 · 화火 · 토土 · 금金 · 수水의 상호작용으로 설명하는 학설이다. 음양은 원래 태양의 향배向背를 가리키는 말로서 태양이 비치는 쪽을 양, 그 반대쪽을 음이라고 하였으나 이것이 추상화되어 모든 사물의 상호 대립되는 측면을 의미하게 되었다. 또 오행이란 우주만물을 형성하는 원기元氣를 가리키는 말인데, 이 오행의 상생 · 상극 관계에 의해 사물의 상호관계 및 그 생성변화가 설명된다.

자연自然

작위함이 없는 도의 작용상태를 나타내는 말. 본래는 '저절로 그러하다'는 의미인데, 도의 작용이 내재적 자기 원인으로 말미암는다는 점에 착안하여 그 자체를 지칭하기도 하고, 또 자연현상 및 자연물을 나타내는 말로도 사용되었다. 그러나 상식적 차원에서의 자연, 즉 의식에 대하여 독립적으로 존재하는 객관적 자연, 혹은 사회와 대비되는 개념으로서의 자연의 의미로 사용된 예는 매우 드물다.

유학의 생태 친화적 자연관

『주역』은 동양의 정신을 가장 분명하게 담아 놓은 책이다. 여기에는 자연의 운동 방향이 그려져 있고, 자연과 동일한 원리를 가진 인간의 운동 방향이 등치되어 설명된다. 거기에다 각각의 상황에 적절히 대처하는 방식을 제안하고 있다. '역' 이라는 말 자체가 변화를 상징하는 데에서도 알수 있는 것처럼 끊임없는 변화 속에 놓여 있는 우주 자연의 이미지가 고스란히 표현되고 있는 이 책은, 동양적 사유의 근간을 이해하기 위한 가장 좋은 텍스트일 것이다. 또한 유학의 자연관과 세계관을 분명하게 파악할 수 있는 책이기도 하다. 이 책에는 다음과 같은 몇 가지의 중요한 관점이 들어 있다.

첫째, '살려주는 정신' ─생명의 정신이다. 이 책의 「계사전」에는 "이 세상을 지탱하는 가장 기본적인 원리는 살리는 정신[天地之大德曰生]" 이라는 말이 나온다. 공자는 이 대목을 해설하면서 이러한 정신이 바로 사랑[仁]이라고 했다. 나와 관계를 맺고 있는 사람이 잘 살 수 있도록 해주는 것이 바로 공자가 말한 사랑의 의미이며 동시에 이것이 『주역』의 정신이기도 하다. 상생의 논리이다.

둘째, "어떤 상황이든 한계에 달하면 반전한다[物極必反]"는 생각이다. 단절이 아닌 연속의 논리이다. 『주역』은 미제괘의 상황에서 끝나는데, 미제는 '아직 처리되지 않음'을 의미한다. 미제괘의 전 단계가 기제괘로서 기제는 '이미 처리되었음'을 의미한다는 것을 보면 분명 재미있는 구도이다. 상식적으로 생각해 보면 기제에서 끝이 나야 할 것 같은데 기제를 지나 미제에서 마무리를 하였다. 상황의 끝이라면 당연히 기제로 마감되어야 할 것이다. 그러나 이 세상의 상황을 끝이 없는 변화의 과정으로 이해하였던 『주역』의 사유는 기제를 지나 미제에서 책을 마무리한 것에서 분명히 드러난다.

셋째, '주체의 중시'와 '균형의 논리'이다. 『주역』의 설명에 따르면 현재의 모습은 과거와의 연관 속에 있고 현재의 태도에 근거하여 미래가 열린다고 한다. 그래서 『주역』의 모든 괘는 이전의 괘에 바탕하여 다음 괘가 설정되는 형태를 유지하였다. 그런데 거기서 중요한 점은 그러한 변화의 상황에 직면한 주체의 의지이다. 어떤 상황이 좋든 나쁘든 간에 그 상황은 다른 형태로 변화하게 되어 있다. 그 변화를 좋은 쪽으로 가져갈 수 있는가의 여부는 그 상황에 대면한 주체의 행동에 달려 있다. 아무리 좋은 상황이라도 그 상황에 처한 사람이 게으르고 안이하게 행동한다면 곧 나쁜 쪽으로 변화될 것이 분명하다는 생각이다. 반대로 아무리 나쁜 상황에 처했더라도 애써서 적절하게 대처할 수 있다면 좋은 쪽으로의 국면 전환이 가능하다. 그리고 어떤 상황에 잘 대처한다는 것은 균형을 잃지 않고 행동하는 것이다. 그 상황에서 가장 적절한 중용의 태도를 견지하는 것이 최상의 행동이라는 말이다.

넷째, 『주역』은 인간과 자연을 같은 맥락으로 설명한다. 예를 들어 팔괘 중의 건괘는 자연물로서 하늘을 상징하는 동시에 아버지를 상징하기도 한다. 곤괘는 땅을 상징하며 어머니를 상징한다. 감괘는 물과 둘째 아들을 상징하며, 리괘는 불과 둘째 딸을 상징하는 식이다. 그리고 봄·여름·가을·겨울을 상징하는 개념으로 원元·형亨·이利·정貞이라는 덕목이 상정되는데, 이는 인간의 한 살이에도 그대로 대응된다. 또 "이 세상을 지탱하는 가장 기본적인 원리는 살리는 정신"이라 했을 때에도 인간과 자연은 이 세상에 존재하는 모든 것 안에 함께 포함된다. 이렇게 생각하면 인간의 편의에 따라 자연을 훼손하는 방식은 세상의 기본질서에 위배되는 것이다. 경쟁에 이기기 위해 남을 죽이는 방식 역시 『주역』의 정신에 반하는 것이다.

고전에 들어 있는 보편적 가치는 그것을 읽는 사람에 의해 끊임없이 재해석될 수 있다. 그런데 이러한 재해석이 의미 있는 작업이 되려면 해석자가 서 있는 현실이 적극적으로 반영되어야 할 것이다. 이런 맥락에서 동양의 정신을 잘 담아놓고 있는 『주역』을 독서할 때 현실적인 다양한 문제를 염두에 두고 볼 수 있다면 좋을 것이다. 고전이 갖는 한계와 재해석의 여지를 동시에 살필 수 있는 안목이 필요한 것이다. 이것은 전통사상 전반에 대한 이해에서도 똑같이 적용할 수 있는 말이다. 이런 의미에서도 우리가 당면한 환경문제라는 난제를 앞에 두고 『주역』을 통해 유학의 자연관을 살피면서 환경문제에 대한 대안을 모색해 보는 작업은 전통사유에 접근하는 하나의 의미 있는 관점이라 하겠다.

동양철학에서 보이는 세계관은 서양의 그것 못지않게 다양하지만 예외에 속하는 몇몇 철학자를 제외하면 일관된 흐름을 공유한다. 그것은 천인합일天人合一이라는 용어로 표현되는데, 인간과 자연을 동일한 차원에서 바라보는 사유형태이다. 멀리는 신화의 세계관에서 고대의 제자백가사상, 중세의 주자학은 물론이고 근세의 양명학에 이르기까지 동양사상의 기저에는 천인합일의 사상이 면면히 흐르고 있다. 동양의 사상가라면 공통적으로 이 문제에 관심을 가지고 자연과 인간을 아우를 수 있는 통일적 체계를 수립하기 위해 노력했다는 점에서 인간과 자연을 동일시하는 태도야말로 동양적 세계관의 특징이라 할 수 있다.

"인간이 다른 자연과 같은가 다른가" 하는 질문은 어찌 보면 너무 당연한 문제를 묻는 것이다. 우리가 솔직한 시선으로 자연과 인간을 바라본다면 인간도 수많은 자연 사물 속의 일부에 지나지 않는다. 인간은 다른 자연과 마찬가지로 생성·유지·소멸의 생명과정을 거친다. 뿐만 아니라 다른 생명체와 같이 생리적 대사 활동을 통해 자신의 생명을 유지하며 일정한 수명을 가진다. 인간 역시 자연의 일부로서 자연 속에 부속된 존재일 뿐 아니라 자연이 제공하는 각종 재화를 이용해서 생존하는 존재인 것이다.

또 인간은 다른 자연과 상호 의존 관계에 있는 존재이다. 그러므로 인간은 자연 속의 다른 존재들을 통해 자신의 생명을 유지한다. 만일 그와 같은 외부 환경이 사라지거나 왜곡된다면 인간의 생존이 불가능하다. 한편 인간에게서 발생하는 모든 유기체로서의 작용은 다른 자연을 통해서도 발견할 수 있다. 따라서 "인간과 전체 자연은 동일하다"고 보는 관점은 자연스런 사유의 결과인 것이다.

이런 생각은 노자와 장자를 비롯한 도가 학자들이 가장 적극적으로 제시하였다. 그들은 자연을 완전한 존재로, 인간은 자연성을 상실한 만큼(인위 때문에) 불완전하며 따라서 자연에 종속된 존재라 설명하고, 모든 인위적 작용을 걷어내고 자연에 따르는 삶이야말로 가장 이상적인 삶의 태도라고 하였다.

공자와 맹자로 대표되는 유가의 철학자들도 자연을 보는 기본 관점에서는 이와 비슷한 입장이다. 유가의 주요한 경전인 『중용』에서는 "성실한 것은 자연의 본질이고 인간은 성실하기 위해 노력하는 존재"라고 규정하였다. 그리고 『주역』에서는 "자연의 운행은 건실하다. 군자는 이것을 본받아 끊임없이 연마한다"고 했다. 자연의 운행은 어김이 없다는 점에서 성실하며 인간은 그런 자연의 성실성을 본받아 자신의 도덕성을 밝혀내야 한다고 주장한 것이다. 그리고 또 『맹자』에서는 "인간의 내면에는 완전무결한 본성이 있고, 그 본성은 자연이 부여한 것"이라는 논의가

262

들어 있다. 모두 자연의 본질이 인간에게도 갖추어져 있다고 본 것이다. 따라서 유가 철학자들은 자연을 인간 도덕의 근거로 보며 인간은 자연과 대등한 존재가 되기 위해 끊임없이 노력해야 한다고 주장하였다. 물론 그 근거는 인간과 자연이 유기적으로 연결되어 있는 동일성을 선험적으로 규정한 명제에서 비롯된다.

　물론 도가와 유가의 철학자들이 동일한 관점으로 자연을 파악했던 것은 아니다. 유가의 철학자들은 자연 속에서 일정한 운행법칙을 찾아내고 거기에 가치를 둔다. 인간에게 위협적으로 작용하는 자연현상은 자연의 조화가 깨뜨려진 상황으로 이해하고 결국 부자연한 것으로 설명한다. 결국 유가는 인간적 가치를 기준으로 자연의 도덕적 완전성을 강조하는 입장에 서 있다. 그럼에도 불구하고 인간은 스스로의 의지를 가지고 행위한다. 이는 자연 속의 다른 존재들과는 다르다. 특히 인간이 사회를 구성하고 노동을 통해 자연의 사물을 변형시키는 점은 다른 동물이나 사물에서는 발견할 수 없는 인간만의 특징이다. 따라서 인간은 자연과 대립된 존재이면서 자연을 자신의 욕망에 적절한 방향으로 변형하는 적극적 존재이다. 이를테면 인간은 농작물을 재배하고 짐승을 길들임으로써 자연이 제한적으로 제공하는 물질적 풍요를 증진시킨다. 또 의료기술을 발전시킴으로써 자연이 제한한 수명을 넘어 자신의 수명을 연장하고 각종 질병을 극복하기도 한다.

　동양의 철학자 중 이러한 점을 특히 강조했던 사람은 묵자와 순자였다. 묵자는 인간을 노동하는 존재로 규정하였다. 곧 인간은 자연을 변형하고 가공함으로써 생존할 수 있는 존재로 설명하였던 것이다. 그러나 묵자가 자연의 완전성을 부정한 것은 아니었다. 순자에 이르면 이같은 생각이 일신된다. 순자는 사회적 존재로서의 인간을 특히 강조한다. 인간의 힘은 소만 못하고 **빠르기는** 말에 미치지 못하는데 도리어 소와 말이 인간에게 부림을 당하는 것은 인간이 사회조직을 구성하여 자신들의 능력을 극대화하기 때문에 가능하다는 것이다. 따라서 순자는 자연을 이용하고 정복하는 능력을 지닌 존재로 인간을 파악하였다. 아울러 자연과 인간은 본질적으로 다른 존재이기 때문에 양자 간에 어떤 유기적 연관도 없다고 한다. 그러므로 인간 행위의 정당성 여부에 따라 자연이 변화하는 일은 없다고 주장한다. 자연의 운행은 그 자체 내의 일정한 법칙에 따르는 것일 뿐이다. 순자는 인간이 자연의 운행법칙을 모두 이해할 수 없기 때문에 정상에서 벗어난 자연변화를 이상하게 여기는 것은 당연하지만 그렇다고 그런 변화를 두려워할 필요는 없고 오히려 자연의 위협에 적극적으로 대처하는 편이 훨씬 현명한 태도라고 말한다.

그러나 순자와 같은 입장은 동양철학의 주된 흐름으로 정착하지는 못했다. 동양철학의 주된 흐름을 이루는 유가나 도가, 불교에서는 한결같이 인간과 자연의 일치를 추구하며 자연의 섭리에 순응하는 것이 바람직한 삶의 태도라고 규정하고 있기 때문이다.

자연을 어떻게 파악하는가의 문제는 결국 인간이 자연 속에서 차지하는 위상을 묻는 논의이기도 하며 아울러 어떻게 살아가는 것이 바람직한 것인가와 연관되는 문제이기도 하다. 인간을 어떤 존재로 규정하는가에 따라 바람직한 삶의 태도도 달라질 수밖에 없기 때문이다. 그런데 여기서 중요한 것은 자연의 법칙을 얼마나 정확하게 파악하는가보다는 자연에 대한 인간의 태도가 얼마나 올바르냐이다. 다시 말하면, 사실 여부에 대한 정확한 규명보다는 가치의 정당성을 확보하는 것이 더욱 중요한 문제였던 것이다.

인간과 자연을 다른 차원에서 이해하는 입장에서는 인류의 문명을 인간이 자연에 도전하고 응전하는 과정으로 파악한다. 따라서 이런 생각에 근거하면 인간은 자연 속의 다른 존재들과 달리 주체적이며 능동적인 존재라는 점을 강조하면서 힘의 우위에 따라 자연을 지배하는 것이 옳다는 인간중심적인 삶의 태도를 지니게 될 것이다. 이같은 목적을 관철시키는 과정에서 객관적 자연법칙을 탐구함으로써 자연을 효과적으로 이용할 수 있는 합리성과 효율성을 강조하는 사고가 나타나게 된 것이다. 오늘날의 과학기술문명은 이와 같은 인간 중심주의에 뿌리를 두기 때문에 인간의 욕망을 충족시키는 방향으로 자연을 개발하는 것을 당연하게 여긴다. 현대의 과학기술문명은 초고속 정보통신을 통해 인간으로 하여금 시공의 벽을 넘을 수 있게 하였으며, 새로운 형태의 주거지를 창출했을 뿐 아니라 더욱 많은 식량을 생산함으로써 인류를 기근에서 벗어나게 하였다. 이와 같은 점은 인간과 자연의 차별성을 강조하고 인간에 의한 자연 지배의 정당성을 의심치 않는 자연관을 토대로 발전한 과학기술문명이 가져다 준 혜택이다.

반면 인간과 자연의 동일성을 주장하는 입장에서는 결코 인간을 자연의 주인으로 볼 수 없다. 그 때문에 자연을 사적 소유의 대상으로 삼지도 않으며 인간의 욕망에 따라 자연을 개조하지도 않는다. 자연과 인간은 모순·대립하는 관계가 아니라 공존·공생하는 관계이기 때문이다.

오늘날 생존 유지 차원을 훨씬 뛰어넘는 과도한 욕망 충족은 자연에 대한 착취 정도를 넘어서 파괴에 가까운 결과를 낳았다. 더욱 심각한 것은 그런 자연의 파괴가 인간 자신의 생존을 위협하는 상황을 만들었다는 점이다. 물론 이런 결과가 모두 인간 중심주의적 발상 때문이라고 그 책임을 전가할 수는 없다. 그러나 이것이 인간 스스로 초래한 재앙이라는 점에서 이전까지 자연이 인간에게 끼친 위협과는 차원이 다른 것이다. 따라서 인간의 생존을 위해서라도 해결책을 모색하지 않으면 안 된다. 이런 문제에 직면하며 21세기를 맞이한 인류는 새로운 세기의 화두 중 하나로 '생명'과 '환경'을 들지 않을 수 없게 되었다. 당면한 난제 중의 하나인 자연환경이나 생명의 문제를 고민하는 부분에서 동양철학의 자연관 중 인간과 자연을 동일한 차원에서 이해하려는 의식과 자연에 대한 인간의 태도들이 주요한 자료가 되어 줄 것임에 틀림이 없다.

오늘, 우리에게 의미 있는 사유는?

앞에서 우리는 21세기의 가장 중요한 화두가 되어버린 생명과 환경의 문제를 앞에 두고 유학의 사유에서 어떤 긍정적인 자료를 취할 수 있을지에 대한 물음을 제기하였다. 내용설명의 서술에서 이 문제에 답할 수 있는 자료를 정리했지만, 이제는 좀더 구체적으로 답안을 마련해 보기로 하자.

첫째, 생명 존중의 사상
『주역』에 나오는 "이 세상을 지탱하는 가장 기본적인 원리는 살리는 정신[天地之大德曰生]"이나, "낳고 또 낳는 것이 변화이다[生生之謂易]"라는 말을 통해 볼 수 있는 것처럼 세상에 존재하는 모든 존재들의 생명에 주목하고 그것을 가장 귀한 덕목으로 파악하는 정신이다.

둘째, 천인합일 및 물아일체物我一體적 사유
자연과 인간, 인간과 모든 대상을 하나의 맥락으로 사유함으로써 전체 우주의 조화와 균형을 도모하고자 하는 생각이다. 유학의 여러 경전에서

266

천·지·인은 동격의 구성원으로 존중되었다.

셋째, 중용적 가치관-건전한 가치관 지향

유학의 수양론에서 중시되는 문제는 치우치지 않고 그 상황에서 적절한 행동을 선택할 수 있는가의 여부이다. 여기서 적절한 행동의 기준은 인仁의 정신이다. 공자를 비롯한 유가는 사적인 욕심을 줄이고 공적인 이익을 도모하며, 전체 사회의 질서를 도덕적으로 선한 상태에 머물도록 기여하는 것이 사람에게 주어진 소명이라고 파악하였다. 그래서 사람들은 각자 자기가 선 자리에서 그 이름에 어울리는 역할을 해내야 하는 것이다.

이 세 가지는 우리가 구하고자 하는 답안의 충실한 내용이 되어 줄 수 있을 것이다. 그런데 유학의 자연관을 파악하면서 우리가 해결해야 할 한 가지 문제가 있는데, 그것은 자연과 인간을 바라보는 관점에서 인간중심적 사유의 혐의가 있다는 것이다. 예컨대 『서경』에는 "천지는 만물의 부모이고 사람은 만물의 영장"이라는 말이 보이고, 『예기』에는 "사람은 천지의 덕이며, 음양의 사귐이고, 오행의 뛰어난 기"로 규정한 대목이 나온다. 이러한 사유는 송대의 유학자들에게도 그대로 전승되어 주돈이의 「태극도설」이나 주희의 『대학』「격물보망장」 같은 데서도 찾아볼 수 있다. 이러한 발언은 사람이 자연의 작용과 일체감을 느낄 수 있는 성향을 지닌다는 측면을 말해주는 한편으로는 자연계의 다른 사물에 우선하는 가치를 지닌다는 쪽으로도 해석이 가능하다.

만일 유가들이 사람을 자연계의 다른 사물에 우선하는 존재로 파악했다면 그것은 인간중심적 사유의 혐의를 피할 수 없는 일이다. 그렇다면 오늘날 근대 서구의 자연관에서 부정적인 측면으로 공격받는 관점과도

맥이 통하는 생각이라 할 수 있을 것이다. 그러나 유학에서 인간의 우수함을 강조한 초점이 무엇인지를 밝혀보면 이러한 의구심을 제거할 수 있을 것이다. 유학에서 말하는 인간의 우수성 강조는 인간의 현실적 책임을 담당지우기 위한 장치이다. 천인합일의 원리를 이해하고 그에 따르는 삶을 촉구하는 방향에서 던져진 전제이다.

현실의 사람들은 자기 욕심 등 여러 가지 방해 요소 때문에 세상의 기본 원리를 잊고 살아간다. 역시 현실 문제를 직시하고 그 대안을 제시하였던 유가다운 발상인 것이다. 현실의 사람들과 존재의 근원을 직시한 사람들의 행동이 반드시 일치하는 것은 아니기 때문에, 현실의 인간들이 자신의 존재적 특성을 이해하고 그것을 발현시킬 수 있도록 길잡이 노릇을 하고자 하였던 것이 공자에서 시작된 유가의 사유방식이었다. 이것은 자기 스스로를 향해서도 동일하게 요구하였던 문제이다.

결국 유가의 인간중심적 사유는 자신의 이익을 위해 타 존재의 희생을 당연시하는 생각이 아니다. 전체 자연의 조화와 균형을 유지하고 그것이 세상의 생명을 사랑하는 길임을 자각할 수 있는 인간을 지향하는 구도에서 제시된 것이었다. 인간이 주체적으로 자연계의 모든 생명의 중요성을 인식하고 수양을 통해 자기의 사사로운 욕심을 제거함으로써 자신을 완성하며 궁극적으로 자연과 합일되는[천인합일] 사람으로 나아갈 것을 주장하는 정신이다.

그러므로 앞에서 제기한 세 가지 내용과 함께 유학의 인간중심적 사유 역시 지금 우리가 찾고자 하는 답안과 연관하여 유의미한 내용으로 취할 수 있을 것이다. 현실적으로 자연에 대한 인간의 개입이 불가피한 현실에서 '절제'를 추구한다든지 수양을 통한 변혁을 통해 생태위기 극복의 방향을 추동할 수 있다는 점에서 그러하다.

| 생각해 볼 문제 |

• 생명에 대한 단상 1 : 미국의 과학저널 '사이언스'가 뽑은 2004년의 10대 연구에는 화성탐사 로봇 오퍼튜니티의 활약이 첫째로 꼽혔고, 서울대 황우석 교수팀의 '복제배아줄기세포연구'도 당당히 그 대열에 합류하였다. 한국 과학자들이 세계적으로 우수한 평가를 받았다는 소식에 그 연구와 아무 상관없는 우리들까지 어깨가 으쓱해진다. 반가운 일이다.

인간배아복제는 생명공학 분야의 주요 연구 분과이다. 이는 인간의 정자와 난자의 수정을 통하지 않고 인공적으로 수정란을 분할하거나 혈액에 들어 있는 체세포만을 이용해 복제해낸 배아를 말한다. 즉 수정란 분할이나 체세포의 핵이식 기술 등에 의해 탄생한 배아로 이 기술을 이용하면 체세포만으로도 자신과 닮은 개체를 만들 수 있어 결국 복제인간의 탄생도 가능한 것이다. 2001년 9월까지 전 세계적으로 몇몇의 동물복제가 성공한 사례는 있었지만 인간복제배아는 연구 단계에 머물렀을 뿐 배아복제에는 성공하지 못했었다. '사이언스'는 한국 과학자들의 '복제배아줄기세포연구'에 대해 "난치병에 대한 새로운 통찰력을 제공하고 유전적으로 환자와 일치하는 치료용 세포를 만들어낼 수 있을 것"으로 평가했다.

근래에 증가 일로에 있는 난치병 '치매'나 심장병 등 수술로 치료하기 어려운 환자에게 줄기세포를 이식하면 이 세포가 환부에서 정상 세포로 자라면서 병을 완치할 수 있다고 한다. 자기 가족이나 가까운 사람이 난치병에 걸린 상황에 처한 사람들에게는 더할 수 없이 기쁜 소식임에 틀림이 없다. 그러나 이 기술은 인간복제의 가능성도 동시에 지니고 있는 것이라 악용되었을 경우에는 상상하기 어려운 현상이 벌어질 수도 있다. 과연 과학기술의 명암이라 할 것이다.

이것은 매우 상징적인 하나의 예로 들 수 있는 사건이다. 인간을 포함한 모든 존재의 생명은 무엇에도 우선하는 가치를 지닌다. 그렇다면 문제는 어떤 것이 진정으로 생명을 존중하는 길이며 어떻게 해야 생명의 가치를 제대로 실현하는 방법이 될 수 있겠는가이다. 과학기술문명의 세례를 듬뿍 받고 있는 우리의 미래가 어두운 것이 되지 않도록 하려면 생명에 대한 어떤 자세가 요구되는가?

• 생명에 대한 단상 2 : 유학에서는 군자들의 우환의식憂患意識을 중요시한다. 우환의식이란 세상의 오늘과 미래에 대한 염려를 말하고, 이와 같은 생각에 기초하여 내일을 대비하는 계획과 모색이 가능하다고 본다. 우환의식의 근저에는 나와 세상을 하나로 파악하는 유학의 자연관이 들어 있다. 세상과 나는 하나이기에 세상의 아픔을 나의 아픔으로 통각하며 그것을 지양하기 위해 고민하고 분투해야 했던 것이다. 그러므로 유학적 지식인들은 항상 자신이 살고 있는 현실을 주의 깊게 응시하고 잘못된 점은 개선하려는 자세를 취함으로써 나와 세상을 위해 오늘 보다 나은 내일을 준비하고자 하였다.

유가의 이러한 현실관과 함께 사회적 존재로서의 인간을 강조하고 사람들 간의 화합과 조화를 강조하는 정신은 오늘 우리가 당면한 생명과 환경 문제에 대한 대안 마련에서 어떤 긍정적 역할을 할 수 있을까? 사람들 간의 화합과 조화를 강조하는 정신을 생명 공동체에까지 확대하면 환경철학으로의 발전이 가능하지 않을까?

|原文 익히기 |

『周易』

• 天地之大德曰生.

• 生生之謂易.

• 易有太極是生兩儀, 一陰一陽之謂道, 繼之者善, 成之者性.

『論語』

• 天生德於予.

• 釣而不網, 不射宿.

『中庸』

• 天命之謂性.

• 能人之性, 則能物之性, 能物之性, 則可以贊天地之化育, 加以贊天地
之化育, 則可以與天地參矣.

인간에게 어떻게 도덕이 가능한가?

사람에게는 어떤 마음이 있는가?

2005년 새해 보신각 타종 행사에 한 젊은 여성이 참가해 눈길을 끌었다. 2004년 감동적인 사건의 주인공 '빵집 천사 아가씨'로 세상에 널리 알려진 바로 그 여성이었다. 그녀는 한 제과점 종업원으로 일하던 중 팔다리가 없는 노숙자에게 다가가 빵을 떼어 먹여주었는데, 그 모습이 어느 네티즌에게 포착된 후 1만 명이 넘는 사람들에게 스크랩되면서 감동의 물결을 불러일으켰다. 각종 언론 매체는 '올해의 만나고 싶은 사람', '한 해 동안 가장 따뜻한 감동을 전해준 주인공'으로 뽑기도 하였다.

그 장면은 각박하고 인색하게 살아가는 현대인의 마음에 깊이 잠자던 심성의 근본을 돌아보게 하는 계기가 되었다. 오늘날 자본주의 사회에서 대부분의 인간은 자기 중심적인 삶을 살아가고 있다. 자기의 삶이 급박하다보니 남을 돌볼 여유를 갖지 못한다. 지난해 많은 사람은 한 여성의 작

일러스트 조형석

은 선행善行 그 자체에 주목하였기보다는 인간이 지닌 본래적인 성품의 빛깔이 어떤 것인가를 생각할 수 있는 시간을 가질 수 있었다. 그래서 사람들은 한결같이 자신을 확인하고 성찰하는 계기로 삼게 되었다며 찬사를 아끼지 않았던 것이다.

맹자에 의하면, 이 '빵집 천사 아가씨' 가 장애 노숙자에게 베푼 마음은 '측은지심惻隱之心' 이다. 측은지심은 그가 말한 '사단四端' 중에서 으뜸가는 개념이다. 사단이란 네 가지 실마리라는 뜻인데, 인간이 날 때부터 지닌 도덕적인 착한 본성本性, 즉 인의예지仁義禮智의 단서를 말한다. 맹자는 인의 단서인 측은지심에서 자기의 잘못을 부끄러워하고, 남의 잘못을 미워하는 '수오지심羞惡之心', 남에게 양보하고 예의를 갖추는 마음인 '사양지심辭讓之心', 옳고 그름을 가릴 줄 아는 '시비지심是非之心' 까지 확충하여 설명하고, 인간의 본성을 규정하는 이론을 구축하였던 것이다. 맹자는 사람이라면 누구나 날 때부터 이러한 마음을 가지고 있다고 주장하고,

이런 마음이 없다면 사람이 아니라고까지 선언하였다. 측은지심에 대하여 맹자는, 아무것도 모르는 어린 아이가 우물을 향해 기어가고 있을 때 누구라도 막 빠지려는 것을 보았다면, 자기도 모르는 사이에 깜짝 놀라 걷어 올리는 마음이라고 설명하였다. 사람은 누구나 남에게 차마 모질게 하지 못하는 어진 마음씨를 갖고 있다는 것이다. 이런 마음을 맹자는 또 '사람에게 차마 하지 못하는 마음', 즉 '불인인지심不忍人之心'이라고 다르게 표현하기도 하였다. 우물에 빠지려는 아이를 건져 올리는 순간, 그 사람은 아이의 부모에게 보상을 요구하겠다는 생각이나, 그런 행동을 하지 않았을 경우 나중에 다른 사람들로부터 당할 비난을 두려워 한다든지, 혹은 자신의 다른 과오를 뉘우치려는 계산된 마음을 가질 겨를이 없다는 것이다. 측은지심은 이기적 계산에 의해 작동하는 것이 아니라 불현듯 자신도 모르게 마음속에 내재되어 있던 본래적인 감정이 발현되어 나온다는 것이다. 자발적이고 천성적으로 발현되어 나온 마음의 표현이라는 것이다. 남의 고통이나 상처를 보고 그냥 지나치지 못하는 마음이 인간 내면에 한결같이 잠재되어 있음을 가리키는 말이다.

특히 맹자는 이른바 '곡속장觳觫章'의 설명을 통하여, 사람에게는 차마 볼 수 없어서 측은히 여기는 마음이 내면에 본질적으로 갖추어져 있음을 명확히 하였다. 부들부들 떨면서 죄 없이 사지死地로 끌려가는 소를 차마 볼 수 없어서 소 대신 양으로 바꾸게 하였다는 사례에 주목하였던 것이다. 생명을 대하는 인간의 마음을 통하여 착한 본성의 주장을 확고히 하였다. 그것은 바로 인간이 지닌 도덕성의 본래 모습이 어떤 내용을 담고 있는가를 알 수 있게 해주는 단면이자 상징이라는 것이다. 요컨대 '측은지심'이나 '불인인지심'은 사회적으로 학습되거나 후천적으로 습득된 것이 아니라 인간의 타고난 본래 성품, 즉 마음의 근본이라는 주장이다.

274

맹자가 말한 '측은지심'이나 '불인인지심'은 공자가 말한 어진 마음씨인 '인仁'을 계승한 것이다. 공자사상의 핵심 개념이기도 한 인仁은 인간 행위와 유리된 고묘高妙한 이론이 아니다. 실천적 문제와 관련되는 것으로서, 사람의 생활 자체에서 자신의 마음에 비추어 다른 사람을 따뜻하게 배려하는 당위적이고 윤리적인 규범이다. 누구에게나 보편적으로 요구되는 것이면서 동시에 구체적으로 수행되는 규범이다. 그러므로 인은 인간성의 보편적 본질이자 인간다움 그 자체인 것이다.

이러한 공자와 맹자의 인간성에 대한 본질은 유학적 인간관의 핵심으로 인식되어 계승되었다. 그런 인식에 기반하여 후대의 주자는 「인설仁說」에서 인의 본질을 '생의 본성이자 사랑의 이치[生之性 愛之理]'라고 규정하였고, 그 작용면에서는 '성이 정으로 나타남이요, 사랑이 피어난 것[性之情 愛之發]'이라고 설명하였다.

유교적 인간관으로 접근할 때 앞에서 제시한 '빵집 천사 아가씨'는 남의 어려움을 보고 마음속에서 불쌍히 여기는 '측은지심'이 자기도 모르게 저절로 우러나 그런 행동을 하였던 것이다. 장애인에게 다가가 스스럼없이 빵을 뜯어 먹여 줄 수 있는 것은 인간 내면의 성품의 발현이었다고 볼 수 있다.

'도덕道德', 사람과 동물 그 구분의 출발점

육체적 욕구를 지녔다는 점에서 인간은 동물과 거의 다르지 않다. 오히려 사람의 욕구는 동물보다 더 강렬하고 집요한 면이 있다. 우리가 TV 프로그램 등을 통하여 동물 세계의 식욕은 매우 단순하다는 것을 알 수 있다. 동물들은 주린 배만 채우면 대개 멈춘다.

그러나 인간의 식욕은 주린 배를 채우는 것에 멈추지 않고 연속성을 보인다. 먹고 난 다음을 위하여 축적을 한다. 인간의 욕구가 거의 무한하다고 하는 것은 나중을 생각하는 저장의 욕구와 관련된다. 동물도 동면을 대비해 먹을 것을 모아 두는 예를 볼 수는 있지만 본능 수준에서 멈춘다. 반면 인간은 매우 의도적인 축적을 도모한다. 그런 점에서 동물의 축적과는 질적인 면에서 차이가 있다.

사실 인간의 불행은 대부분 이 의도적인 축적과 관련되어 있다고 해도 과언이 아니다. 더 많이 축적하기 위해 인간은 남의 것을 훔치는 행위도 저지르고, 부정부패도 서슴지 않는다. 미래를 위한 축적 자체가 문제될 것은 없지만, 그것이 사회적 연대성을 훼손하고 남의 이익이나 권리를 침해하는 경향을 보일 때 문제가 된다.

인간에게는 과욕이 있기도 하지만 그와 동시에 동물과는 달리 욕구를 주체적으로 조절할 수 있는 의지와 능력도 있다. 사람은 동물보다 지나친 욕구를 보이기도 하지만 동시에 동물적 욕구를 줄이고 절제하여 타인을 배려하거나 지원함으로써 자기 자신만을 위한 것으로 쓰지 않는다. 이 점은 인간이 다른 동물과 구별되는 매우 중요한 차이점이기도 하다. 이러한 욕구 조절 능력은 인간이 지닌 도덕성과 직결된다. 사람이 동물 수준에 머물지 않고 인간이 될 수 있는 분기점인 것이다. 도덕적 행위야말로 인간이 가장 인간다운 것임을 보여준다. 그런 까닭에 사람이 자신의 욕구만을 채울 때 일차적으로 동물적 수준의 범위를 벗어나지 못한다는 비난을 면하기 어렵다.

그러나 유학에서는 하늘이 사람과 동물을 낳는 근본 이치 자체는 다르지 않다고 본다. 유학에서 우주와 자연의 생성과 변화 과정, 천인天人 관계

276

등에 대해서는 『주역周易』, 『중용中庸』, 「태극도설太極圖說」, 『입학도설入學圖說』, 「성학십도聖學十圖」, 『성학집요聖學輯要』 등 여러 저술에 일관되게 설명되어 있다. 유학에서는 일반적으로 우주만물이 태극인 '이理'와 '기氣'에 의해 구성된다고 설명한다. 이기론理氣論에서 이는 만물에 구유된 공통성을, 기는 각종 사물을 구성하고 있는 차별성을 설명하는 개념이다.

　사람과 사물을 낳는 데 있어서 그 이치(理)는 같으나 그 기氣의 통하고 막히고 치우치고 바른 것[通塞偏正]에 있어서는 차이가 있다. 그 바르고 통한 기를 얻으면 사람이 되고, 그 치우치고 막힌 기를 얻으면 사물이 된다.

(권근, 『입학도설』)

　사람과 동물의 이치는 본질적으로 차이가 없으나, 그 기운의 통색通塞과 편정偏正의 차이로 인해 갈라진다는 것이다. 이러한 인식은 성리학의 기본 관점이다. 이렇게 본다면 사람과 동물의 근본 이치는 같고, 기운의 작은 차이로 인해 구분된다는 뜻이 된다. 사실 동물과 사람의 차이는 만물의 생성 원리로 보면 큰 차이가 나지 않는다. 그래서 도가道家에서는 사물과 인간이 근본적으로 다르지 않다는 '물아일체설物我一體說'을 주장하기도 한다.

　그러나 우리가 유의할 점은 바로 그 조그마한 차이이다. 사람과 동물의 갈라짐은 이와 같이 매우 작은 것에서 출발한다. 처음 갈라짐은 작으나 동물과 인간의 차이는 결코 작지 않다. 시작은 작으나 끝은 현저한 것이다. 대개 사람답지 않다고 할 때 동물과 큰 차이가 없다고 말하기도 한다. 그러므로 사람을 다른 동물과 구분하여 '사람답다'고 할 때, 그 의미는 동물처럼 자기 자신만을 위해 살지 않는다는 뜻으로 쓰인다. 동물은 스스로를 위해서만 활동하고 생존하지만 인간은 자신만을 위해 살아가는 존재가 결코 아니다. 바로 이 작은 차이가 인간과 동물의 중요한 구별점이 된다. 그래서 맹자는 다음과 같이 말하였다.

사람이 금수禽獸와 다른 것이 아주 조금인데, 보통 사람은 이것을 버리고, 군자는 이것을 잘 보존한다. 순임금은 여러 사물의 이치에 밝았으며 인륜人倫을 특히 잘 살피셨는데, 인의仁義를 따라 행하신 것이지 인의를 의도적으로 행하려고 하신 것은 아니었다.

자신만을 위해 살지 않는 존재란 다른 말로 표현하면 도덕성을 지닌 사람을 뜻한다. 그러므로 인간과 동물의 차이를 가르는 출발점은 인간 내면의 자연스런 본성인 인의의 도, 즉 '도덕' 을 행하는 것이다. 이것도 의도적으로 행하는 것[行仁義]이 아니라 본성에 내재하는 것이므로, 본성대로 그냥 말미암아 행하기만 하면[由仁義行] 된다는 것이다. 따라서 이 도덕성의 본질에 유의하여 그것을 키우고 바르게 발현하는 것이 사람과 금수의 차이인 '인간다움' 의 출발이 된다는 의미이다. 그 차이점으로 인해 사람은 동물과 달리 먹고 사는 일 자체를 삶의 유일한 목적으로 삼지 않는다. 그래서 공자는 "군자는 도를 도모하면서 먹을 것을 근심하지 않는다"고 하였다. 사람은 다른 동물과 달리 일상적 가치나 현실적 요구에 구속되지 않고 도덕성을 유지할 수 있는 존재임을 강조한 것이다. 인간이 동물적인 면에서는 유사하나 근본적인 점에서 매우 다른 존재임을 밝힌 것이다.

도덕성의 유학적 근거와 그 발현

하늘[天] _ 도덕성의 근원 혹은 뿌리

사람이 동물과는 달리 남의 어려움을 보고 돕는다거나 자신을 희생하여 남을 구하는 도덕적 행위를 하도록 이끄는 어진 마음씨는 근원적으로 어디에서 오는가? 마음에 담겨 있는 선한 본성이 인간의 선행을 가능하게 한다고 할 때, 그 선성善性은 어디서 비롯되는 것인가?

인간 행위의 도덕적 근거를 찾는 일은 일차적으로 인간에 대한 관점에서 출발한다. 유학에서는 인간의 본성을 선하게 보는데, 인간이 선한 행위를 할 수 있는 도덕성을 지닌 존재라는 실마리는 공자가 구체적으로 제시하였다. 공자는 "하늘이 나에게 덕德을 품부해 주었다"고 하여, 천명天命을 본성으로 받아들이는 구조를 피력하였다. 사람이 세상에 태어날 때 하늘은 그 내면에 덕을 품부한다는 공자의 천명론은 맹자에게 계승되어 더욱 발전하였다. 유학에서는 사람은 형기形氣가 생기면서 정신도 동시에 갖추어지는 존재로 설명한다. 이목耳目이나 사지四肢 등 육체가 성장하면서 마음[心]도 구비된다는 의미이다. 공자가 중시한 인仁의 실행은 사람 마음의 본바탕이 선하고 어질다는 전제에 기초하여 하늘이 부여한 덕을 실천하는 것 자체가 인간다움의 본질임을 강조한 것이다. 인간의 천품天稟, 즉 인간성의 본질이 인이라는 의미이다. 맹자도 이러한 관점을 수용하여 "만물이 다 나에게 갖추어져 있다"고 하였다.

살펴본 바와 같이 유학의 핵심 인물인 공자와 맹자의 이러한 관점은 현실에서의 인간의 선행 근거를 천天, 즉 하늘에 두고 있음을 알 수 있다. 인간이 인간다운 행위를 할 수 있는 뿌리가 하늘에 닿아 있다는 의미이다. 그래서 맹자는 구체적으로 다음과 같이 정리하였다.

그 마음[心]을 다하는 자는 그 성性을 아는 것이니, 그 성을 알면 하늘[天]을 알게 된다. 그 마음을 보존하여 그 성을 기르는 것은 바로 하늘을 섬기는 것이다.

인간의 마음[心]과 본성[性]과 하늘[天]이 하나로 연관되는 것을 단적으로 밝힌 것이다. 그런 점에서 맹자가 주목한 천성天性은 공자가 말한 천명天命을 계승하여 사회적 실천의 의미를 확충한 것이다. 인의 실천이야말로 가장 사람다운 모습이며, 그것은 다름 아닌 하늘의 도를 실천하는 것이라는 의미이다. 말하자면 인간의 본성을 제대로 따르는 것[仁] 자체가 바로 하늘의 이치[道]대로 행하는 것이라는 뜻이다. 이러한 관점은 또한 『중용』의 '천명지위성天命之謂性'이나 '솔성지위도率性之謂道', 송대宋代의 성리학자들이 말한 '본연지성本然之性'이나 '천지지성天地之性', 퇴계 이황이 중시한 '순선무악한 이理의 원두처' 등과 같은 표현으로 계승되어 유학의 일관된 이론으로 전개되었다. 모두 인간의 선천적인 자질, 즉 타고난 본래성의 선함을 인정하는 말들이다. 이와 같이 유학에서는 한결같이 인간에게 절대적인 신성성神聖性이 마음 안에 내재한다고 보고 있다.

그런데 도덕적 존재로서의 인간 선성善性의 형이상학적 근거가 천天에 기초하고 있다고 할 때, 천天은 과연 어떤 존재인가가 문제된다. 유학에서는 천도天道를 탐구하고 그것에 근거하여 인도人道를 정립하는 존재론적 이론 체계를 구성하고 있는데, 그 사상적 근거는 『주역』에 잘 나타나 있다. 『주역』에서 하늘은 만물을 낳고 변화시키며 운행하는 주체이다. 그러한 하늘의 덕을 '원형이정元亨利貞'이라고 하였고, 그것이 인성人性의 강령으로 주어질 때 '인의예지仁義禮智'라고 하였다. 『주역』에서 하늘은 만물을 끊임없이 낳고 낳는 것[生生]을 대덕大德으로 삼는다. '생生' 혹은

'생생生生', 즉 끝없는 생명 활동을 통하여 생명을 죽이는 것이 아니라 살리는 운동을 하는 것이 천天이다. 하늘은 만물을 낳고 낳되 스스로를 위하여 낳지는 않는 존재로 인식한 것이다. 사람은 자기 자신만을 위하기도 하지만 하늘은 자신을 위한 도모를 하지 않는다고 본다. 그래서 인간은 유한한 반면 하늘은 무한하고 영원한 존재로 파악한다.

사람은 하늘이 낳은 우주 만물 중 가장 영명靈明한 존재로 분류된다. 만물 가운데서 사람을 하늘의 본성을 가장 잘 품부받아 발현하는 존재로 보기 때문이다. 그러나 사람이 그러한 본성을 어떻게 유지하고 발현하느냐에 따라 많은 차이가 있음도 인정한다. 성인聖人—군자君子—중인衆人—소인小人 등은 덕성의 발현과 수양 정도에 따라 사람을 구분한 것이다.

인간의 본성이 하늘에서 비롯되고 근거한다는 의미는 인간이 하늘의 덕을 본받아 그대로 실천하는 것을 지고의 가치로 여긴다는 뜻이 된다. 사람은 홀로 살아가는 존재가 아니므로 모든 자아自我는 타자他者에 대해 상대적으로 존재한다. 사람은 물론이고 풀 한 포기, 나무 한 그루도 하늘의 생명 활동에 의해 창조된 것이므로 그런 덕을 본받아 끝없는 생명운동을 전개할 때 사람이 사람다운 길을 가는 것이라고 설명한다. 그래서 「중용장구」에서는 하늘이 인간에게 명命해 내려준 객관적 이법이 바로 성性이라고 밝히고 있다.

하늘이 명해 준 것을 성性이라 하고, 성을 따르는 것을 도道라 하며, 도로써 닦는 것을 교敎라 한다.

성은 천으로부터 부여된 인간 세계의 이법이다. 그러므로 모든 사람에게 있어 성과 도는 다르지 않다. 현실 사회에서 사람의 인격이나 행위에서 차이가 생기는 것은 천성에서 비롯되는 것이 아니다. 사람이 본성의 자연스러움을 그대로 행하면 성인聖人이 되는 것이고, 기품氣稟의 차이로 인하여 과불급過不及이 있으면 중인衆人이 된다는 것이 유학의 인간에 대한 기본 관점이다. 공자가 말한 덕은 바로 성性이다. 그리고 그 본성대로 행하는 것이 도道이다. 그러니 덕과 도는 하나로 통하는 개념이다. 덕의 발현 혹은 표현이 도인 것이다. 그러므로 유학에서 말하는 도는 사람이 마땅히 걸어가야 하는 인간의 길이다. 성리학의 제1명제라고 할 수 있는 '성즉리性卽理'라는 말은, 인간의 본성이 천리天理라는 선언이다. 인간이 자신의 본성을 그대로 따르는 것이 도이고, 따라서 도야말로 인간이 마땅히 걸어가야 할 길이라고 강조한 것이다. 그래서 주자는 도를 '당행지로當行之路'라고 해석하였다.

그런데 그러한 길은 인간의 생명적 가치도 초월하는 길이다. 그래서 공자는 "아침에 도를 들으면 저녁에 죽어도 좋다"고 하였다. 이 말은 인간에게는 생명을 능가하는 가치가 있음을 강조한 것으로 특히 주목된다. 인간의 생명이란 어떤 의미에서 사람의 모든 것이다. 이 모든 것을 뛰어넘는 가치가 인간에게 있고, 그것을 위해 생명을 초월하는 일도 가능하다는 것이다. 죽어도 좋을 만큼 소원하는 것이 있다는 것이니, 목숨을 던져서 실천해야 할 것이 있다면 그것은 과연 무엇인가? 그리고 무엇이 인간에게 그런 힘을 주는 것인가? 공자가 말하는 생명보다 귀한 가치는 도道, 즉 진리의 실천이다. 진리의 실천이야말로 인간이 할 수 있는 가장 존엄한 길이라는 뜻이다. 사람에게 어찌 생명이 소중하지 않겠는가? 그러나 그런 마음으로 세상에 나가 깨친 진리대로 행동하는 가르침이 유학의 본령이다. 그래서 공자는 "지사志士와 인인仁人은 살기 위해 인仁을 해치지 않고 몸을 죽여서라도 인을 이룬다"고 하였다. 사람은 자신의 이해관계와 생사를 넘어 보다 높은 가치를 위해 자신을 희생할 수 있는 존재임을 밝힌 것이다. 맹자도 죽는 것보다는 사는 것을 좋아하는 것이 인지상정人之常情이라고 전제한 뒤, 그러나 인간에게는 사는 것보다 더 좋아하는 것이 있으니 그것은 바로 인仁을 행하는 것이고, 사람이 죽는 것을 무서워하는데 죽는 것보다 더 무서운 것이 있으니 그것은 바로 양심에 부끄러움이 없는 의義의 실천이라고 하였다.

이것은 인간이 다른 동물과는 달리 도덕적 삶이 가능하다는 것을 천명한 중요한 대목이다. 그리고 맹자는 이런 죽음은 도道를 다한 것으로서 '정명正命'이라고 하였다. 그런 점에서 천하가 무도해지면 '이신순도以身殉道'까지 할 수 있는 것이라 보았다. 인간이 도를 위해서, 진리를 수호하기 위하여 자신을 죽일 수도 있는 존재라는 의미는 특히 도덕적 실천의 가능 근거를 밝힌 것으로서 중요한 내용이다.

요컨대 공자나 맹자가 생명을 초월하는 가치로 강조한 도는 천의 법칙이 이치로 인간에게 내재화된 것이다. 그 길은 사람이 가야 할 올바른 길이다. 그러므로 유학에서 도는 제반 도덕적 가치의 근원이 되는 것이다.

마음[心] _ 도덕성의 연못 혹은 창고

인간의 마음이란 대체 무엇인가? 사람의 마음에 대하여 유학의 전통적 인간관에 기초하여 고도의 철학적인 입장을 정리한 주자는 다음과 같이 주장하였다.

천지는 만물을 낳는 것으로 마음을 삼으니, 사람과 사물이 생겨남에 또한 각각 이러한 천지의 마음을 얻어서 그 마음으로 삼는다.

주자는 공자가 말한 인仁의 본질을 천지가 만물을 낳는 마음[生物之心]과 사람을 사랑하고 만물을 이롭게 하는 마음[愛人利物之心]이라고 정리한 뒤, 사람은 이러한 천지의 마음을 그대로 품부받았다고 규정하였다. 이것은 하늘이 베푸는 최고의 덕목을 인간이 그 마음으로 삼았다는 의미이다. 그리고 이 심心에 천天의 이치인 도道가 근거한다고 보았다. 도는 심이 아니면 의지하여 설 바가 없다고 보는 것이다. 그러므로 심은 도가 사람에게 내재되어 머무르는 연못과 같은 근거지이다. 말하자면 진리는 하늘로부터 사람에게 내려온 것이지만 사람의 마음에 자리잡고 신체를 주재主宰하는 요소로 작용한다고 본다. 그러므로 도를 벗어나서는 사람이나 사물이 있을 수 없고[道外無物], 마음을 벗어나서 일이 있는 것이 아니므로[心外無事], 마음을 어떻게 잘 기르고 보존할 것인가가 수양의 중요한 과제로 대두될 수밖에 없게 된다.

이보다 앞서 인간의 마음에 대해 예리하고 명석한 입장을 제시한 사상가는 맹자였다. 이른바 '유가의 파수꾼'으로 불리는 맹자의 논리는 정밀하면서도 적확한 것으로 유명하다. 뿐만 아니라 맹자의 관점은 그 논점이 인류의 정도正道를 확보하고 있어서 타당성이 굳건하였다. 인간이 근본적으로 도덕적 행위를 할 수 있는 존재라는 단서는 공자가 제시하였지만, 맹자는 그러한 주장을 학설(性善說)로 체계화하였다.

맹자 이후 성리학자들은 마음이란 사람이 하늘에서 얻어서 몸을 주재하는 것으로 파악하였다. 그리하여 사람의 마음은 이理와 기氣가 근원적으로 묘합하여 허령통철한 것으로 보았다. 이러한 신명이 머무는 집이 마음이고, 마음은 성과 정을 통괄한다[心統性情]고 인식하였다. 여기서 성은 '인의예지仁義禮智'와 같은 본성이고, 정은 '희노애구애오욕喜怒哀懼愛惡慾'과 같은 감정을 말한다. 그래서 성은 고요하여 움직임이 없는 것[寂然

不動]과 같은 상태로 있고, 정은 감응하여 마침내 통하는 것[感而遂通]이라고 하였다. 특히 아직 발하지 아니한 성은 심의 본체[未發之性 爲心之體]이고, 이미 발하여 나온 정은 마음의 작용[已發之情 爲心之用]이 된다고 보았다. 그러므로 마음에는 본체가 있고 작용이 있는 것으로 파악하였다. 말하자면 유학에서는 심을 체용론적 특성을 지닌 것으로 해석하였다. 하늘로부터 비롯되어 품부된 착한 본성 자체는 마음[心]이라는 그릇[器]에 담겨 있는데, 현실적인 욕구가 이 본래적 성품을 자꾸 유혹한다고 보았다. 마음이란 이렇게 변할 수도 있고 저렇게 변할 수도 있다.

그래서 유학에서는 마음 그 자체를 진리의 표준으로 여기지는 않는다. 마음은 언제든지 변할 소지가 있는 것으로 파악하기 때문이다. 변하는 것은 진리의 표준이 될 수 없다고 보는 것이다. 불교에서는 '일체유심조一切唯心造'라 하여 마음을 진리의 근거로 삼고, 양명학陽明學에서도 '심즉리心卽理'라 하여 마음이 곧 이치라는 주장을 펼친다. 그러나 유학에서는 심이란 성이 담겨 있는 그릇이고, 몸을 주재하는 요소이며, 성과 정을 통괄하는 존재로 정의한다.

이미 살펴 보았듯이 마음은 하늘로부터 본래적으로 품부된 것이어서 그 본성은 밝으며[明德] 뭇 이치[衆理]를 갖추고 만물에 응할 수 있는 것이다. 따라서 마음의 본질은 아주 참된 것이다. 이런 참된 마음이 인간 행위의 도덕적 주체가 된다. 그런 마음이 사람에게 스스로 반성하여 추호도 거짓됨이 없을 때 행위에 힘을 준다. 그럴 경우 인간의 행동은 도덕지향적인 특성을 갖추게 되는 것이다.

그러나 인간의 마음이 밝고 허령虛靈한 본체로 항상 유지되는 것은 아니다. 기품에 구애되기도 하고, 물욕에 의해 밝은 면이 가려지기도 한다. 그래서 마음이 작동하여 나올 때 혼미해지기도 한다. 따라서 마땅히 경敬

으로써 안을 곧게 세워[敬以直內] 그 어두워진 것으로부터 본래의 밝은 모습을 회복하도록 힘써야 한다고 강조한다. 유학에서는 하늘로부터 부여된 마음의 본래성을 '천리天理'라고 하고, 현실 속에서 욕구 등으로 인하여 생겨난 마음을 인욕人欲이라고 하여 구분하는데, 실제로 이 두 마음은 항상 싸움을 하는 것으로 파악한다. 그러므로 수양을 통하여 마음을 갈고 닦아야 한다고 본다.

요컨대 연못에 물이 고여 있듯 심心은 성性이 자리잡고 있는 곳이다. 연못의 물을 퍼내어 쓰듯이 심에 내재한 착한 본성을 발현하여 인간은 도덕적 행위를 하는 것이다. 연못의 물이 흐려지지 않아야 마실 수 있는 것처럼 심에 자리잡고 있는 성이 흐려지거나 치우치지 않도록 잘 유지하여야 인간다운 행동을 할 수 있다. 그러므로 그 본래성을 잘 유지하는 것이 무엇보다 중요하다고 유학에서는 가르친다.

'인간다운' 행위의 본질과 인간의 이중성

앞서 보았듯이 사람의 착한 본성인 인의예지仁義禮智는 천지의 원형이 정元亨利貞한 덕이 인간의 강상綱常으로 품부된 것이다. 그러므로 인간은 자신에게 내면화內面化되어 있는 그러한 하늘의 덕을 잘 발현하는 것을 지고의 가치로 여긴다. 따라서 가장 '인간다운' 삶이란 자신에게 주어져 있는 천성을 따라 사는 것이다. 하늘의 덕은 다른 말로는 '생생生生', 즉 만물을 낳고 살리는 생명운동이다. 그것은 하늘이 끊임없이 만물을 길러 내고 살리는 운동을 하듯이 인간도 자기 자신뿐 아니라, 남의 생명을 위해 베풀고 돕는 '상생相生의 삶'을 사는 것이 가장 도덕적인 길임을 뜻한다. 인간 행위의 도덕성을 논할 때, 도덕적 행위의 본질은 바로 생명을 살리는 생명운동임을 알 수 있다. 추위와 굶주림에 지쳐 인간의 생명이 훼

상당하는 것은 물론 어린 동물과 풀 한 포기에도 마음 아파하는 것이 유학의 인사상이요, 생명정신이다.

이처럼 유학은 자기 자신의 내면을 키우는 '위기지학爲己之學'에서 시작하여 남을 나처럼 따뜻하게 배려하는 것을 완성으로 여기는 '수기안인修己安人' 혹은 '수기치인修己治人'을 이상으로 여기는 학문이다. 신비적 신앙이나 자연적 이상향을 꿈꾸는 것이 아니라 이처럼 이지적이고 합리적인 윤리사상이다. 그런 점에서 인仁은 일차적으로 대중 구제라기보다 자기에게 절실히 구하는 것, 자기 자신의 본성을 다하는 행위이다. 그래서 공자는 내 마음을 미루어 남을 배려하고 남의 마음을 헤아리는 것[推己及人]이 인仁을 실천하는 근본 정신이자 태도라고 하였다. 공자는 내가 잘못을 저질렀을 때 남이 나에게 용서해 주길 바라듯이, 나도 남의 잘못을 너그럽게 용서해 주는 마음을 가지는 것[恕]이 바로 나의 천성대로 사는 길이라고 하였다. 또 내가 하기 싫으면 남도 하기 싫은 법이며 내가 좋아하는 것은 남도 좋아하는 것이니, 모든 것을 내 마음을 미루어 보면 남을 어떻게 대할 것인가를 절로 알 수 있다고 하였다. 이처럼 인간의 본성을 매우 아름답고 도덕적인 것으로 규정하고 있다. 이 착한 내면적 본성은 도덕적 행위를 할 수 있는 매우 구체적이면서도 현실적이며 합리적인 근거가 된다.

그럼에도 불구하고 인간은 왜 비인간적이고 비도덕적인 행위를 일삼는 것일까? 몇 년 전 대구지하철 방화 사건으로 인하여 무고한 인명이 많이 죽었고, 서울의 지하철에서도 불특정 다수를 겨냥한 방화 사건이 발생하였다. 그런가 하면 전철을 기다리던 사람을 뒤에서 선로 쪽으로 밀어버리는 사건도 발생하여 사람들을 놀라게 하였다. 이런 사건들이 끊이지 않고 일어나는 현상을 과연 어떻게 이해하여야 할 것인가? 인간 내면에 이런 악마적인 요소도 본래적으로 존재하는 것인가? 그렇지 않다면 환경이나 여건 등으로 인하여 후천적으로 악행을 저지르게 되는 것일까?

유학에서는 전통적으로 인간의 도덕적 본성을 '본연지성本然之性'과 '기질지성氣質之性'으로 나누어 설명한다. 본연지성은 사람이 태어나면서부터 가지고 있는 순선무악純善無惡한 본성을 가리키는 말이고, 기질지성은 구체적인 현실에서 나타나는 인간의 본성으로 '기氣'라는 그릇[器]을 통하여 나타나는데 선할 수도 있으나 악할 수도 있는 것으로 파악한다. 본연지성은 사람마다 차이가 없으나 기질지성은 사람에 따라 다르게 나타난다고 본다. 화를 잘 내거나, 잘 울거나, 차갑거나 온화한 차이는 기질에서 기인하는 것으로 인식하였다. 하늘에 뜬 달은 하나인데, 땅에서 볼 수 있는 달은 여러 가지다. 호수나 강에 비친 달, 마주앉은 사람의 눈동자에 비치는 달, 혹은 술잔에 비치는 달 등이 그것이다. 사람에 따라 견해차를 보이기도 하지만 일반적으로 하늘에 뜬 달은 본연지성, 강물 등에 비친 달은 기질지성으로 비유된다. 하늘에 뜬 달은 하나이지만, 땅에 비치는 달의 형색은 가지각색이다. 하늘의 달은 맑기나 밝기가 일정한 반면, 물에 비친 달은 물결 등에 따라 밝기도 하고 어둡기도 하다.

조선조의 대유학자 퇴계 이황은 고봉高峯 기대승奇大升과 이런 문제를 놓고 7년여 동안 '사단칠정논변四端七情論辨'이라는 세계 철학사상사에서 유래가 드문 인성논쟁人性論爭을 벌이기도 하였다. 퇴계는 본연지성과 기질지성이란 근본적으로 다른 것이라고 하여 순수한 본연인 이理와 악의 근원인 기氣로 구분하고자 하였던 반면, 고봉은 사단과 칠정을 분리시키지 않고 두 가지에 이기가 함께 있다고 하여 합쳐보려고 하였다. 철학이라는 것이 동서고금을 막론하고 시대 상황과 무관할 수 없음을 고려한다면 퇴계와 고봉의 논변도 당대의 삶과 밀접한 관련이 있었음은 부인하기 어렵다. 당대當代는 군자와 소인의 구분이 필요한 시대였다. 퇴계는 군자와 소인을 결코 뒤섞을 수 없다고 보았기에 사단과 칠정을 엄격히 구분하고자 하였다. 이러한 태도는 자칫 흑백논리라고 생각할 수 있으나, 사회 현실에서 옳고 그름의 문제를 분별하는 도덕의 중요성은 간과할 수 없는 문제로서 절실한 것이 아닐 수 없다.

우리 시대에도 전철역에 빠진 사람을 구하기 위해 자신의 목숨을 희생하는 의인義人이 있으며, 아이를 살려내기 위해 달려오는 열차 앞으로 뛰어드는 사람도 있다. 반면 아무 이유도 없이 무고한 사람들의 목숨을 앗아가는 지하철 방화범도 있다. 남을 위해 희생하는 사람이 있는가 하면 사리사욕을 채우기 위해 남의 목숨을 아무렇지도 않게 여기는 사람도 있다. 이런 사람을 분별하지 않으면 어떻게 되겠는가? 퇴계와 고봉 등 성리학자들의 인간 본성에 관한 논변이 우리 시대에도 여전히 의미를 지니는 이유가 바로 여기에 있다. 옳고 그름을 밝히고 따져서 옳음을 지키고 그름을 배척하려는 태도, 혹은 그것을 위하여 자신의 귀한 생명도 아깝게 여기지 않는 태도는 시대의 고금이나 동서양을 막론하고 지고한 가치를 지닌다. 선악의 분변, 즉 인간의 도덕적 행위를 그저 고리타분한 일로 치부해 버릴 수 없는 이유가 바로 여기에 있다.

이와 같이 도덕은 대자적對自的인 규범이라기보다 대타적對他的인 규범이다. '로빈슨 크루소'에게 도덕규범이란 무의미하다. 도덕이란 나와 다른 사람이 함께 살아가기 위한 사회적 규범이지만, 유학에서는 '신독愼獨'이라 하여 개인적인 도덕규범도 매우 중시한다. 혼자 앉아 있는 어두운 방에서도 천장이나 이불에 부끄럽지 않아야 된다고 강조하였다. 사회적인 실천은 물론이거니와 자기 자신에게도 엄격하게 도덕규범을 적용하였던 점은 현대인들이 특히 유의할 부분이다. 사회적으로 불의와 타협하지 않을 뿐만 아니라 도道에 따라 자신의 내면적 덕성을 키우는 일에 조금도 게을리 하지 않았던 측면은 건강한 사회 구성원들의 저변 확대라는 측면에서 소중한 일이 아닐 수 없다. 자기 스스로에게 부끄럽지 않은 사람이라야 남에게도 부끄러운 행동을 하지 않을 것이기 때문이다. 사회 구성원 각자의 도덕적 역량을 강화시켜 행위의 수준을 지고한 차원으로 높이고자 실천하는 것이야말로 문명사회로 가는 지름길이다. 개인적 차원에서의 내면적 도덕성 확보가 큰 의미를 지니는 것은 이 때문이다.

　현대적 의미에서 선악의 구분은 공公과 사私의 구분이라 할 수도 있다. 도덕적 행위가 공익을 우선하는 것이라면, 비도덕적 행위는 사사로운 이익을 중시하는 것이라 할 수 있다. 물론 공사公私의 구분이 사적인 것의 무시를 의미하는 것은 아니다. 현대는 개인주의個人主義가 바탕이 되는 사회이다. 개인주의와 이기주의利己主義는 근본적으로 다르다. 오늘날 세계적으로 적용되고 있는 현대 민주사회民主社會는 개인주의를 근간으로 출발하였다. 그러므로 현대인의 삶은 개인 중심적으로 유지되고 움직인다. 따라서 개인의 행복 추구와 권리 주장은 지극히 당연하고 보호되어야 할 가치이다.

　그러나 여기서 유의할 점은 개인주의의 추구도 타인을 배려하는 한편 타인의 권리와 자유를 침해하지 않는 범위 내에서 추구되어야 한다는 것이다. 말하자면 사적인 추구의 합리적 실천, 유학적 표현으로 말하면 중용中庸의 도를 지키는 것이 반드시 전제되어야 한다. 중용中庸 혹은 중도中道를 지키지 않는 개인의 이윤 추구는 도덕적 차원에서 보면 악행惡行이다. 유학적 차원에서 도덕적 악행을 저지르는 것은 인간임을 포기하는 행위로 간주된다. 그런 점에서 도덕은 세상을 지탱하는 바른 힘이다. 유학에서 도덕적 인간상을 확보하고자 끊임없이 강조하였던 것은 바로 그런 차원에서 이해된다. 이른바 '수신제가치국평천하修身齊家治國平天下'라는 도덕성의 엄격한 확대, 혹은 도덕성의 조건적 확보는 무엇보다 사회의 유지와 발전을 도모하기 위한 필수 전제 조건이라 할 수 있다.

어떻게 '인간다움'을 유지할 것인가?

유학에서 인간의 본성이 비록 선하다고 할지라도 그 선성 자체가 그대로 현실에 저절로 드러나는 것은 아니라고 본다. 사람은 착한 본성을 지녔음에도 불구하고 시시각각 악행을 저지르기 쉬운 환경에 처해 있고, 육체로 인한 욕구 또한 끊임없이 발생하여 자칫 중용을 잃기 쉽다. 유학의 수양론은 이런 까닭에 학문적 과정으로 중시되어 왔다.

그러면 어떻게 선한 마음을 지키고 욕망을 절제할 수 있을까? 유학에서 욕망 그 자체를 부정하지는 않지만, 그것으로 인해 인간의 도덕성이 타락한다고 본다. 그래서 욕망을 줄이고 마음을 지키는 요점은 부단한 노력으로 경건성을 지키는 공부, 즉 존양성찰存養省察을 하여야 한다고 보았다. 존양이란 타고난 선한 본성을 잘 보존하고 기른다는 뜻이고, 성찰이란 행동에 과불급過不及이 없도록 이기심을 버리고 경건하게 자신을 돌아보고 살피는 것이다. 그 구체적인 공부법은 『주역』에서 스스로를 강하게 하여 조금도 쉼이 없도록 하되 경敬으로써 내면을 곧추세우고 의義로써 외적인 실천을 반듯하게 한다는, 이른바 '경이직내敬以直內', '의이방외義以方外'를 따르는 것이다. 『중용』에서도 "진실된 마음이 없으면 보아도 보이지 않는다"고 하였다. 보이지 않으면 물건이 있어도 없는 것과 같은 것이다 (不誠無物). 유학에서 마음 공부가 어떤 공부보다 중시되는 이유가 여기에 있다. 그래서 "성誠은 하늘의 도이고, 성실하고자 하는 것은 인간의 도"라고 하였다. 착한 마음, 바른 마음이 없을 때 사물이 바로 보일 리가 없다. 마음이 없으면 보아도 보이지 않고 들어도 들리지 않는 법이다. 강건한 도덕적 실천을 보였던 조선조의 도학자들이 "도道는 출치出治의 연원이고, 심心은 출치의 근본이며, 성誠은 행도行道의 요체"(『정암집』)라고 하여 성誠을 신념으로 삼았던 것도 바로 그런 이유에서였다. 맹자는 자기 자신에게 돌이켜 보아서 성실하면 즐거움이 이보다 더 클 수가 없고, 힘써 서恕를 행하는 것보다 더 이상 절실한 어진 행위는 없다고 하였다. 성이란 인간 내면의 이치의 본연함을 따르는 즐거운 일이니, 도덕적 행위야말로 사람에게 참다운 즐거움을 준다고 강조한 내용이다.

그러기 위해 무엇보다 '스스로를 속이지 않는(無自欺)' 마음 공부를 실천할 것을 제시하였다. 스스로의 내면에 갖추어져 있는 거울을 통하여 내 마음의 빛깔을 끊임없이 단속하라는 것이다. 한순간도 '공경하지 않음이 없도록(無不敬)' 거울을 닦아야 한다는 내용이다. 인간의 내면에 참된 마음이 본래적으로 갖추어져 있으나, 그것만으로는 안 되고 그런 마음을 보존하고 잘 발현하도록 끊임없는 수양과 노력을 하여야 한다는 것이다. 착하고 어진 마음의 씨앗은 언제나 미미하여 온갖 유혹에 휩싸이기 쉽다. 그래서 공자는 "인간의 모든 성품은 원래 가까운 것이나 생활하는 습관은 서로 멀다"고 하였고, 『중용』에서는 "인심人心은 오직 위태롭고 도심道心은 오직 미미하니, 한결같이 정밀하게 하고 하나같이 하여 진실로 그 가운데를 잡아야 한다"고 하였다.

우리 선현 중 마음 공부를 가장 중시한 학자는 퇴계退溪 선생이었다. 오늘날 퇴계는 우리나라 사람들은 물론 외국의 많은 학자들로부터도 인류 역사상 보기 드문 위대한 철학사상가라고 진심어린 존경과 찬사를 받고 있는데, 율곡栗谷 이이李珥와 함께 16세기 한국 성리학을 인성론적 측면에서 세계적 수준으로 끌어올린 업적으로 특히 주목을 받는다.

퇴계는 마음을 다스리는 공부로서 경敬보다 앞서는 것은 없다고 하였다. 경을 강조한 것은 퇴계가 처음은 아니었지만, 실제로 실천하며 중시한 것은 퇴계보다 더한 사람은 없었다. 그리하여 경은 퇴계학退溪學의 요체이자 최고의 실천 덕목이다. 내 한 몸을 주재하는 것은 마음[心]이지만, 그 마음을 주재하는 것은 경이라고 퇴계는 강조하였다. 그러니 경은 사람이 도덕적인 행위를 가능하도록 하기 위해 필수적으로 채워야 하는 마음의 내용물인 것이다. 사람의 중심은 경이고, 이런 경건성의 유지는 사람다움의 가장 아름다운 모습이라고 퇴계는 규정하였다. 이런 퇴계의 자세는 어떤 종교보다도 더 종교적이다. 주지하다시피 유학은 종교적 측면이

전혀 없는 것은 아니지만 보편적인 종교와는 많이 다르다. 절대자가 아닌 인간을 세상의 중심에 세우는 교학사상敎學思想이다. 유학에서는 악한 행동을 하였을 경우 신神에게 용서를 구하지 않는다. 스스로에게 부끄러움이 없는 것이 가장 중요하다. 수만 명이 옳다고 하거나 비난을 하여도 스스로에게 부끄럽지 않으면 된다. 자기 자신의 양심에 부끄럽지 않는 도덕적 인간상을 최고로 여기는 것도 이와 무관하지 않다. 맹자가 특히 강조한 '호연지기浩然之氣'는 그런 굳건한 기운을 기르는 것

퇴계 『성학십도』 제8도 심학도

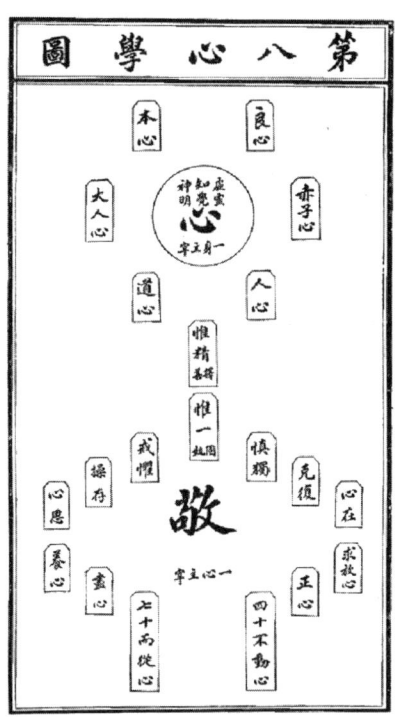

이다. 다른 사람에게 부끄럽지 않은 것보다 자기 자신에게 부끄럽지 않은 것을 더 귀하게 여겼다. 내 마음에 진리의 표준이 들어 있기 때문에 누구보다도 나의 과오는 내 스스로 명확하게 판단할 수 있는 능력을 가지고 있다는 것이 유교적 가르침의 핵심이다.

도덕적 가치는 21세기에도 유효한가?

현대는 공리주의功利主義가 주요 이데올로기로 작용하는 이익사회利益社會이다. 현대사회를 지배하는 공리주의는 물질적 풍요를 가능하게 하였고 그 성과 또한 자못 크다. 그런 선상에서 오늘날 인간은 거의 물질에 예속되어가는 상황에 처해 있다.

그러나 인간은 '빵'만으로 사는 존재가 아니다. 빵은 생존에 필수적인 물질이지만 그 자체가 생존의 궁극적인 목적은 아니며 수단이자 도구일 뿐이다. 그렇다면 인간의 생명은 무엇을 위해 필요하며, 인간은 어떤 존재인가? 인간은 단지 빵을 구하기 위해서 사는가? 그렇지는 않다. 먹기 위해서만 사는 것은 아니다. 빵은 수단일 뿐이다.

유학에서는 인간의 생존 목적으로 무엇보다 '인의仁義'의 실천을 중하게 여긴다. 공리功利의 실천이 '빵'을 구하기 위한 일, 즉 욕구慾求를 추구하는 것이라면, 인의仁義의 실천은 '심心'을 구하기 위한 일, 즉 '천리天理'를 따르기 위한 실천이라고 본다. 그래야 인간이 다른 동물과 달라지기 때문이다. 단지 먹고 살기 위한 존재로는 동물적 수준에 머물고 만다는 입장이다. 먹고 사는 차원에서 더 나아가 천리를 실천하는 삶을 살 때 비로소 사람은 '인간다운' 삶을 실천하게 된다는 것이 유학의 기본 입장이다. 인의의 실천은 공리라는 일차적 실천의 기반 위에서 더 나아가서는 도덕적 가치의 실현이다. 유학에서 인의의 실천을 중시한다고 하여 공리를 배척하는 것은 결코 아니다. 그럼에도 불구하고 그동안 유학이 공리를 부정하는 것처럼 잘못 인식되어온 것도 사실이다. 다만 공리에만 마음을 쓰면 안 된다는 것을 강조하였던 것이다. 역시 맹자의 말대로 인의仁義와 공리功利의 겸전兼全을 추구해야 한다는 것이다. 이것은 물질적 이익을 추구하더라도 정당성을 확보하여야 한다는 것을 뜻한다. 이 점은 현대 자본주의 사회에서 매우 유의해야 할 부분이라 하겠다. 수단과 방법을 가리지 않고 이익을 추구하는 측면이 만연해 있는 사회가 오늘날 우리 모습이다. 이것은 부작용을 초래하기 때문에 경계하지 않을 수 없다.

인의를 배제하고 공리의 강조만 이어질 때 야기될 폐단이나 부작용은 결코 적지 않다. 우선 가치의 전도와 인간성 상실을 염려하지 않을 수 없다. 이 점은 특히 현대사회가 심각하게 염려하고 있는 문제이다. 공리는 수단적 가치이지 목적적 가치가 되어서는 안 될 것이다. 다음으로, 필연적으로 자원 환경의 훼손과 고갈을 초래할 수밖에 없을 것이다. 예로부터 동양에서는 자연과 인간의 조화로운 삶을 중시하고 추구하여 왔다. 인간과 자연이 다르지 않다고 생각했고 천인합일을 이상적 경지로 여겨 왔다. 그러나 공리 쪽으로 치우치다 보면 자연은 바로 이용의 대상으로 바뀌게 될 수밖에 없어진다. 그렇게 되면 자연의 파괴와 고갈이라는 부작용을 초래할 수밖에 없을 것은 명확해진다. 현대사회가 공리의 추구를 우선할 수밖에 없다 하더라도 '인의'의 문제를 간과해서는 안 되는 것은 공리만으로 사회가 유지되지 않기 때문이다.

그런 점에서 인의의 실천, 즉 인간다움의 추구 혹은 도덕적 가치의 실현은 21세기를 사는 우리에게 여전히 중요한 가치임을 알 수 있다. 오늘날 많은 기업이 윤리성에 유의할 때 더욱 효율적 성장을 보이고 있다는 점도 간과할 수 없다.

일찍이 맹자는 '불위不爲'와 '불능不能'을 구분하여, 사람이 하지 않는 것과 할 수 없는 것을 엄격히 살펴야 한다고 강조한 바 있다. 오늘을 살아가는 우리에게 도덕적 실천이 절실히 요구되는데도 그것이 현실적으로 사람들로부터 무시되고 있다면, 그것은 '불능'의 경우에 해당하는 것이 아니라 '불위'에 속하는 것임을 새삼 인식할 필요가 있다고 하겠다.

| 생각해 볼 문제 |

• 지금까지의 논의를 인정한다면, 인간에게는 도덕적 행위를 할 수 있는 근원적인 본래성이 갖추어져 있다. 과연 그런가?

• 그럼에도 불구하고 현실 사회에는 악행과 비인간적 행위들이 끊이지 않고 일어나고 있다. 이러한 현상은 과연 어떻게 설명할 수 있을 것인가?

• 동·서양 여러 학자들의 인간의 본성에 관한 주장을 정리해 보고, 그러한 주장이 갖는 의의와 한계점을 지적해 보라.

| 原文 익히기 |

『周易』

• 一陰一陽之謂道, 繼之者善也 成之者性也.

• 形而上者謂之道, 形而下者謂之器.

『論語』

• 天生德於予.

• 子曰 朝聞道夕死可矣.

• 子曰 性相近也, 習相遠也.

『書經』

• 人心惟危, 道心惟微, 惟精惟一, 允執厥中.

『中庸』

• 天命之謂性, 率性之謂道, 修道之謂敎.

『朱子語類』

• 人之一心, 天理存則人欲亡, 人欲勝則天理滅, 未有天理人欲夾雜者,
  學者須要於此體認省察之.

『朱子大全』

• 天地以生物爲心者也, 而人物之生, 又各得夫天地之心, 以爲心者也.

『孟子』

• 孟子對曰 王何必曰利 亦有 仁義而已矣.

• 孟子曰, 人皆有不忍人之心, 先王有不忍人之心, 斯有不忍人之政矣.
  以不忍人之心, 行不忍人之政, 治天下, 可運之掌上. 所以謂人皆有不
  忍人之心者, 今人乍見孺子將入於井, 皆有惻隱之心, 非所以內交於孺
  子之父母也, 非所以要譽於鄉黨朋友也, 非惡其聲而然也. 由是觀之,

無惻隱之心, 非人也, 無羞惡之心, 非人也, 無辭讓之心, 非人也, 無是非之心, 非人也. 惻隱之心, 仁之端也, 羞惡之心, 義之端也, 辭讓之心, 禮之端也, 是非之心, 知之端也.

- 孟子曰 人之所以異於禽獸者幾希, 庶民去之, 君子存之. 舜明於庶物, 察於人倫, 由仁義行, 非行仁義也.

- 孟子曰 盡其心者, 知其性也, 知其性 則知天矣. 存其心, 養其性, 所以事天也.

- 孟子曰 萬物 皆備於我矣. 反身而誠, 樂莫大焉, 强恕而行, 求仁 莫近焉.

- 孟子曰 …… 生亦我所欲也, 義亦我所欲也, 二者不可得兼, 舍生而取義者也. 生亦我所欲, 所欲有甚於生者, 故不爲苟得也. 死亦我所惡, 所惡有甚於死者, 故患有所不也. 如使人之所欲, 莫甚於生, 則凡可以得生者, 何不用也. 使人之所惡莫甚於死者, 則凡可以患者, 何不爲也. 由是則生而有不用也. 由是則可以患而有不爲也. 是故 所欲有甚於生者, 所惡有甚於死者, 非獨賢者有是心也. 人皆有之 賢者 能勿喪耳.

마치며

동아시아의 미래는?

Hic et Nunc Confucius

21세기 동아시아의 유교적 전통과 미래사회

불확실한 미래

스탠리 큐브릭Stanly Kubrick 감독의 〈2001년 스페이스 오디세이(이하 '오디세이')〉는 영화평론가라면 누구나 한번쯤은 빼놓지 않고 언급하는 SF 장르의 영화이다. 이 영화는 1968년에 개봉되었는데, 30여 년 후의 미래사회를 무대로 설정해 놓고 있다. 〈오디세이〉에 나오는 컴퓨터는 기술의 진보로 인한 비인간화의 모습과는 대조적으로 오히려 더 인간적인 감성을 가지고 있는 것으로 묘사되었다. 감독은 이 영화를 통해 기술의 진보 속에 야기되는 사건들을 화면 속에 하나하나 그려나가면서 인류의 기원과 현재에 대한 반성, 그리고 미래에 대한 희망의 메시지를 남기고 있다. 〈오디세이〉의 흥미로운 소재였던 기계와 인간의 갈등은 얼마 전까지 연작물의 형태로 제작되어 상영된 〈매트릭스〉의 주된 소재이기도 하다. 〈매트릭스〉에 대한 관심과 평가는 영상 기법과 그 상업성뿐만이 아니라 영화 전체에 흐르고 있는 세계관의 문제에 이르기까지 대단한 반향을 불러일으켰다. 심지어 그 영화를 대상으로 하는 다양한 시각의 저작들이 속속 쏟아져 나오기도 했다.

그러나 이제 과거가 되어 버린 2001년의 현실은 영화 속의 묘사와는 아주 다르게 발전했다. 미래의 컴퓨터에 대한 당시의 상상은 2001년에 존재한 실제의 컴퓨터와 전혀 달랐다. 〈오디세이〉에 나오는 우주선의 주컴퓨터는 엄청나게 큰 기계장치이다. 반면 감성을 가진 컴퓨터는 아직까지 등장하지 않았다. 그리고 영화 속의 2001년에서는 여전히 필름 카메라를 사용하고 있고, 퍼스널 컴퓨터의 모습은 찾아보기 어렵다. 〈매트릭스〉에서 그리고 있는 인류의 미래 역시 실제로 변화한 그 시점에서 본다면 많은 차이를 드러낼 것이다. 이런 점에서 볼 때 세계는 분명 과거의 전망과 예견을 초월하여 변화하고 있다. 우리들이 지금 예측하는 미래는 〈오디세이〉의 예처럼 어쩌면 공허한 개념이 될 수도 있다. 미래를 예견하거나 통제하는 것은 오늘의 현실에서 대단히 제한적이다. 그리고 그 미래는 하나가 아니라 수많은 가능성으로 존재한다. 그 가능성을 측정하는 것이 쉬운 일은 아니지만, 그 적중도를 최대한 확보하기 위해서는 지금 우리의 모습을 잘 파악해야 한다. 결국 선택은 우리들의 몫이고, 그 책임도 우리들에게 있다.

우리는 지금까지 여러 장에 걸쳐서 유학사상의 다양한 주제들을 공부하였다. 유학의 역사와 이론을 검토하였고, 환경문제, 가족문제, 사회제도 등 현대사회에서 논의되는 다양한 주제들과 연관하여 유학사상의 시각과 주장을 살펴보았다. 그 과정에서 우리의 현실을 분석하였고, 유학사상이 이 시대에 기여할 수 있는 측면을 제시하였다. 이제 그 동안의 작업을 요약하면서 앞으로 전개될 미래사회와 유학의 역할에 대해 살펴볼 것

302

이다. 특히 주된 논의는 정보사회로 대별되는 현대사회의 모습을 중심으로 진행될 것이다.

유학의 역사: 이론 보완의 역사

역사적으로 살펴볼 때, 유학은 정치 구조가 변화될 때마다 새로운 형태로 탈바꿈하였으며, 동아시아 사회를 이해하는 주요한 가치관으로 평가된다. 그 양상이 때로는 비정상적인 기제로 작용하기도 하였지만, 역사적인 유학의 모습은 자기변신의 성공 여부에서 그 긍정적인 역할의 가능성을 시험하였다.

공자는 종법사회의 윤리질서를 구축하여 당시 혼란했던 주대周代 봉건사회를 바로잡으려 하였다. 그 윤리질서는 자율적 인간이 스스로 도덕의지를 확립하고 대인관계에서 그러한 원칙을 지켜나가는 노력을 통해서 세워질 수 있다. 이것이 다름 아닌 '수기치인修己治人'이라는 유학의 두 가지이면서 하나로 통일되는 가장 기본적인 원칙이다. 인간이 도덕적으로 자율적인 존재라는 명제는, 인간 하나하나를 그 무엇과도 바꿀 수 없는 소중한 존재로 인식하는 동시에 무한한 책임의식 속에 스스로를 꾸준히 연마해나가야 하는 존재로 규정한다. 이러한 소명의식과 책임의식은 순자와 맹자에게 꾸준히 이어졌다. 그러나 진나라가 통일제국의 면모를 드러내면서 선진시대의 다양한 학문사상은 자취를 감추었고, 유학도 예외가 될 수 없었다.

한나라가 들어서면서 발굴된 유학은 선진시대와는 달리 국가의 지원 아래 새로운 학문으로 형성되었다. 유학의 자기 변신은 한대에 이르러 유교가 국교화되는 과정에서도 일관되게 적용되었다. 하지만 그 전개 양상은 시대 상황이 변했듯이 그 부침을 달리하여 선진시대의 것과는 사뭇 다른 형태로 전개되었다. 정치 구조에 상당한 영향력을 행사하던 한대의 유학은 사회 속의 가치관으로 뿌리내리지 못한 채 금문경학과 고문경학이란 훈고적訓詁的 학풍을 낳았다.

당대唐代에는 이전과 달리 도교와 불교가 융성했던 시기로서, 이미 중국에 전래된 불교와 기존의 도가사상 및 도교가 학문과 문화의 중심을 차지하게 된다. 비록 정치적 측면에서 유학의 이념이 채용되기는 하였지만 왕실을 비롯한 일반 대중에게는 불교와 도교 사상이 뿌리내리고 있었던 것이다. 한편 당시 우리나라도 중국에서 전래된 불교에 의해 삼국三國의 문화를 풍부하게 하였다. 따라서 유학의 입장에서 본다면 그 당시는 새로운 재구성을 위한 침체기라고 할 수 있다.

유학의 새로운 재구성은 기존의 정치세력이 아닌 당나라 말기에 등장한 신진사대부들에 의해 주도되었다. 그들은 자신의 이해와 요구를 효과적으로 발현시킬 수 있는 이념체계로 유학을 선택하였다. 한대의 훈고적 성격과 다른 그 시대의 유학을 우리는 성리학이라고 부른다. 성리학은 공맹유학으로 대별되는 선진시대의 유학을 보다 정교한 형태로 탈바꿈시킨 것이었다. 이는 당시 대부분의 지식인들에게 친숙했던 불가사상과 도가사상의 이론적 요소를 유학의 범주 내에서 효과적으로 수용한 결과였다. 신진사대부들은 비록 불가사상과 도가사상의 이론적 측면을 수용하고 있기는 하지만 유학만이 가지고 있는 강한 현실의식을 무기로 윤리적 질서를 통한 사회의 재편을 추구하였다. 그 결과 송대宋代 이후 유학은 우주와 인간에 대한 대단히 포괄적이고 효과적인 사상체계를 구축하게 되었다.

304

송대의 학문 경향은 고려 말에 등장한 신진사대부들에 의해서도 유사하게 전개되었다. 조선의 개국과 함께 사회의 전면에 등장한 성리학은 그 이후 조선의 500년 동안 정치와 사회를 장악하였다. 물론 중국의 경우 명대明代에 새롭게 등장한 양명학의 전개를 꼽을 수 있지만, 조선의 사상계는 양명학의 공식적 수용을 용납하지 않은 채, 성리학만을 사상사의 정통으로 인정하였다.

유학이 우리나라의 근대화 과정에서 소외되고 외면된 가장 큰 이유는 조선의 근대화가 자주적인 상태에서 전개된 것이 아니었기 때문이라고 할 수 있다. 조선은 서구열강과 중국 및 일본의 틈바구니에서 효과적인 대응을 하지 못한 채 국권을 상실한다. 조선의 멸망과 함께 시작된 일제의 식민 통치는 500년 동안 지속된 조선 사상사를 송두리째 부정하는 계기가 되었고, 조선의 정치와 사상을 담당했던 유학은 함께 비판의 대상이 될 수밖에 없었다.

우리나라는 36년간의 기나긴 수탈의 터널을 지났지만 미국과 소련이라는 새로운 세력에 의해 분단의 아픔을 겪게 되고, 현재에 이르고 있다. 격동의 근대사는 기존의 전통을 완전히 무용지물로 만들어 놓고 말았다. 우리에게는 경제적 재건이라는 당면과제를 수행하면서 우리의 것과는 너무나 다른 문화와 사상에 적응해야만 했다. 우리에게는 우리의 언어가 있고 우리의 언어를 통해 구축된 우리의 문화가 있었지만, 그 언어는 단지 의사소통의 도구로서만 기능했을 뿐 우리의 문화와 사상을 일궈낼 여력이 부족했다. 경제적·군사적 식민지이기 이전에 문화적 식민지의 상태를 해방 이후 경제성장의 과정에서 겪은 셈이다.

동아시아 사회라는 특수성과 유구한 역사를 감안한다면, 우리의 문화와 사상은 이 시대를 살고 있는 우리의 정체성을 확인시켜줄 수 있는 대단히 중요한 조건이다. 그리고 그 안에 아직도 유학사상이 숨쉬고 있다. 하지만 조선을 유교국가라고 자신있게 말할 수 있을지는 몰라도, 현재 유학은 우리의 삶을 강제하지 못한다. 단지 우리의 역사 속에서 우리의 정서와 가치를 대변하는 역할을 담당했던 유학은 아직까지 그 역할이 남아 있을 것이라는 확신뿐이다.

그 무엇보다 지금 우리에게 필요한 것은 오랜 역사를 통해 우리의 정서와 가치를 대변할 수 있는 사상이다. 그리고 우리 시대는 하나만을 유일한 진리로 삼아 나머지 것에 대해 배타적인 태도를 취하는 것이 얼마나 무모하고 경직된 사고인지를 잘 보여주고 있다.

우리는 산업사회의 후발주자일 수밖에 없었다. 일찌감치 세계 도처에 식민지를 확보한 서구 제국주의 세력은 산업혁명 이후 꾸준히 축적해 온 기술과 자본을 바탕으로 후발국들이 따라갈 수 없는 자본과 기술의 벽을 쌓았으며, 그것은 자연스레 경제적 격차로 귀결되었다. 하지만 우리는 그 격차로 인한 심각한 좌절을 맛보지는 않았다. 기술력만큼 중요한 정보사회의 인프라 구축은 그 어느 나라와 비교해도 손색이 없을 정도로 급속도로 진행되고 있다.

산업사회에서 공장제 기업과 시장의 유통망은 그 나라의 경제력을 뒷받침하는 가장 중요한 요소였고, 그러한 기반시설을 확충하고 관리함으로써 우리는 일정하게 경제성장의 기틀을 마련하였다. 하지만 20세기 말에 이르러서는 산업사회에 머물지 않고 새롭게 전개된 정보사회로 이행하게 되었고, 21세기의 우리는 급격한 사회변화 속에서 생활하고 있다. 이러한 변모는 비단 국가 내부에서 벌어지는 사건일 뿐만 아니라, 국가와 국가, 문화와 문화 사이에서도 다양한 편차를 두면서 진행되고 있다. 이제는 선진국과 후진국의 구분을 기술력에 의해서 뿐만 아니라 정보력에

306

의해서 가능할 수 있는 시대가 된 것이다. 이제 문제는 현재까지 이룩한 성과를 효과적으로 관리해서 어떻게 보다 나은 사회를 구축하느냐 하는 것이다.

우리가 지금 대표적 전통 사상으로 들고 있는 유학은 순수한 우리 고유의 사유체계라고 하기에는 다소 무리가 있다. 그런데 그것이 어떻게 우리의 사상이 될 수 있었을까? 그것은 바로 그 시대의 문제의식에 의해 수용되었고, 시대의 문제를 해결하는 중심으로 자리잡았기 때문이다. 성리학은 고려 말 불교의 폐해와 오랜 몽고지배에서 비롯된 시대적 모순을 해결하고 조선이라는 새로운 질서를 탄생하게 하는 데 선봉에 선 이념이었다. 16세기에 시대를 안일하게 인식한 훈구파 집단에 의해 시대가 왜곡되어 갈 때 조광조를 위시한 사림士林의 문제의식에 의해 더욱 심화되어간 것도 성리학이었다. 이황과 기대승 사이에서 전개된 사단칠정 논쟁, 이이와 성혼 사이에서 전개된 인심도심 논쟁, 그리고 이간과 한원진 사이에서 전개된 인물성동이 논쟁은 주희에 의해 체계화된 성리학이 조선의 사상계에서 우리의 문제의식에 투영된 결과물들이다. 개념과 논리체계는 주희의 시스템에 준거하였다고 하지만, 문제의식만큼은 틀림없이 조선의 것이다. 우리의 문화에 뿌리를 두고 우리의 문제들을 풀어나가는 사유 체계가 바로 한국철학이다. 그런 의미에서 서양철학도 기독교도 한국화의 과정을 거치면 한국철학이 될 수 있다. 동서 철학의 구분을 넘어서 전통과 현대의 접점을 모색하는 일이 오늘날 우리에게 남겨진 과제인 것이다.

우리 것이나 서양 것 모두 오늘의 현실에 적용하기엔 함정이 있게 마련이다. 오늘 우리의 문제의식을 중심으로 한다면 중요한 것은 결국 해석의 문제이다. 우리 것에 대해서는 창조적 재해석이 요구될 것이요, 서양 것에 대해서는 주체적 해석이 필요한 것이다. 복고주의니 폐쇄적 민족주의니 하는 것은 부수적인 문제에 불과하다. 옛것을 다루는 사람의 성향과 이념의 문제이지 옛것 자체의 속성의 문제는 아니라는 말이다. 옛것에서도 혁명적 발상을 이끌어낼 수 있고, 열린 사고의 전형을 발견할 수도 있다. 우리는 마치 옛사람들보다 진보된, 차원 높은 사유를 하고 있다고 생각하기 쉽다. 적어도 인문학의 중심 주제인 인간과 세계의 문제에 관한 한, 많은 부분을 이미 옛사람들이 사유했었고, 그 옛사람들의 도움 없이 그 옛사람들의 수준을 뛰어넘는 것은 아주 힘들다는 사실을 염두에 두어야 할 것이다.

미래사회의 전경前景: 그 빛과 그늘

공학과 산업 분야에서 출발한 디지털 혁명은 이제 가정, 직장, 사회, 교육, 경제, 학술, 예술 등 인간생활의 거의 모든 분야에서 커다란 변화를 가져왔고 또한 준비하고 있다. 현대사회에서 변화중이거나 앞으로 변화할 것으로 예견되는 것은 다음과 같은 것들이다. 바퀴장치에서 통신장치로, 원료에서 정보로, 노동력에서 지식으로, 아날로그적 세계에서 디지털 미디어의 세계로, 제품가치에서 관계가치로, 국민경제에서 다국적 경제로 변모할 것이다. 일례로 컴퓨터와 통신기술이 접목된 정보기술은 기존에 재화를 생산해서 얻는 부가가치와는 다른 추상적 부가가치를 창출하고 있다. 따라서 제품가치만으로 값을 매기는 것이 아니라, 사후의 서비스가 얼마나 지속적이고 충실하게 이루어지는가 하는 관계가치에 의해 상품 가치가 결정된다. 사회의 이러한 전면적인 변화는 실로 다양한 반응과 처방을 낳았다. 같은 현상에 대한 해석의 차이는 낙관적 입장과 비관적 입장의 대립을 공존시키고 있다.

정치 영역에서는 '전자 민주주의'와 '전자감시 체계'라는 대비적 전망이 있다. 전자의 관점에서 볼 때, 개인이 접할 수 있는 정보의 범위와 양이 확대되고 그에 따라 개인의 정치적 영향력도 커져서, 사회문제에 대한 직접 참여가 가능하고 사이버 공간에서의 민주적인 의사결정이 가능하리라는 전망을 할 수 있다. 이 경우 현실세계에서 시민단체나 압력단체들의 정치적 운동이 전자적 가상공간으로 확장되어 더욱 활발하게 효과적으로 전개될 수 있다는 점에 주목한다. 또한 자연스럽게 형성되는 사이버 공동체 내부에서 민주주의의 이념에 부합되는 새로운 정치관행과 문화가 나타날 것도 예견해 볼 수 있다. 한편 후자의 관점은 미셸 푸코의 저작 『감시와 처벌』에서 그 예를 찾아볼 수 있다. 푸코는 영국의 공리주의자 제레미 벤담이 말했던 '팬옵티콘(panopticon, 원형감옥)'의 개념을 원용하면서 이러한 원형감옥의 구조가 현대사회에서 일반화되어 있다고 본다. 감시와 규율의 메커니즘은 주변적이고 예외적인 개인들만을 대상으로 삼지 않고 공장, 학교, 병원, 군대 등 사회 전체로 확대되고 침투되었다. 과거 권력의 중심이던 군주는 이제 원형감옥의 중앙탑으로 대체되고, 개인들은 공개적인 처형장에서 고문당하는 것이 아니라 모두가 원형감옥의 감시 대상이 되고 있는 것이다. 개인들은 고립되고 개별화되어 감시받고 통제받고 조정된다. 그리고 이러한 감시는 개인들은 드러내지만 권력을 은폐시킨다. 비관론자들은 정보사회의 공공 데이터베이스와 개인 정보의 대규모 집중이 감시사회로의 이행을 촉진시킬 것이라고 비판한다.

경제 영역에서는 다품종 소량생산에 알맞은 새로운 형태의 기업조직이 등장할 것으로 기대하고 있는가 하면 정보의 독점에 의한 격차가 심화될 것이라는 상반된 견해도 공존한다. 전자의 경우 물질적 상품생산에서 벗어나 정보와 지식이 상품이 되는 새로운 사회에서, 인간의 노동과 재화의 분배는 전적으로 새로운 국면을 맞이하게 되어 사회정의를 구현하는 계기가 될 수 있다고 주장한다. 그러나 후자는 제품생산에 필요했던 노동력이 기계의 몫으로 대치되면서 실업이 가속화되고 거대기업의 정보 독점화 현상이 배가될 것이라고 주장한다.

사회 영역에서는 노동시간의 감소로 인한 여가 활동의 기회가 확대된다는 측면에서 낙관적 전망을 할 수 있다. 보다 많이 확보된 여가시간을 이용하여 예술이나 스포츠 같은 활동을 통해서 삶의 질을 향상시킬 수 있을 뿐 아니라 재택근무와 평생교육이 가능해질 것이라고 한다. 반면 비관적 전망도 만만치 않다. 이미 인터넷 언어로 일반화된 영어 중심의 시스템은 미국 중심의 획일적 문화 편성의 전초기지로 작용하고 있다. 미국은 막강한 경제력과 군사력을 바탕으로 자국의 이념과 가치를 세계 속에 보편화시키려고 한다. 그러나 그 과정에서, 미국은 자국 내부에서 작용하는 민주적 가치와는 전혀 다른 독재적 패권주의를 휘두르고 있다. 우리는 문화적 획일화가 경제적 상향 평준화와는 전혀 다른 성격의 것임을 기억해야 한다. 또한 인터넷의 대중화는 사이버 범죄, 각종 음란물과 유해정보, 인터넷 중독증, 스팸메일의 무차별 유포 등 새로운 사회 병리 현상을 낳았으며, 인터넷을 통한 개인의 익명성은 비도덕적이고 탈법적인 행위를 양산하였다. 또한 이전의 시대와 비교해 볼 때 지적 재산권의 보호라는 보다 첨예화된 문제의 해결도 시급한 과제이다.

이러한 문제들을 어떻게 통제할 것인가를 고민하기에 앞서, 그것들이 왜 나쁘고, 왜 해결되지 않는가 하는 문제를 진지하게 토론해 보아야 할 것이다. 그리고 여기에는 각 사회의 역사와 문화적 전통이 주요한 판단 근거로 작용하고 있는 만큼 국가간의 편차가 존재한다.

정보사회가 가져다준 편리함을 각종 부작용 때문에 포기할 수는 없다. 문제는 이러한 부정적 측면을 최소화하는 방안을 강구하는 것이다. 정보 기술혁명이 수반하는 권위주의의 붕괴, 지식 생산과 유통의 변화, 새로운 공동체와 사회운동의 가능성, 권력에 대한 효율적인 감시, 지식기반 경제의 활성화를 통한 경제구조의 개혁과 같은 긍정적 측면을 확대하고, 정보 격차의 확대, 전자감시의 악용, 개인 프라이버시의 침해, 인터넷 중독, 익명성 뒤에 숨은 폭력과 같은 부정적 측면을 최소화하기 위해 인터넷혁명에 대한 무분별한 찬양이나 감정적인 거부를 지양하는 냉철한 인식이 필요하다. 변화의 방향에 대한 근본적 문제의식이 없이 변화에 적응하는 방법을 논할 수는 없다. 변화의 문제는 분명 사회적인 문제이다. 그러나 노동의 비율이 감소하고 생산 구조가 변화하니 개개인에게 이러한 변화에 대처할 것을 요구할 수는 없을 것이다. 따라서 우리는 사회의 변화 속에서 강자와 약자가 함께 살아나갈 수 있는 방식은 없는지 고민해야 한다.

정보화 시대의 윤리의식

현재와 미래사회에서 유학의 역할은 어디에서 찾을 수 있을까? 먼저 우리가 생활하고 있는 이 세계에 대한 이해가 필요하다. 이 세계는 과거 다양한 문화가 이제 한 자리에 모여 서로의 차이점과 특성을 논할 수 있는 시점에 와 있다. 그러한 의미에서 세계 속의 동아시아 특히 우리나라는 근대화의 과정에서 소외되었던 뼈아픈 과거를 가지고 있다. 세계의 다양한 문화 가운데 기독교 문화와 그리스의 자연철학의 토양 속에서 성장한 서구문화는 19세기와 20세기에 가장 큰 힘을 발휘하였다. 그 외 다양한 문화들은 현재까지 살아남은 것이 드물다고 할 정도로 서구의 문화에 의해 도태되었다. 우리는 앞절에서 정보화의 진전으로 우려되는 것들 가운데 하나로 세계문화의 획일화를 꼽았다. 그러한 문제를 지혜롭게 해결하기 위해서는 몇 가지 생각해 보아야 할 점이 있다.

서양문명을 예로 들면, 과학은 사실적 원리를 추구하고 기독교는 윤리적 가치를 추구한다. 과학정신은 외부세계를 탐구하고 사회발전의 동력이 된다. 그리고 종교적 신앙은 인간 자신의 가치를 추구하며 사회 속의 긴장과 갈등을 조정함으로써 동아시아에 앞서 현대화를 실현하는 저력을 보였다.

그러나 서양문명을 이루고 있는 이 이중적 구조가 서로 모순된다는 것이 결정적 문제이다. 과학은 반종교적이며 기독교는 반과학적이다. 날로 배가되는 과학의 경이적인 발전은 종교에 대한 압도적 우위라는 결과를 낳았고, 원리로서의 과학과 가치로서의 종교라는 보완관계가 제 구실을 못하면서 조화와 균형의 구도가 붕괴되었다. 이것은 곧 서양문명의 기본적 구도가 와해되고 있다는 것을 의미한다. 이제는 과학이 도덕과 인생가치의 기초가 될 수 없음에도 불구하고 압도적 규정력을 행사하면서 사회의 모든 질서를 획일적으로 지배하기에 이르렀다. 이러한 현상은 현대사회의 인간 소외, 생명 경시, 생태계 파괴에 대한 사상적·실천적 대안을 모색하기 어렵게 만들었다. 과학은 자신의 대칭점을 상실하고 무한질주를 거듭하고 있다. 이러한 과정에서 제기되는 성찰이 바로 서양문명의 패러다임 자체에 대한 반성이라고 할 수 있다. 그것은 서양문명에서 야기되는 구조 자체의 불완전성, 즉 과학과 종교의 이중적 구조와 모순에 대한 반성이다. 그에 대한 처방으로, 기독교 신앙을 회복하여 과학이성에 대한 종교의 지도력을 확립해야 한다는 주장이 제기되는가 하면, 종교의 지도력 회복은 불가능하기 때문에 서양문명의 몰락은 불가피하다는 예언까지 등장하고 있다. 특히 패권국가의 일방주의적 세계경영은 또 다른 형태의 몰락이라고 주장되기도 한다.

이러한 반성과 성찰의 과정에서 주목되는 것이 바로 동양의 패러다임이다. 서양 근대문명과는 달리 그 도덕적 근거를 비종교적 인문주의人文主義에 둔다면 이러한 모순은 해결할 수 있을 것이다. 유학에는 과학과 종교의 모순은 없으며 기본적으로 인문주의적 현실의식이 그 토대가 되고 있다. 자연과 인간, 그리고 인간관계에 이르기까지 지극히 현실적인 내용으로 구성되어 있다.

한 가지 더 생각해 볼 수 있는 것은 보편성의 문제이다. 나의 시각에서 보았을 때 옳은 것이 다른 사람의 시각에서도 과연 옳다고 할 수 있을까? 또는 나에게 유익한 내용이 다른 사람에게도 유익할 수 있을까? 여기에서 보편성의 문제가 제기된다. 보편성이란 나뿐만 아니라 다른 사람에게도 적용될 수 있는 특성을 말한다. 그리고 그것은 동시대인들에게만 적용되는 것이 아니라 시대적 초월성도 요구한다. 유교의 역사에서 보편성 논쟁의 사례를 살펴보면 다음과 같다.

유학의 가르침에는 이질적 문화에 대한 일관적인 관점이 존재한다. 그 문화 사상이 갖고 있는 기본 원리가 유학의 가르침과 부합되는가 부합하지 않는가 여부가 일차적인 평가기준이다. 공자가 활동하던 시절의 장저, 걸닉, 계손씨에 대한 평가가 그러한 예이다. 공자는 장저와 걸닉의 은둔적 성향에 대해서도 반대하였지만 계손씨의 지극히 세속적 권력지향도 경계하였다. 맹자의 경우 이러한 벽이단적 성향은 보다 철저해진다. 위아주의爲我主義를 대표하는 양주와 겸애주의兼愛主義를 대표하는 묵적의 사상에 대해, 맹자는 유학의 입장에서 맹렬히 공격한다. 양주의 사상에는

'무군無君'과 같은 극단적 개인주의의 혐의가 보이기 때문이고, 묵적의 사상에는 '무부無父'로 지칭되는 사랑의 무차별성이 전체주의적 위험성을 내포하고 있기 때문이다. 성리학의 시대를 풍미했던 많은 유학자들은 특히 맹자의 이단의식을 그대로 계승하여 당시 가장 경쟁력이 있던 불교에 대해 철저한 비판을 가하였다. 물론 이러한 관점은 유학의 인간관과 사회의식에 기초하고 있다. 유학 내부에서는 이러한 관점이 가지는 당위성을 충분히 해명해야 한다. 이른바 보편성의 확보는 학문과 사상이 견지해야 할 가장 중요한 요소인 것이다.

모든 사상이 인간 사유의 결과물이라면 그 사상간의 갈등과 대립은 당파적 성격을 노정한 결과일 것이다. 문제는 각각의 사상들은 자신에게 필요한 보편성을 확보하려고 노력하지만 그것이 다른 사상 내용과 충돌했을 때 강한 거부감을 지니게 된다는 사실이다. 문화적 차이에 따른 이념 갈등, 종교 갈등은 이러한 성향을 여실히 보여준다. 현재 진행되고 있는 국가간, 문화간의 갈등은 자기 문화 내에서 공유하고 있는 보편성이 다른 문화와 조화하지 못한 결과에서 비롯되었다고 할 수 있다. 조선의 많은 유학자들도 유학의 보편성에 기초한 이단의식을 가지고 있었으며, 그 영향 아래 정통성을 주장하였다. 회고해 보면 유학이 사회의 강력한 이념으로 작용하였던 시점은 현실과 타협하지 않으려는 불굴의 면모를 지니고 있으며, 아울러 이러한 보편성이 주장되던 때라고 할 수 있다. 그 이전에 새로운 학문체계가 성립되는 과정에서는 상당히 탄력적이고 유연한 형태를 지닌 유학이 전개되기도 하였지만, 일단 사회의 중심 이념이 된 후에는 스스로의 권위에 자족하여 비판과 대안을 모색할 여지를 마련해 주지 않은 것도 사실이다.

이러한 현상은 과거 전 지구적으로 확장되지 않은 지리적 문화적 범주

내에서는 어느 정도 자기 당위성을 지니고 있다고 할 수 있다. 그러나 모든 문화적 사유방식이 복잡하게 얽혀 있는 현재 시점에서는 다시 한번 고려해 봐야 할 문제이다. 우리는 19~20세기에 걸쳐 진행되었던 서구의 일방적 문화 침공에 적절히 대응할 수 없었다. 결국 우리의 문화와 전통에 대한 열등의식은 서구 중심의 문화로의 재편을 촉진시키는 결과를 낳았다. 유학의 입장에서 서구를 계몽한 것이 중세 이후의 일이라면 역설적으로 우리는 서구에 의해 계몽되는 존재로 뒤바뀐 것이다. 문화간의 배타성은 서로를 용납하려고 하지 않는 이원적 구도에서 비롯된다. 흑과 백을 단순히 딱 갈라놓고 볼 수 있는 성격의 것이라기보다는 기나긴 스펙트럼의 연속으로 이해하는 자세가 필요하다. 모든 사유에는 극단이 존재한다. 그 극단을 신성하고 완전하다고 생각한다면, 더 이상의 대화는 불가능하고 더 이상의 소통가능성은 없다. 완전한 것이 진정 있다면 그것은 변화도 없고, 발전도 없다. 그러나 완전한 것은 이 세상에 없다. 그저 완전해지려는 노력만이 존재할 뿐이다.

그러나 유학의 배타적 당파성은 순수한 유학이념의 오랜 계승을 의미하지는 않는다. 거기에는 각 시대마다 요구되었던 문제의식에 대한 지혜로운 해결책이 담겨 있고 그 과정에서 다양한 문화와 사상이 녹아들어갔다. 그렇다고 이러한 모습이 유학을 근본적으로 훼손하거나 부정하지 않음을 우리는 잘 알고 있다. 오랜 역사와 전통을 가진 사유체계일수록 그 안에는 다양한 해석의 가능성과 확장성이 동시에 담겨 있다. 그 원형을 보존하면서 현실의 다양한 요구에 대응할 수 있는 원천이 있다면, 그리고 그 원천을 효과적으로 활용·보완할 수 있는 통찰력과 지혜가 있다면, 유학은 이 시대에도 그 생명력을 유지할 수 있을 것이다.

현재 문제되는 모든 병리현상은 그것이 구조적인 문제이든 개인적인 문제이든 그 해답은 인간관계의 올바른 정립에서 찾아야 한다. 현대사회에는 다양한 가치관이 존재한다. 갈등과 대립의 결과 패자는 도태되고 승자만이 살아남는 세계는 인간이 지향하는 세계가 아니다. 공존의 논리가 필요한 이유가 여기에 있다.

그러면 유가사상에서 주장하는 공존의 논리에는 무엇이 있는지 살펴보자. 첫째, 무엇보다 인간에 대한 존엄성과 가치를 공유할 수 있는 장이 마련되어야 한다. 정보사회에서 일어나고 있는 각종 병리현상과 극단적인 형태의 일탈행위는 참다운 인간의 모습을 상실하고 있다는 위기의식을 공유하게 한다. 인간에 대한 신뢰와 사랑은 유학사상에서 그 무엇보다 강조해온 부분이다. 공자 이전에도 있던 유학이 왜 공자에 의해 집대성되었다고 평가되는지 그 이유를 살펴보면, 공자 이전과 이후의 인간관에서 찾아볼 수 있다. 인문주의의 극대화를 모색했다고 평가되는 공자의 인간 이해는, 인간의 도덕적 당위성의 출발로서 천天과 인격신 등의 존재를 설정하던 기존의 방식과는 구별된다. 즉 공자는 천에 대한 신뢰보다 인간에 대한 신뢰를 중요시하였던 것이다. 이러한 공자의 사상체계는 『논어』 곳곳에서 찾아볼 수 있다. 죽음의 문제와 귀신 섬기는 일에 대해 물었던 자로에게 공자는 사람의 문제로 관심을 돌려야 함을 역설한다. 공자의 관심은 확인되지 않는 죽음 이후의 문제가 아닌 현실의 문제에 있었고 그 현실 속의 인간의 문제에 있었다. 당시 은자였던 걸닉桀溺이 어지러운 세상을 떠나라고 전하자, 공자는 "새와 짐승은 함께 무리를 같이 할 수 없으니, 내가 사람의 무리와 함께 하지 않으면 누구와 함께 하겠는가. 천하에 도가 있으면 내가 바꾸려고 하지 않겠다"라고 확고한 의지를 표명하였다. 공자의 중심사상인 인仁은 무엇보다 인간에 대한 신뢰와 사랑에 기초한다. 미래사회를 대비하면서 가장 우려되는 것은 인간성 상실의 문제일 것이다. 유학은 신이나 초월자에 대한 신뢰 속에서 인간의 의미를 제한적으로 확보하려고 하지 않는다. 또한 유학은 기계와 정보에 대한 맹목적인 지향이 아닌 인간 본연의 모습 속에서 그 참다운 가치를 모색함으로써, 현재와 미래사회에서도 꾸준히 견지해야 할 우리들의 이상을 대변하고 있다.

둘째, 서로에 대한 가치관과 존재방식을 이해하는 전제에서 출발해야 한다. 서양의 패러다임이 존재론에 바탕을 두고 있는 것에 비하여 동양의 패러다임은 관계론에 중심을 두고 있다. 존재론에 입각한 패러다임은 개별적 실체를 기본단위로 인식하고 그 실체들이 부단히 자기를 강화해 가는 것으로 인식한다. 개인이든 집단이든 사회든 국가든 개별적 실체들은 각각 독립된 의미와 행동원리를 갖는다. 그것들 간의 충돌을 최소화하는 구조와 질서를 만들어내는 것이 목적이지만, 여기에는 기본적으로 갈등이 수반될 수밖에 없다. 이에 비하여 관계론에 입각한 패러다임은 개별적 존재가 존재의 궁극적 형식이 아니라 관계망으로서 존재한다고 인식한다. 『주역』에서 자연을 이해하는 범주인 음양陰陽과 오행五行은 독립적인 실체로는 성립될 수 없는 개념이다. 그리고 유학에서 주목하는 인간은 개인의 자아보다는 인간관계 속에서 형성되는 역할의 구현에서 그 의미를 찾는다. 공자가 주장한 인仁은 다양한 해석의 여지를 가지고 있지만, 그의 제자 가운데 하나였던 증자는 공자의 사상의 핵심을 충서忠恕라고 이해하였다. 충忠은 자신의 내면을 성찰하여 외부적 요인에 의해 좌우되지 않는 주체성을 확립하는 인仁의 방법이라고 할 수 있다. 그리고 그러한 기준을 갖고 대인관계에서 남의 입장에 서보는 것이 서恕이다. 개인은 기본적으로 자신의 이익에 민감하다. 그리고 그 이익 추구 경향은 욕망에 기인한다. 그리고 여기에서 사회적 갈등이 초래된다. 그렇다고 욕망을 부정할 수도 초월할 수도 없다. 하지만 그 욕망을 보다 큰 견지에서 서로에게 도움이 될 수 있는 방향으로 이끌 수는 있다. 그것이 서로에 대한 배려이다. 남의 입장에 선다는 것은 자신에 대한 성찰을 전제로 하는 상대방에 대한 배려이다. 이러한 배려는 쉽게 구현되지 않는다. 그러나 유학 사상은 이러한 인간의 노력 그 자체가 우주의 원리와 상통하는 인간다움의 표상이라고 본다.

셋째, 인간에 대한 신뢰, 그리고 상대방에 대한 배려에 대한 인식을 구체적으로 실천하기 위해서는 교육이 필요하다. 이제는 정보의 습득도 중요하지만, 이를 바탕으로 정보를 잘 선별하고 엮어서 새로운 지식과 정책을 만드는 능력을 키워주는 것이 더 시급한 과제이다. 정보가 흔해질수록 정보 그 자체의 가치보다는 이를 꿰어서 남이 못 만드는 지식을 만들어낼 때 그 가치가 더욱 커지기 때문이다. 따라서 미래사회는 창조적 지식인을 요구한다. 원하는 정보가 주변에 산재해 있는 인터넷 시대에는 지식 자체가 중요한 것이 아니라 사람에게 체화體化ㆍ숙련되어 새로운 지식을 만들어내는 것이 중요한 것이다. 그리고 이렇듯 남들이 발견하지 못하는 것을 찾아낼 줄 아는 창의적인 인간은 역사ㆍ철학ㆍ문학 등 인문학의 교육을 통해서 나온다. 그러나 아직까지 우리의 교육은 대부분 고정된 지식의 전달에 치우쳐 있으며, 모든 경영 원리도 기술적 측면에서 접근하고 있다. 새로운 교육 철학과 경영 철학은 사람의 중요성과 사람 사이의 상호의존의 중요성을 새롭게 평가하는 것에서부터 시작되어야 한다.

또한 현대사회는 법과 제도가 따라가기에 너무나 빠르게 변모하고 있다. 끊임없이 변화하는 현실에 맞춰 그때그때 필요한 법규를 제정한다는 것은 대단히 어려운 문제일 것이다. 정보화 물결 속에 각종 범죄와 혼란이 증폭되는 이유 중 하나는 바로 여기에 있다. 변화하는 세상에 적극적

318

이고 주체적으로 대응하기 위해서는 정보를 창출하고 이용하는 자세에 대한 기준이 필요하다. 이러한 기준은 크게 두 가지로 나누어 볼 수 있다. 외적 가치로서의 기준과 내적 가치로서의 기준이 그것이다. 외적 가치가 물리적·감각적 욕구를 극대화하는 측면을 의미한다면 내적 가치는 심리적·도덕적 정서를 고양하는 측면을 의미한다. 외적 가치에만 치중하면 개인 사이에서 일어나는 많은 갈등을 해소할 수 있는 방안을 마련하기 어렵다. 반면 외적 가치가 내적 가치에 의해 조절되고 통제된다면 서로에 대한 합의를 유도해 낼 수 있을 것이다. 따라서 창의적이면서 인간적 감성을 포기하지 않는 균형있는 교육의 실천으로 미래를 준비해야 할 것이다.

유학이 미래사회의 기술발달이나 정보화의 속도를 증폭시킬 수는 없다. 그것은 해당 분야의 몫이다. 반면 유학은 그러한 기술개발과 정보화의 물결에서 표류할 수 있는 개인과 그러한 개인들이 만들어낸 사회의 문제점들을 해결하기 위한 지침을 제공할 수 있을 것이다.

| 생각해 볼 문제 |
- 사람은 누구나 자신의 가치관으로 세상을 살아간다. 그리고 동일한 문화권에서는 개개인의 가치관이 사회적 합의를 거쳐 지향된다. 하지만 현대사회는 이전보다 훨씬 다양한 가치관이 혼재하며, 그 가치관은 자기합리성 속에서 다른 가치관을 비판한다. 현대사회에서 가치관의 충돌로 야기되는 사건을 예로 들어보고, 그 가치관의 근거를 모색해보자. 그리고 해결방안에 대해 토론해 보자.
- '내 배 부르면 종의 밥 짓지 말라 한다' 는 속담이 있다. 이는 남의 어

려움이나 불행도 자기중심적으로 판단하여 소홀히 여긴다는 의미로 쓰인다. 이 속담이 공자의 충서忠恕 개념을 설명하면서 사용된 '추기급인推己及人'과는 어떠한 차이점이 있는지 토론해 보자.

• 인과론은 그것이 점이 되었든 과학이 되었든 미래를 예측하는 방법론이자 전제이다. 물리적 세계 속에 인과론이 적용될 수 있다면, 인과론이 적용되지 않는 세계는 어떠한 세계일까? 인간의 의식은 인과론의 지배에서 자유로울까?

|原文 익히기|

『大學』

• 所謂平天下在治其國者, 上老老而民興孝, 上長長而民興弟, 上恤孤而民不倍, 是以君子有絜矩之道也. 所惡於上, 毋以使下, 所惡於下, 毋以事上, 所惡於前, 毋以先後, 所惡於後, 毋以從前, 所惡於右, 毋以交於左, 所惡於左, 毋以交於右, 此之謂絜矩之道.

『論語』

• 子曰, 溫故而知新, 可以爲師矣.

• 子曰, 參乎! 吾道一以貫之. 曾子曰, 唯. 子出, 門人問曰, 何謂也? 曾子曰, 夫子之道, 忠恕而已矣.

• 子貢曰, 如有博施於民而能濟衆, 何如? 可謂仁乎? 子曰, 何事於仁, 必也聖乎! 堯舜其猶病諸! 夫仁者, 己欲立而立人, 己欲達而達人. 能近取譬, 可謂仁之方也已.

• 子曰, 君子和而不同, 小人同而不和.

320

- 子貢問曰, 有一言而可以終身行之者乎? 子曰, 其恕乎! 己所不欲, 勿施於人.

- 長沮桀溺耦而耕, 孔子過之, 使子路問津焉. 長沮曰, 夫執輿者爲誰? 子路曰, 爲孔丘. 曰, 是魯孔丘與? 曰, 是也. 曰, 是知津矣. 問於桀溺, 桀溺曰, 子爲誰? 曰, 爲仲由. 曰, 是魯孔丘之徒與? 對曰, 然. 曰, 滔滔者天下皆是也, 而誰以易之? 且而與其從辟人之士也, 豈若從辟世之士哉? 耰而不輟. 子路行以告. 夫子憮然曰, 鳥獸不可與同群, 吾非斯人之徒與而誰與? 天下有道, 丘不與易也.

『孟子』

- 聖王不作, 諸侯放恣, 處士橫議, 楊朱 墨翟之言盈天下. 天下之言, 不歸楊, 則歸墨. 楊氏爲我, 是無君也; 墨氏兼愛, 是無父也. 無父無君, 是禽獸也.

324

Hic et Nunc Confucius

지금, 여기의 유학

1판 1쇄 발행 2005년 2월 25일
개정판 1쇄 발행 2006년 2월 20일

지은이 | 김성기 · 최영진 외 10인
개정판 편집 | 전수련
개정판 디자인 | 최세진
초판 디자인 | 박은진
마케팅 | 유만철 관리 | 김지현

펴낸이 | 서정돈
펴낸곳 | 성균관대학교 출판부
등록 | 1975년 5월 21일 제 1-0217호
주소 | 110-745 서울특별시 종로구 명륜동 3가 53
대표전화 | (02) 760-1252~4
팩시밀리 | (02) 762-7452
Homepage | www7.skku.ac.kr/skkupress

ⓒ 2006, 성균관대학교 유학동양학부
값 14,000원

ISBN 89-7986-591-0 03150